高等职业教育学前教育专业系列教材

# 幼儿园班级管理应用教程

张富洪 编著

复旦大学出版社

## 内容提要

本书为师范院校学前教育专业必修课程“幼儿园班级管理”的应用型配套教材。教材以幼儿园班级管理的真实工作过程为依托，以师范技能训练为核心，以幼儿园班级管理工作岗位的工作任务要求为导向，以学生为主体，根据专业学生在幼儿园的见习、实习任务来设计学习单元，内容设计力求涵盖幼儿从“入园到离园”整个过程中班级管理的典型任务，体现教、学、做一体化，注重突出应用性和创新性。主要内容包括班级开学工作管理、班级日常工作管理、班级安全管理、班级环境管理、班级主题活动管理、班级人员管理、班级家庭社区共育管理和班级幼小衔接工作管理。与课程内容相关的拓展阅读资源可直接扫二维码阅读。配套课件和其他拓展阅读资源，可登录复旦学前云平台（www.fudanxueqian.com）免费下载。

本教材可供普通高等院校、各类职业技术院校学前教育专业及幼儿师范院校学生使用，也可作为幼儿教师的进修用书。

# 总 序

教育部职业技术教育中心研究所研究员 姜大源

## 新时代 新改革 新突破

学前教育是传统师范教育中的一级学科，而其对应的人才培养又极具职业特色，这意味着，幼儿园教师的培养，本质上是在立德树人的前提下，在师范教育核心内容的支撑下，以幼儿园教师教学的基本技能为主导的职业教育。为此，在社会主义建设新时代，如何顺应时代发展的要求，把握新时代的新思想，将学前教育的理论与幼儿园的教学实践紧密结合起来，将学校教育教学内容与幼儿园对教师的职业要求和职业能力紧密结合起来，就需要对传统的学前教育进行深刻的反思，以期在凸显现代职业教育的规律与特色方面，努力探索一条新时代幼儿园教师培养的新途径。

既然大多数以培养幼儿园教师为目的的学前教育专业，属于职业教育的范畴，就应该准确把握职业教育的规律，凸显职业教育的特点。与传统的只有学校这样一个学习地点的普通教育不同，作为与经济和社会发展结合最为紧密的职业教育，还有一个不可替代的学习地点，就是企业。对培养幼儿园教师的学前教育来说，这里的企业主要就是幼儿园。这意味着，职业教育的一个重要特征就是要从传统的基于学校的定界思考，走向基于“学校＋企业”的跨界思考：在办学主体层面，要跨越企业与学校的疆域；在教学实施层面，要跨越工作与学习的疆域；在社会功能层面，要跨越职业与教育的疆域。

为此，作为国民教育体系和人力资源开发重要组成部分的职业教育，其整个教学过程，就既要考虑认知学习规律，又要考虑职业成长规律，就要贯彻产教融合、校企合作、工学结合、知行合一的跨界的教育教学思想。

由于课程始终都是人才培养的核心，鉴于职业教育的跨界性，职业教育的课程就要将经济社会需求与人本个性需求进行有机整合，就要求以理论知识的职业应用为导向，把知识在职业中的应用而非存储放在教学的首位。传统学科体系的仓储式堆栈结构，是一种基于知识存储的量化结构，而职业教育行动体系的工作过程结构，是一种基于知识应用的质性结构。在这里，应用知识的结构——工作过程是客观存在的，但若只是照搬客观存在的工作过程，有可能使人成为一种工具。基于此，近年来，将企业需求与个性需求有机整合在一起的工作系统化课程，以工作过程作为积分路径，从应用性、人本性和操作性三个维度，将学习内容、先有知识与教学过程，在系统化设计的工作过程中予以集成。传统的学科知识结构并未被摒弃，而是通过解构与重构，在比较、迁移和内化的学习过程中得以生成，从而使得职业教育的课程、教材和教学，做到了“工作过程”与“知识存储”的有机整合。

近年来，复旦大学出版社在学前教育专业的课程与教材以及教学层面，紧密结合职业教育的规律和特征，展开了主动积极的改革，做出了极富成效的探索，获得了令人耳目一新的突破。

针对学前教育的课程、教材和教学进行改革与创新，复旦大学出版社是有着清晰的顶层设计的。出版社睿智地指出，培养幼儿教师的学前教育专业，必须关注几个本质的特征：一是幼儿教师具有明确的职业特点和职业要求，具有针对性；二是幼儿教师是在特定的社会场所、环境中从事的一种与其他社会成员相互关联、相互服务的社会活动，具有社会性；三是幼儿教师必须符合国家对涉及教师的相关法律和社会道德规范的要求，具有规范性；四是幼儿教师必须满足国家的职业标准和准入门槛，具有标准性。

为此，在学前师范教育的理论指导和顶层设计的框架下，复旦大学出版社组织相关院校的专业教师，把幼儿教师的一日生活劳动，进行了工作过程化及任务分解化的处理，使得教师的工作过程或者工作任务都有其背后的理论学养的支撑，并使实际的工作手段和操作落到实处。改革的实践表明，学前教育的课程教学完全可以采纳职业教育在课程教学方面的新的方法论，即将教学内容、手段与幼儿园实际的工作过程结合，在教学中创设或者模拟幼儿园环境或者校园环境，让学生置身于工作情境之中，在学习的过程中扮演了幼儿教师的角色，从而能大大提升学生解决工作中真实问题的能力，达到以就业为导向，以能力为本位的职业教育目的。

当然，要将幼儿教师的工作过程化和任务分解化是有难度的。在项目启动之初，复旦大学出版社就组织所有的教材主编进行了认真的专业培训，有针对性地对改革中遇到的具体问题进行具体分析，就如何将幼儿教师的工作过程分解化，与此同时又如何将对应的知识融入其中，如何使知识体系在重构之后依然能保证其完整性，进行了多次深入的科学的研讨，并在此基础上，经过精心设计，才成就了这套教材。

教材中所体现的幼儿教师的工作过程，都是作者实际操作过经历过的。所以，教材的编写过程既是"编"的过程，也是"做"的过程。显然，对教材编写者的要求，远远超过了传统师范教材。可以说，这是本套教材的第一个特色。

本套教材区别于传统师范教材的第二个特色，体现为在强调理论知识适度够用的原则下，注重教师职业技能和职业能力的培养。过去师范教育的最大短板就在于实践的缺乏。当前各师范院校实训室的普及建立，就是纠正这种理论脱离实践的明证。

综上所述，这套学前教育工作过程系统化教材的基本出发点，是牢牢把握教育自身发展规律、教师职业发展规律和学生的身心发展规律，强调技能、知识与价值观的一体化学习。特别是对学前教育这样的师范教育，其系统化、教学化设计的工作过程，就始终把立德树人放在首位，坚持德技并修，旨在培养能真正满足社会需求的、富有工匠精神的幼儿教师。

学前教育的职业教育化是历史的选择，也是顺应国家幼教事业整体发展方向的，因而是完全必要的。

欣喜的是，复旦大学出版社将职业教育在课程教学上行之有效的改革，迁移到学前教育专业幼儿教师的培养中来，使得幼儿教师的职业应用与教师的培养完美地结合在一起，体现了现代职业教育发展的新理念。

长风破浪会有时，直挂云帆济沧海。

期待着，复旦大学出版社在课程、教材和教学方面，其业已开始并卓有成效的改革与创新，不仅能在学前教育领域继续前行，而且能在其他专业领域有所突破。

# 前言

班级是幼儿园开展保教活动的基本单位，班级管理工作的好坏可以反映出幼儿园办学水平的高低，对幼儿身心的健康成长、教师的专业化发展和幼儿园的安全和谐至关重要。

幼儿园班级管理工作细致而繁重，经常会出现各种问题，需要幼儿教师不断想办法解决，并要对这些问题进行深入的思考和探究，形成系统性的管理策略，这样才能有效提高班级管理工作水平，为幼儿的健康成长保驾护航。

随着教育部《教师教育课程标准(试行)》的颁布与实施，"幼儿园班级管理"课程已经成为越来越多师范院校学前教育专业的必修课程，目的就是让学前教育专业的学生尽快适应幼儿园班级管理工作，提升职业核心竞争能力。

本教材为师范院校学前教育专业职业能力核心课程"幼儿园班级管理"的应用型配套教材。教材在对学前教育专业学生就业工作岗位典型工作任务分析的基础上，围绕幼儿园班主任的任职要求，以幼儿园班级管理工作过程为主线，根据完成幼儿园班级管理工作岗位实际工作任务所需要的知识、能力和素质要求选取教学内容。通过学前教育专业教师与幼儿园园长、教师反复论证后，确定课程内容主线，力求做到"以就业为导向，以幼儿园班级管理的真实工作过程为依托，以师范技能训练为核心，以幼儿园班级管理工作岗位和工作任务要求为导向，以学生为主体"，并根据师范生在幼儿园的见习、实习任务来设计学习单元，内容设计力求涵盖幼儿从"入园到离园"整个过程中班级管理的典型任务，体现"教学做一体化"，注重突出应用性和创新性。在教学内容的组织方面，突破了传统按章节来设计教学内容的程式化教材模式，除了在"绪论"部分扼要介绍了幼儿园班级管理的概念、意义、特点、目标、内容、原则和方法外，主要部分均采用"学习单元""学习情境"和"任务"三个层面来建构学习内容。按照幼儿园班级管理具体工作过程进行了对应的学习单元的设置，构建了“班级开学工作管理、班级日常工作管理、班级一日教育活动常规管理、班级安全管理、班级环境管理、班级主题活动管理、班级人员管理、班级家庭社区共育管理和班级幼小衔接工作管理”8个学习单元，每个学习单元下有对应的学习情境来支撑，共收编了“新生入园适应工作管理、班级工作计划管理、班级一日生活常规管理、班级日常安全管理”等16个学习情境的教学内容。每个学习情境下再呈现具体的学习任务，共设置了41个任务。每个任务均通过“任务概述—相关知识—指导要点—示例分析”4个教学模块呈现具体的教学内容。通过模块化的教学内容编写，以及每一个学习情境中的“反思探究（案例反思、问题反思、方案设计）和拓展阅读（扫码阅读）”等特色环节的设计，凸显了教材的应用性，有效弥补了传统教材重理论知识学习、轻能力培养的偏向，使学前教育专业的学生真正掌握和具备幼儿园班级管理的知识、能力和素质，为以职业为载体的幼儿教师队伍建设打下坚实的基础。

本教材也是广东省精品资源共享课程“幼儿园班级管理”的配套教材，由课程负责人、江门职业技术学院张富洪教授根据10多年的“幼儿园班级管理”课程建设经验，借鉴大量的幼儿园专业调研材料编写而成。课程配有教学资源库，主要包括课程标准、电子课件、典型案例、拓展阅读文献、练习题和测试题等材料，可以登录复旦学前的平台（www. fudanxueqian. com）免费下载。选用本教材的教师和学生可以在教学中自主使用上述教学资源。

最后，感谢在教材的编写和出版过程中提供过帮助的所有友好单位和个人。感谢江门职业技术学院学前教育专业全体专业教师和实训基地幼儿园领导、教师的大力帮助与支持，感谢复旦大学出版社学前教育分社对职业教育应用型教材的重视、策划和大力推广。教材编写的过程中，还参考了有关的书籍、期刊和网上信息，在此也一并表示衷心的感谢。

限于作者的水平，书中错漏和不当之处在所难免，敬请读者批评指正。

张富洪

# 目录

# 绪　论

班级是幼儿园的基层组织，是实施幼儿园保教任务的基本单位。对幼儿来说，班级是具体的生活环境，幼儿大部分活动都是在班级内进行的，因此，幼儿园的班级管理工作对于幼儿的健康成长尤为重要，幼儿的身心健康发展在很大程度上直接取决于班级保教工作的实施和管理水平。

## 一、幼儿园班级管理的概念

“管理”是指在一定的时间和空间范围内，对时间、信息、资源（人力和物质资源）进行指挥、调度、协调和控制，以实现系统目标的过程。“管”具有强制、规范的意思，“理”是梳理、引导的意思。“管理”的意思就是既进行强制性的规范又进行耐心的疏导。

班级管理是班级教师通过计划、组织、实施、调整等环节，把人、财、物、时间、空间等资源充分运用起来，以便达到预定目的。班级教师通过组织、计划、实施、调整等环节，把园内与班级有关的各种资源充分运用起来，进行合理的组织调配，达到班级管理和教育管理目标，提高班级服务质量。计划、组织、实施、调整是班级管理的四个必要的环节。

幼儿园班级管理是指幼儿园班级中的保教人员通过计划、组织、实施、调整等过程协调班集体内外的人、财、物、时间、空间，以达到高效率实现保育和教育目的的综合性活动。它是幼儿教师以幼儿身心发展规律为依据，以学前教育原理与观念为指导，实现班级中人、事、物的互动，进而实现各种教育目标和幼儿发展的动态过程。

幼儿园班级管理的对象是人、财、物、时间、空间等，在这些管理对象中，最难把握的是对人的管理，而在班级管理中最重要的工作也是对人的管理，即对幼儿、家长以及配班教师的管理。

## 二、幼儿园班级管理的意义

班级作为幼儿园工作的基础单位，其管理水平的高低，对促进幼儿全面发展，以及完成教育和教学的各项任务起着举足轻重的作用。

### （一）良好的班级管理为创造安全和谐校园奠定了坚实的基础

现代管理的研究成果表明，“以人为本”的管理模式能最大限度地激发被管理者的潜能。在幼儿园的班级中推行人本管理，构建系统的、科学的、操作性强的人本管理体系，不仅成为了创新幼儿园管理的客观需要，更是构建和谐校园、和谐社会的迫切要求。

### （二）良好的班级管理有利于幼儿形成合理的生活习惯，促进幼儿的身心健康成长

良好的班级管理是幼儿形成良好学习、生活和行为习惯的基础。良好的习惯将会对人的一生产生深远的影响，而学前阶段是习惯养成的关键期。幼儿在园一日生活各个环节的常规要求需要幼儿反复实践，

并不断对正确的行为加以强化，从而养成良好的生活、学习和行为习惯。良好的班级常规又有助于形成宽松、和谐、温馨的心理氛围，使幼儿在这个集体里感觉到轻松、快乐，更有利于班级活动的开展和幼儿对新鲜事物的理解与掌握。

#### （三）良好的班级管理有利于促进幼儿自律能力发展，促进幼儿社会性发展

学前阶段是培养幼儿自律品质的最佳时期。幼儿的情感、行为冲动性强，自制力差，建立良好的班级常规能帮助幼儿逐渐学会约束自己的行为，适应集体的要求，提高自我控制能力，形成自律品质。幼儿园班级常规管理中秩序的建立是指在以班级为单位的集体环境中，家长、教师对如何帮助和引导幼儿建立一定的规则，以保证幼儿在园的日常生活、教学活动、游戏活动等的顺利开展。

#### （四）幼儿园班级管理有利于促进教师的成长，促进教师的专业化发展

在幼儿园班级管理中，班级生活的建构是教师和幼儿之间、幼儿和幼儿之间共同作用的结果，其中师幼互动的作用是班级生活的主要部分。教师既是班级中的管理者，同时也是班级的成员，教师在班级中的管理方式或教学行为，对教师来说是一种实践活动，幼儿在班级生活中的表现状态对于教师具有反馈的作用，幼儿园教师在班级管理中，在与幼儿发生交互作用的过程中，可以通过对照幼儿在生活活动和教育活动中的表现进行反思，不断调整改进自己的教育策略和行为，以此更好地促进教师教育能力的提升，促进教师的专业化发展。

## 三、幼儿园班级管理的特点

幼儿园班级是对3～6岁的幼儿进行保教活动的基本组织单位，幼儿是班级的主体。幼儿按年龄分班，一般是按照3～4岁，4～5岁，5～6岁三种划分方式，分别组成幼儿园小、中、大三个年龄班。根据《幼儿园工作规程》(2016)(下文简称《规程》)规定，幼儿园每班幼儿人数一般为：小班(3周岁至4周岁)25人，中班(4周岁至5周岁)30人，大班(5周岁至6周岁)35人，混合班30人；寄宿制幼儿园每班幼儿人数酌减。幼儿园可以按年龄分别编班，也可以混合编班。

幼儿园班级管理具有以下特点：

#### （一）班级管理目标突出个体化

根据《3-6岁儿童学习与发展指南》(下文简称《指南》)的要求，幼儿园班级管理更多地考虑每个幼儿的自身需要、年龄特点和发展规律，将社会要求分解为各个具体的目标，贯穿于幼儿的每日活动之中。幼儿园班级管理的工作目标是对幼儿实行保育和教育相结合，使幼儿在原有的水平上得到身心的全面和谐发展，使他们成为独立、自由的个体。其中，集体发展的共同目标已完全融入个体的目标之中。

#### （二）班级管理人员具有权威性

权威性指的是具有使人信服的力量和威望的人与事。幼儿园的每个班级一般有两名教师和一名保育员。在幼儿园里，幼儿把这三名教师组成的教师群体看作成人世界的代表和权威，取代了在家时父母在他们心中的权威地位。由于幼儿年龄小，生活经验少，教师的权威性在幼儿心目中往往比父母还高。

#### （三）班级管理对象具有依赖性

幼儿园教育的对象主要是3～6岁年龄阶段的幼儿，这时期的师幼关系是一种组织者和被组织者、指导者和探索者的关系，教师在幼儿的早期发展中扮演着塑造者、组织者的角色。在班上，幼儿开始服从于教师并把教师视为远远优越于自己的人，并出现对教师的依赖。

### （四）班级管理过程呈现渐成性

所谓渐成性是指幼儿园班级集体并不是瞬间形成的，而是在学习和生活活动中逐步形成并稳定的。幼儿第一次离开家庭，陆续从分散状态进入一个专门教育机构，与陌生的同伴、环境、成人一起生活。幼儿园作息制度与常规活动具有约束，幼儿从一开始不习惯集体教育活动，不能领会如何遵守班级秩序与规则，到逐渐在与教师和同伴相处过程中建立起密切的关系，逐步适应并融入班级集体，必须经过一个渐进的过程。

### （五）班级管理手段具有互动性

教师与幼儿、幼儿与幼儿、幼儿与环境材料、幼儿与原有相关知识经验和规则等之间的互动，都鲜明地表现出幼儿园班级群体互动的性质。同时，班级生活中互动性发挥的效度直接决定幼儿班级生活的质量，对幼儿身心健康成长起重要作用。幼儿正是在互动中，逐渐学会与人相处的规则，如轮流、分享、利他等。

### （六）班级管理内容具有全面性

《规程》"总则"第三条明确指出："幼儿园的任务是贯彻国家的教育方针，按照保育与教育相结合的原则，遵循幼儿身心发展特点和规律，实施德、智、体、美等方面全面发展的教育，促进幼儿身心和谐发展。"可见，幼儿园班级工作必须保教合一，确保生活管理和教育管理在同一过程中完成，这是由幼儿身心发展的特点和幼儿教育规律决定的。

### （七）班级管理制度具有常规性

常规化的制度应是所有幼儿班级的共同特征，有集体组织存在必然有相应的组织制度相制约，幼儿一旦进入班级生活，就从自然式的家庭生活这种单一方式中走出来，开始接受群体生活制度的约束，并在此过程中学习遵守公共秩序与规范，培养遵守规则的意识，以此促进融入集体，在集体中获得发展。

## 四、幼儿园班级管理的目标

班级管理的目的不是管住幼儿，而是实现教育目标，使幼儿得到充分、全面的发展。真正的教育是"管理"和"育人"融为一体，相伴而生，不可分割。因此，幼儿园班级管理的目标包含以下两个层面的内容：

### （一）促进幼儿主体性和社会性的发展

《幼儿园教育指导纲要（试行）》（以下简称《纲要》）中指出，要把幼儿教育提升到一种"以儿童发展为本"的新高度。《纲要》理念的核心内容是：尊重幼儿，相信幼儿，促进幼儿的主动性学习，让每一个幼儿在原有的水平上得到富有个性的发展。教育的目的是要促进幼儿的全面发展，而主体性是儿童全面发展的重要组成部分。

所谓主体性就是人作为主体的规定性。其本质内涵包括自主性、能动性和创造性。幼儿期是人的生理、心理发展的奠基阶段，因而发挥和发展幼儿的主体甚为重要。班级管理者要本着"为幼儿的发展服务"原则，为幼儿教育的发展把握方向、制订计划、实施监督并在实践中不断完善自我，为幼儿主体性发挥营造适宜的环境，以幼儿的"快乐与参与"为指标，以"尊重幼儿人格和权利，尊重幼儿身心发展的规律和学习特点"为原则，以游戏为基本活动形式，促进幼儿健康和谐发展，成为幼儿"自由之精神、独立之人格"的守护者，尽力创设良好的师幼互动环境，让幼儿积极主动地动脑、动手、动口，创造性地整合已有经验，成为"学习的主人"。

社会性是指作为社会成员的个体为适应社会所表现出的心理和行为特征。从人的社会化观点来看，一个人要成为社会人就应接受四个方面的教育，即基本生活技能、基本生活规范、社会生活目标、社会角色的扮演。《纲要》中明确提出幼儿社会性发展的目标：能主动地参与各项活动，有自信心；乐意与人交往，学习互助，合作和分享，有同情心；理解并遵守日常生活中基本的社会行为规则；能努力做好力所能及的事，不怕困难，有初步的责任感；爱父母长辈、老师和同伴，爱集体、爱家乡、爱祖国。

教师要充分发挥班级管理在幼儿社会性培养中的主导作用，通过组织上课、进餐、睡眠、盥洗、来园、离园、自由活动、游戏等幼儿日常教育和生活活动，让幼儿学会一定的知识技能，培养与同伴的协作精神和从他人的角度看待问题的能力，建立规则意识并适应集体生活规则，获得适应社会生活的能力，从而促进幼儿个体从“生物人”向“社会人”的转化。

### （二）维护班级和谐稳定，打造班级特色

管理就是指挥和协调。在幼儿园班级管理中有三种不容忽视的人员结构：保教人员、幼儿、幼儿家长。三种人员之间是否能够和谐发展并具凝聚力，直接影响了班级的管理是否规范化、合理化、科学化。

班主任是班级管理的具体操作者、执行者，应力求班级管理在和谐的环境中发展，这就需要爱心、耐心、关心。首先，要以营造师幼之间的和谐稳定关系为目标。教师在班级管理中要做到热爱每个幼儿，主动亲近幼儿，真心体贴幼儿，才能与幼儿建立亲密和谐的师幼关系，营造出一个平等互爱，健康向上的班级风貌。其次，要以营造教师之间的和谐关系为目标。教师在教育实践中相互扶持，相互帮助，共同完成教育目标。再次，是以营造教师和家长之间的和谐关系为目标。和谐稳定的关系有利于教师和家长的有效沟通，有利于共同切磋育儿经验，促进幼儿各方面和谐发展，使幼儿园教育管理再上新台阶。

班级特色是指在长期教学活动过程中积淀形成的、本班特有的、优于其他班级的独特优质风貌。班级特色还是校园文化的重要支撑点、落脚点。特色建设，不仅能使特色自身成长，也能带动班级建设的方方面面。

因此，班级管理中应树立特色班级的建设目标，每个班级在完成幼儿园常规教学活动的同时，教师根据自己的特长或兴趣而开展某一类型的课程，在选择的课程中教师可以根据自己的专业水平以及幼儿的实际情况不断做出调整，从幼儿的年龄特征、兴趣及生活经验入手设计班级特色课程：多尊重幼儿个人的意志，给他们更多表达、表现的机会；尽量提供幼儿艺术中美的感受，创造宽松、愉悦的氛围，激发他们创作的欲望；多尊重个别差异，给每个幼儿不同程度的具体要求，多让幼儿体验成功的感觉。同时不断提升自身的专业水平，提高对自己的要求，调动自己对特色研究的积极性，做到以“管理”促进“特色”的形成。

## 五、幼儿园班级管理的内容

幼儿园班级管理内容几乎都是紧紧围绕幼儿养育的生活管理而展开的，既细致又琐碎，主要涉及幼儿园班级的生活常规、课程、班级环境、人际关系等方面的管理，具体如下：

### （一）人的管理

人的管理方面主要涉及对班级内教师、保育员、幼儿和家长的管理。教师、保育员、幼儿和家长构成了幼儿园主要人际关系的网络，协调的人际关系是幼儿园各项工作顺利开展的重要因素之一。幼教工作者要重视建立协调的人际关系，创设和谐的幼儿园人际关系的软环境，形成有利于教师成长和幼儿身心健康发展的精神氛围，让教职工愉快地工作，让孩子们快乐地生活，让家长安心放心。

### （二）物的管理

物的管理方面主要涉及班级内教学、游戏和生活所需的所有物资的管理。每班平时需要的教学或日用物品必须履行领用手续，即事先计划，经批准后，向保管人员领用。做到领用人要签字，借用的凭条按时归还，所保管和添置的物品（教学用品、生活用品）应分类编号登记造册。物品要妥善保存，做到存放有序，不被风吹、日晒、雨淋，防霉、防虫蛀。领用物品要按实际需要量供应，每月底需备齐下月用品，学期末备齐下学期所需物品。每学期末清仓、查库一次。

### （三）事的管理

事的管理主要涉及班级内各种事务的管理，包括班级内部常规的事务（生活常规、教育教学、游戏）、幼儿园内部的大型事件和家长、社区工作的管理等。班级管理教师要建立完善的事务管理制度，如晨检制度、幼儿园班级教育活动教学安全制度、幼儿园食堂安全管理制度、幼儿园校车管理制度、幼儿园班级卫生安全管理制度、幼儿园健康检查制度、幼儿园体格锻炼制度等。

### （四）时间管理

时间的管理方面主要涉及长、中、短期的班级工作计划以及一日生活作息时间的管理。幼儿教师每天都被大量、繁重而琐碎的事情包围着，“累死了”几乎成了幼儿教师表达工作状态的主要词语。幼儿园教师应抓好一日活动常规，确保幼儿安全，优化班级一日生活和时间管理，做好周计划、月计划。班级所有教师都积极参与，尤其是保育员老师也要积极投入。时间管理，从根本上来说就是平衡好工作、家庭、自己三者之间的关系。

### （五）空间管理

空间的管理方面主要涉及班级环境的管理。班级环境的创设包括物质环境的创设和精神环境的创设。班内工作人员人际关系和谐，以微笑面对每一个幼儿和家长，尊重幼儿人格，赏识关爱每一个幼儿，形成民主、宽松、温馨、和谐的氛围，让幼儿在一个宽松、和谐的班级氛围中获得发展。

### （六）信息管理

信息的管理主要涉及对上级、家长的信息沟通，以及对班风、舆论的管理。幼儿园教师要加强信息的管理，建立家长联络站，充分利用现代通信工具，如电话、手机信息、微信、QQ、邮件等形式将园内大事、教育教学情况、活动通知等告知家长，利用“活动通知”及“家长须知”等资料，以及建立“家访日”“家访需求留言”板等，使家园沟通的渠道保持畅通无阻。

## 六、幼儿园班级管理的原则

幼儿园班级管理原则是指幼儿园班级管理过程中应遵循的基本要求。幼儿园班级管理必须遵循一定的原则，它对班级全面管理具有重要的指导意义。

### （一）一致性原则

一致性原则是指教师与教师、教师与保育员、教师与家长配合的一致性，是保教之间精诚合作的体现。贯彻这一原则的要求主要有以下三点：

首先是教师之间合作的一致性。在正式投入到工作之前，教师共同探讨教育方法，统一班级管理制度是关键。如果两位教师的意见存在分歧，那么幼儿在一天的生活中便会接受两种不同的管理制度，这样的管理不利于幼儿的成长。

其次是教师与保育员配合的一致性。教师应将已统一的班级管理制度向保育员阐明，保育员要积极地配合，形成一致性，配合本班教师一起帮助幼儿养成良好的生活习惯。

再次是教师与家长配合的一致性。为了达到家园同步的配合教育，教师与家长要围绕着孩子的发展经常联系，相互沟通，让家长了解具体教育目标及幼儿各方面的发展，与幼儿园取得共识，从而使家园同步教育更有效。

### （二）主体性原则

主体性原则是指教师作为班级管理的主体具有自主性、创造性和主动性，同时又充分尊重幼儿作为学习者的主体地位。

贯彻这一原则的要求主要有以下两点：

首先，幼儿是活动的主人，一切游戏活动都要以幼儿为主体。《纲要》明确指出："幼儿园教育应为幼儿提供自由活动的机会，支持幼儿自主地选择、计划活动。"强调这一原则的目的在于引导作为班级管理主体的教师充分投入地从事班级管理工作，在提高班级管理成效的同时，幼儿作为学习、游戏的主体地位得到确立和保证，教师作为管理者的主体性与幼儿作为学习和游戏者的主体性能够相结合。

其次，教师在游戏活动中应尊重幼儿的想法，不扼杀幼儿的创意。在活动中，教师应尊重个别差异，尊重每一位幼儿提出的问题和答案，在活动中创设自由轻松的氛围，以引导作用为主，引导幼儿自己说，培养幼儿开放性的思维。教师应通过让幼儿自由地想象、探索、思考、回答，帮助幼儿理清思路，与幼儿共同总结，使幼儿的主体性充分发挥。

### （三）参与性原则

参与性原则是指教师在管理过程中不以管理者身份高高在上，而是以多种形式参与到幼儿的活动之中，在活动中民主、平等地对待幼儿，与幼儿共同开展有益的活动，同时，引导幼儿参与到班级活动中，让幼儿在参与中获得成长。

贯彻这一原则的要求主要有以下两点：

首先是教师的平等参与。《纲要》指出："教师应成为幼儿学习的支持者、合作者和引导者。"教师参与幼儿的活动，做幼儿的知心朋友，细心观察幼儿的情绪变化，了解幼儿的喜怒哀乐，并与其交流思想，平下身子和幼儿共同玩耍，共同学习，这样才能促进师生的感情。

其次，调动幼儿参与班级事务管理的积极性。在让幼儿参与班级管理的过程中，教师要观察了解每个幼儿在成长过程中的不同发展需求。要听取并采纳幼儿的合理化建议，幼儿犯下错误时，不要一味地批评，要帮其分析原因，引导其改正不良习惯，平等、和蔼地对待幼儿，使幼儿在参与中获得更大的进步。

### （四）整体性原则

整体性原则是指班级管理是面向全体幼儿并涉及班内所有管理要素的管理。整体性原则保证了班级全体幼儿的共同进步而不是部分幼儿的超常发展，确保班级各种管理要素得到充分的利用。

贯彻这一原则的要求主要有以下两点：

首先，注重教师集体和幼儿两方面的管理。教师应把教师和全班幼儿作为一个系统和整体来对待，在教育过程中，注意途径与手段的全面性，注意多种教育内容的有机结合，发挥教育的整体效能。

其次，注重协调班级管理中的各种影响因素。班级工作是全方位的，且相互联系、相互制约。要协调班级中的多种管理要素，使班级管理资源的配置尽可能科学、合理，以减少矛盾和冲突，进而有效地促进幼儿的发展。

### （五）个性化原则

个性化原则是指在班级管理过程中要根据幼儿的年龄特征、个性特点和实际状况，开展有针对性、个性化的管理。不同的幼儿由于生理、心理发展的水平不同，他们的思维、自我意识、情感、意志、行为，以及个性的发展均具有不同的特征，班级管理必须依据幼儿的个性化特点因材施教，才能收到更好的管理效果。

贯彻这一原则的要求主要有以下两点：

首先，班级管理的方法要适合幼儿的年龄特征。各个阶段幼儿的身心发展都各有特点，教师要研究、掌握这些特点，从而使班级管理要求、内容注重其针对性。

其次，要针对幼儿的个性特点进行教育。教师要区别对待，针对每名幼儿的个性特点和实际情况，提出要求，运用恰当的方法，开展有针对性的教育。

### （六）高效性原则

高效性原则是指教师进行班级管理时，要求以最少的人力、物力和时间，尽可能地使幼儿获得更多、更全面、更好的发展，使班级呈现更健康的面貌。

贯彻这一原则的要求主要有以下两点：

首先，有效利用班级的资源。班级要建立健全以岗位责任制为核心的各项规章制度，做到定岗定员，责任到人，通过合理组织、有效运用有限的教育资源，提高管理的功能效益，提高保教质量，促进更多的幼儿德、智、体、美全面和谐地发展。

其次，要增强时间观念，提高时间的利用率。幼儿教师大部分工作时间都和幼儿在一起，很少有整块的时间来处理各项事务，因而利用零碎时间显得极为重要。零碎时间的利用能够完成工作于无形之中，提高时间的利用率。

## 七、幼儿园班级管理的方法

幼儿园班级管理方法是指教师为实现班级管理目的而运用的手段、方式、途径和程序等的总称。科学的班级管理方法是每个班级管理人员基本的工作技能。随着班级管理水平的不断提高，班级管理方法也处于不断更新完善中，新的管理方法层出不穷，全面地概括各种班级管理方法是非常困难的。但班级管理还是有法可依的，我们将幼儿园班级管理的基本方法概括为以下几种。

### （一）说服教育法

说服教育法是指在班级管理过程中通过讲解、谈话、讨论等方式向幼儿讲清一些简单的道理，帮助幼儿分清是非，辨别好坏，使幼儿具有正确的道德观念，并能用这些道德观念来指导自己行动的一种方法。说服教育法是班级管理的基本方法。

说服教育的方式包括运用语言进行说服的方式（讲解、谈话、讨论、指导阅读）和运用事实进行说服的方式（参观、游览）。讲解是结合具体事例，以简明生动的形象和语言，向幼儿讲清道理，进而掌握正确的行为标准。谈话是以师生对话的形式，针对幼儿品德教育的具体问题，诱导幼儿自己得出结论的一种教育方式。讨论是就一个问题让幼儿展开讨论争论，在教师引导下共同得出结论。指导阅读是指导幼儿阅读书籍，它可以补充口头说理之不足。参观、游览是组织幼儿接触社会实际，到现场去看实物、听解说，用具体生动的典型事例说服教育，以提高思想认识的一种方式。

运用说服教育法的基本要求主要有以下四点：

第一，要有针对性。说服教育预先必须了解幼儿情况，从幼儿的实际出发，注意个性特点，针对要解决的问题，有的放矢启发教育幼儿。

第二，要有感染力。说服教育要有知识性、趣味性，选用的内容和表述的方式要力求生动、有趣，唤起幼儿情感上的共鸣，实现教育目的。

第三，把握教育时机。说服教育的成效取决于教师是否善于捕捉教育的时机，只有在恰当的时机开展恰当的说服教育才容易为幼儿所接受。

第四，注意教育民主，尊重幼儿。说服教育一定要贯彻民主精神，鼓励幼儿发表不同意见，通过讨论争辩，提高思想认识。

### （二）范例引导法

范例引导法是指给幼儿提供具有教育意义的典型事例，以别人为榜样来影响幼儿的一种教育方法。范例对幼儿的行为起引导的作用。教师在班级管理过程中常用的范例可以是幼儿喜闻乐见的故事人物形象，或者是故事中拟人化的动物形象。

运用范例引导法的基本要求主要有以下三点：

首先，教师必须为幼儿选择充满正能量的阅读材料。幼儿好模仿，但常从兴趣出发，往往带有很大的盲目性，很多材料不适合幼儿，容易让幼儿产生错误认知，因此，教师提供的范例必须能触动幼儿的情感，并能引导他们的行为。

其次，教师要做好幼儿的榜样。幼儿教师的一言一行都对幼儿的日后发展有着很大的影响，因此教师必须先做好自身的模范作用，在与幼儿接触时，注意自身的一言一行，使幼儿有一个好榜样。

再次，教师要善于发掘幼儿周围生活中有教育意义的范例。教师要善于在幼儿中树立一日学习生活中的榜样，让幼儿学习模仿，不断地提高幼儿的认识和自觉性，养成良好的行为习惯。

### （三）规则约束法

规则约束法是指用规范和条例约束幼儿行为，使其与集体活动的方向和要求保持一致或确保幼儿自身安全并不危及他人的一种管理方法。规则约束法是对班级幼儿最直接和最常用的管理方法。

运用规则约束法的基本要求主要有以下两点：

首先，教师要在一日活动中帮助幼儿掌握规则。在幼儿一日活动中，教师应及时在具体的情景中引出规则，让其在活动中明白规则的具体要求，并懂得规则执行的意义。每次活动后，教师应及时指出活动中有哪些较好的规则行为，哪些还存在改进的地方。通过自己的实际操作，幼儿才真正理解规则制订的意义；通过具体的操作，幼儿才能掌握这些规则。

其次，教师要尽量保持规则的一致性。保持规则的一致性就是同一规则不能前后有变化或随意改变。如果在特定的情况下必须作出某些改变，也必须向幼儿说明改变的原因，以及改变后的规则。只有做到规则的一致性，幼儿才会认真遵守规则。

### （四）情感陶冶法

情感陶冶法是指教师有目的、有计划地运用情感和环境的因素，以境陶情，在班级管理中对学生进行潜移默化的熏陶和感染，使其心灵在耳濡目染中受到感化，进而促进其身心发展的方法。

运用情感陶冶法的基本要求主要有以下三点：

首先，教师要表达师爱，与幼儿建立依恋关系。教师慈母般的师爱将会燃起一把爱火，融化幼儿内心的冰川。教师要逐渐与幼儿建立依恋关系，搭建幼儿融入新环境的桥梁，为幼儿今后能顺利地融入社会打下基础。

其次，教师的情感需运用于恰当之处。由于每一个幼儿都是独具特点的个体，他们情感表现方式不一，只有积极协助教师形成智慧型的管理风格，才能更好地将教师的情感运用于恰当之处，服务于班级管理。

再次，教师要有意识地为幼儿创设教育环境。教师要根据教育要求来设置教育环境，教育环境不同于自发的环境，它是根据班级管理任务进行选择和加工的，环境中的教育因素不但形象而且典型，具有相对的系统性和完整性，不管物质环境还是精神环境，都能成为完成班级管理任务的一个重要手段。

### （五）奖惩评价法

奖惩评价法是指对幼儿行为表现给予奖励或惩罚评价的一种方法。这是幼儿班级管理的一种辅助方法。它能起到控制幼儿行为发展方向的作用。

奖惩评价的方式主要有表扬与奖励、批评与惩罚。表扬和奖励是对幼儿的良好行为表现的肯定，通过表扬、奖励能使幼儿明白自己的优点和长处，并使优点、长处得到巩固和发扬。批评和惩罚是对幼儿不良行为的否定。通过否定使幼儿明白自己的缺点和错误行为，并体验到这种行为引起的不愉快，产生羞愧感，从而改正错误缺点。

运用奖惩评价法的基本要求主要有以下三点：

首先，应以表扬、奖励为主。特别是年龄小的幼儿要更多地用表扬、奖励，少用批评、惩罚，更不能使用打骂、恐吓、讽刺挖苦、不准吃饭等有损于幼儿身心健康的方式，要严禁体罚与变相体罚。

其次，表扬和奖励、批评和惩罚必须做到公正合理，实事求是，恰如其分。在表扬、奖励时，要指出不足之处和今后的努力方向，在批评惩罚孩子时又不能全盘否定，应该为他创设克服缺点的条件，并相信他能够改正。

再次，不要把批评表扬当作教育者情绪宣泄的一种手段。在利用这一方法手段进行教育时，要注意它的教育效果，不要为批评表扬而批评表扬，更不要把批评表扬当作教育者情绪宣泄的一种手段。

### （六）行为训练法

行为训练法是指教师按照一定要求，有计划、有目的地训练幼儿的行为，使之形成符合要求的良好行为习惯的方法。这种方法的最大特点是着眼于知行转化，培养幼儿言行一致的优良品质。

运用行为训练法的基本要求主要有以下四点：

首先，训练要在教师有目的、有计划的指导下进行。教师要有目的、有意识地组织幼儿道德行为的练习过程。这些练习应当是逐步的、可以接受的。也可以特意创设训练行为的条件，使幼儿得到反复训练的机会。

其次，训练的要求既要严格，又要适当、合理。要充分考虑幼儿原有的水平，尊重他们正当的意愿和需要。同时，注意把集体练习和个别训练结合起来，既有集体的统一要求，又要根据个别差异，从幼儿个人的特点出发，提出不同层次的要求。

再次，要激发幼儿对训练的兴趣和愿望。让幼儿积极参加各种训练，注意使幼儿在完成训练的过程中及完成之后，产生愉快的情绪体验，获得满足感。

此外，要长期坚持，持之以恒。行为训练的效果与练习的频率是成正比的。教师要抓住每一个训练时机，敦促幼儿反复练习、不断提高，一抓到底，只有经常反复地进行，才能取得应有的效果。

# 学习单元一
# 班级开学工作管理

## 引言

九月是幼儿园新生入园的时间，这是幼儿第一次离开家，来到集体中生活的时间。入园对于幼儿及其父母、教师而言，就像一场战争，幼儿的反应往往让爸爸妈妈和教师措手不及。有的幼儿抱着妈妈的脖子不肯松手，老师怎么劝都不让父母走；有的幼儿明明从幼儿园回家的时候还是开开心心和老师说再见的，但回家后就再也不肯去幼儿园了；还有的幼儿虽然乖乖上学，但是整天都闷闷不乐的，到了晚上还常常做噩梦。看着孩子满脸的泪痕，爸爸妈妈真是心疼，老师也感到很无奈。幼儿入园所表现出的种种不适应，主要是由于他们对环境的不熟悉而产生的不安全感。安全感对人格的健全发展意义重大，所以减少幼儿入园时的紧张情绪非常重要，减少紧张情绪可以增加幼儿的安全感，减少恐惧感。因此，设计和建立幼儿基本情况档案、开展新生家访、召开家长会、开展亲子活动，尽快地帮助幼儿适应新环境，是每位教师和家长义不容辞的责任。

## 相关理论

艾夫考认为，适应是个体与环境的互动关系。个体在与环境相互作用的过程中，不断调整自我身心状态，使身心与现实环境保持和谐一致，从而达到认识环境和改造环境、发展自我的目的。这一过程可以描述为三个阶段。首先，个体对环境的认知是适应的心理基础。其次，个体在认知基础上，通过对新环境的反馈，会进一步调整已有的价值观念，形成和新环境协调的价值观念，继而形成与自身的价值观念相符的反应模式，即进一步构筑新的价值观念。第三，在新的价值观念指导下，个体的心理需求、动机和情绪等心理机制都会做出相应的变化和调整，符合环境的内在要求，使两者和谐发展，从而达到适应。

皮亚杰认为，适应既是一种过程，也是一种状态，个体的每个心理反应，无论是指向于外部的动作，还是内化了的思维动作，都是一种适应，适应的本质在于取得机体与环境的平衡。

朱智贤认为，“适应”是来源于生物学的一个名词，用来表示能增加有机体生存机会的那些身体上和行动上的改变，心理学中用来表示对环境变化做出的反应，如对光的变化的适应和人的社会行为的变化等。

# 学习情境 1　新生入园适应工作管理

## 学习目标

**知识目标**

1. 了解 3 岁幼儿的身心发展特点，掌握分离焦虑、亲子依恋、社会化的概念。
2. 理解幼儿入园的不适应现象，掌握幼儿入园不适的调适方法。

**能力目标**

1. 能够通过各种调查与谈话掌握幼儿园新生的基本状况。
2. 能够计划、组织开展新生家长会及开学亲子活动。
3. 具备针对开学初新生的各种不适应表现进行有效疏导的能力。

**素质目标**

1. 具备幼儿班级管理工作必需的爱心、耐心与细心的心理素养。
2. 具备较好的人际沟通意识与技巧。

幼儿园主班教师在新生入园环节的工作任务非常繁重，主要包括入学前的准备工作和新生入园后的教育管理工作。其中，这一阶段重要且难度较大的典型工作任务主要包括：建立幼儿基本情况档案、家访、召开家长会，以及设计幼儿迎新活动方案。

## 任务 1　建立幼儿基本情况档案

### 任务概述

了解幼儿是教育的前提条件。幼儿教师需要具备敏锐的观察力，及时发现幼儿的需要，掌握教育时机。学会做观察记录，了解每名幼儿的特点，促进每名幼儿富有个性地发展。

幼儿基本情况档案是指幼儿教师采用为每个幼儿建立基本情况档案的方式，有目的地收集能够反映幼儿情况、用以评价幼儿发展和为班级管理提供依据的相关材料。教师要在了解幼儿情况的基础上建立幼儿基本情况档案，包括幼儿入园基本情况调查表、幼儿入园登记表和幼儿入园花名册。

### 相关知识

**知识点 1　3 岁幼儿的身心发展特点**

**1. 身体发育**

(1) 大脑的发育

3 岁幼儿脑重量约为 1 000 克，是出生时的两倍多，神经细胞容量增大，神经纤维增长延伸，神经细胞之间出现了新的传导道路，但神经细胞脆弱，易疲劳。大脑皮层兴奋过程占优势，抑制过程较弱，因而易兴奋、易疲劳。每天睡眠时间约为 14 个小时。

(2) 身体结构和器官功能

3 岁幼儿的身体结构和器官功能有所加强，骨骼更加坚硬，但骨化过程还未完成，容易变形。能掌握各种大动作和一些精细动作，身体和手的基本动作已经比较自由，能在教师指导下穿脱衣裤鞋袜，自己吃饭，具有初步的生活自理能力。喜欢接触外界环境，练习大肌肉运动技能，能自然地走、跑、跳、学骑三轮车、玩球等,但幼儿手腕、手指等小肌肉群的发育较晚较慢,需要较长时间才能加以随意控制。

2. 认知发展

(1) 感知觉的发展

① 视觉:主要表现为视力发展和辨色力发展两个方面。3岁以后,幼儿喜欢看图书,用眼睛看近距离和细小东西的机会不断增加,能够学会分清各种基本颜色,如:红、绿、黄、蓝、黑等。对于色调相近的颜色,如:红和粉红,黄和橘黄等易混淆。

② 听觉:发展较早,到3岁基本完成。

③ 空间知觉:能辨认上下,但不能很好地辨别前后、左右。

④ 时间知觉:能领会"昨天、今天、明天"的时间感念,但不能掌握"过去、现在、将来"的概念。

⑤ 观察力:刚刚萌发,只是停留在表面肤浅的观察上,他们还不会按目的去观察,且观察目的会随观察过程发生转移,观察兴趣常常会替代成人要求的观察目的。

小班幼儿持续观察时间只有6~7分钟,甚至更短。观察的事物常常是零星的,不会概括和联系起来观察某一事物。观察时常常用手指帮忙,指着图片和物体进行观察。

(2) 注意的发展

① 无意注意:3岁幼儿仍以无意注意为主,有意注意正在逐步增加。(有意注意一般只能维持3~5分钟)

② 注意转移和分配:幼儿的注意转移、分配能力都很差。表现在观察图片时,仅能注意其主要的、鲜明的部分而忽视其他部分;在做律动时,只能听琴声两手上下挥动或双脚小跑步,而不能将身体各个部分的运动有机地结合起来。

(3) 记忆的发展

3岁幼儿主要以无意识记、机械识记为主,凡是感兴趣的、印象生动强烈的事情就容易记住,具有直观、形象的特点。

(4) 思维的发展

3岁以前幼儿的思维主要是直觉行动思维,他们的思维和动作、行为紧密联系,一旦动作停止或转移,其思维活动也就随之停止或转移。小班幼儿的思维仍带有很大的直觉行动性,但他们已经开始借助事物的具体形象或表象来进行,即由直觉行动思维向具体形象思维发展。

① 这个阶段的幼儿只能掌握日常生活中具体概念,如:实物概念、简单的数概念等,很难掌握抽象的关系概念、时间概念、道德概念等。

② 在推理判断时,常常以事物的外部联系为依据,而不是以事物的内在联系为依据。

(5) 想象的发展

① 没有预定的目的,受当时事物的影响比较大。

② 由于想象没有预定的目的,易受当时情境的影响,所以想象比较被动,主题也不稳定。

③ 这时期幼儿常以想象过程为满足,而不去考虑想象的目的。另外,小班幼儿还喜欢夸大想象,把没有的事情说得活灵活现。

3. 社会性发展

(1) 语言的发展

正常情况下,幼儿都已学会讲话,但不能正确地发出全部语音,因为他们的发音器官和听觉发育并不十分完善,还不能辨别差别较小的音,不善于协调使用发音方法,所以存在发音不清楚的情况。

① 词汇量:1 000~1 100个,名、动词占大多数,而且名词、动词是幼儿首先掌握的词类。

② 语法:能用词组成简单的句子来表达自己的意思,但句子经常不完整,常出现没有主语的病句或语句颠倒的情况。

(2) 自我意识的发展

① 第一反抗期:3岁幼儿能叫出自己的名字和掌握代词"我",产生真正的自我意识,与此同时,幼儿产生与成人不合作的行为,常以沉默、退缩、身体的抗拒来拒绝成人的要求,并常用"我自己来"拒绝成人的帮助。(这种"违拗"于三、四岁时达到高峰期,心理学上称为"第一反抗期"。)

② 轻信他人：这时期的幼儿对自己往往只是成人评价的简单再现，而且，对成人的评价有一种不加考虑的轻信态度。

③ 自控能力：自我控制能力还不是很强，越小的幼儿越是难以控制自己的行为。

(3) 情感情绪发展

① 情绪变化：3 岁幼儿情绪发展的明显特征是易感性和易变性，他们的情绪非常外露，不稳定，极易受环境的影响。如一个孩子想妈妈哭了，便有一群孩子跟着哭。他们一吓就哭、一哄就笑，高兴与不高兴、愿意与不愿意都流露在脸上。

② 情感依恋：3 岁幼儿对亲近的人有强烈情感依恋，当与亲人分离时，大多数都要经历或长或短的分离焦虑过程。他们用啼哭等方式表示分离的痛苦，这是因情感依恋而产生的分离焦虑，儿童对依恋对象的存在和消失十分敏感。

③ 同情心：3 岁幼儿具有一定的同情心，但是，他们不会表达自己，只能做出一些举动，甚至是一些不应该的举动来表达自己。

④ 荣誉感：3 岁幼儿对荣誉感的理解大多局限在自己身上，较少考虑到整个班级，还不知道为别人的成功而高兴。

(4) 社会行为、技能的发展

① 社会性交往：从自我为中心慢慢地开始逐渐转变。

② 助人：出现助人行为，但是往往不考虑自己助人出现的后果，常常是好心办坏事。

③ 分享：在教师的启发下产生。

④ 合作：合作行为在游戏中经常出现，时间较短，相互协调性发展得较好，但有时会在合作行为中发生冲突，说明幼儿解决问题的能力还有待培养。

⑤ 攻击性行为：侵犯性行为多为工具性攻击，起因大多数是为了玩具。此外，自控能力差，辨别是非能力差，容易学习模仿影视节目中的暴力镜头。

**思考** 根据 3 岁幼儿的身心发展特点谈谈为什么刚入园的幼儿容易对幼儿园生活产生不适感？

## 知识点 2　新生入园适应工作

幼儿入园适应工作是指幼儿来到幼儿园后，幼儿教师为了让幼儿尽快适应幼儿园的环境所做的最基本的工作。

入园是幼儿离开父母踏入社会的第一步，因此，幼儿教师在日常工作中做好幼儿入园的适应工作非常重要。

**思考** 为什么新生入园都或多或少有不适应现象呢？

### 入园新生四大不适症状

由于生活环境和生活作息的改变，88%的幼儿在入园初期出现不适应的症状。而幼儿对于幼儿园生活的适应期长短不一。33%的幼儿需要两周以上的适应时间，更有超过 14%的幼儿的适应期在一个月以上。

症状一：哭闹(44%)

入园前，要告诉幼儿自己会在放学时接他/她，排除幼儿“家长扔下他/她不管”的担忧。当然，放学时家长也需要准时出现。在生活中要避免用去幼儿园吓唬幼儿，使他/她对入园产生畏惧感。

送幼儿入园时，家长自己情绪要正常，尤其不能因不放心而躲在一边观察，幼儿发现后哭闹反而更厉害。如果幼儿对妈妈过于依赖，可让其他家人比如爸爸接送。对于那些有特殊习惯的幼儿，可暂时不要干涉他的特殊习惯，让他在适应的过程中逐步改变。

症状二：不合群(21%)

不愿意和人沟通的幼儿大体上可以分为两大类：一类表现为沉默寡言、孤僻、害怕陌生人；另一类表现为爱哭闹、爱捣乱、爱逞能、爱惹是生非。

相关链接

要培养幼儿和人沟通，家长首先要以身作则，为幼儿创造一个和睦相处的良好家庭环境。切忌以幼儿为中心，让幼儿凌驾于家长之上。

1. 扩大幼儿的生活空间，有意识地带幼儿参加同伴的活动，为幼儿提供学习人际交往技巧的机会。

2. 通过角色扮演教给幼儿发展友谊的技能，如礼貌用语、交往语言等。

3. 强化“接受邀请”的行为。如果发现幼儿偶尔接受别的小朋友的邀请，即使是很勉强的，也要及时给予鼓励，如果发现幼儿接受了别的小朋友的邀请，并表示愿意参加，更要大加赞赏，促其参加。

4. 强化“邀请别人”的行为。要鼓励幼儿欢迎主动上门来玩的小朋友，并为幼儿们提供游戏的场所和他们感兴趣的玩具，还应不厌其烦、热情地鼓励幼儿并和他们一起玩。

症状三：生病(24%)

有超过一半家长感觉孩子进幼儿园后，生病的几率相较在家时有明显上升，其中44%的孩子在第一学期生病超过3次，平均一个多月就生病一次。

新学期的头一两个月，呼吸道疾病最为常见。主要是因为幼儿入园后从原来单纯的家庭生活变成了“集体生活”，受感染的机会增加了。另一方面，由于分离焦虑，幼儿情绪不好，导致免疫力下降。

作为家长，在幼儿从幼儿园回家后，最好让他把外衣裤都换掉，勤洗手洗脸，勤洗晒被褥，降低感染的几率。另外，家长不要因为补偿心理而在双休日带着幼儿东奔西跑、游山玩水。要让幼儿好好休息，每天晚上尽早安排幼儿上床睡觉。如果幼儿患病，要及时带他就医，让幼儿在家调养，避免带病回园。同时，也请家长把幼儿的情况告诉园方，让园方更有针对性地采取保育措施，最大限度地保障幼儿的健康。

症状四：胃口变差(9%)

出现胃口变差，甚至体重下降的情况，家长可以与老师主动沟通，了解幼儿在园进餐的食谱、时间、饭量、情绪等情况，再综合幼儿在家晚饭的就餐情况进行分析判断，有针对性地解决问题。

若幼儿在家里吃得津津有味，而在幼儿园吃得不太好，那说明幼儿只是对幼儿园生活还不适应，等到慢慢适应后自然会形成在园良好的就餐习惯。若幼儿在幼儿园和在家里都吃得不错，但由于幼儿园就餐定时定量，没有吃零食的机会，且运动量有所变大，就可能会造成幼儿变瘦。那么，家长可以在每天接幼儿回家时，以不影响晚餐为前提给幼儿适当补充一点食物，如一块小蛋糕。这样既补充了营养，又增加了体力。

总之，如果幼儿入园后变瘦，家长不要过于着急，也不要片面认为幼儿在幼儿园没吃饱饭。

相关链接

## 指导要点

### 一、幼儿入园基本情况档案包含的几个基本要素

1. 项目名称；2. 家长基本信息；3. 幼儿的健康状况；4. 幼儿的生活状况；5. 家庭的教养状况；6. 家长的教养要求；7. 家长的信息反馈；8. 幼儿的特殊情况报告；9. 家长签名确认。

## 示例分析

### 示例1：幼儿入园基本情况调查表(表1-1)

幼儿入园基本情况调查表

填表人：　　　　　　　　　　　　　　　　　　时间：

| 幼儿姓名 | | 出生年月 | | 性别 | | 籍贯 | |
|---|---|---|---|---|---|---|---|
| 父亲姓名 | | 文化程度 | | 职业 | | | |
| 母亲姓名 | | 文化程度 | | 职业 | | | |

（续表）

<table>
<tr><td rowspan="7">生活状况</td><td colspan="2">是否会使用餐具独立进餐：是□　否□</td><td colspan="2">进餐所需时间：</td></tr>
<tr><td colspan="2">进餐情绪：□愉快　□一般　□讨厌</td><td colspan="2">是否喜欢自己做事：是□　否□</td></tr>
<tr><td colspan="4">饮食方面的特殊要求</td></tr>
<tr><td>是否独睡：是□　否□</td><td>是否尿床：是□　否□</td><td colspan="2">是否赖床：是□　否□</td></tr>
<tr><td>能否控制大小便：是□　否□</td><td>能否表达需要：能□　否□</td><td colspan="2">大小便能否自理：（脱穿裤、用纸）是□　否□</td></tr>
<tr><td colspan="2">是否自己洗手：是□　否□</td><td colspan="2">是否自己洗脸：是□　否□</td></tr>
<tr><td colspan="2">是否爱发脾气：是□　否□</td><td colspan="2">是否过分活跃或安静：是□　否□</td></tr>
<tr><td rowspan="3">健康状况</td><td>有否进行预防接种：是□　否□</td><td colspan="3">曾患病症：水痘、白喉、百日咳、麻疹________</td></tr>
<tr><td colspan="4">常患病症：感冒、扁桃腺炎、腹泻、发烧抽筋、过敏症其他（请写明疾病名称）________</td></tr>
<tr><td colspan="4">是否需要特殊照顾（请具体写明）：是□　否□________</td></tr>
<tr><td rowspan="5">家庭教养状况</td><td colspan="2">孩子有否入读过亲子班（早教班）：是□　否□</td><td>入读总时间</td><td></td></tr>
<tr><td colspan="2">孩子出生后主要由谁教养？</td><td colspan="2"></td></tr>
<tr><td colspan="2">父母每天陪伴孩子的时间大约有多少？</td><td colspan="2"></td></tr>
<tr><td colspan="2">家长对孩子的培养主要侧重于哪些方面？</td><td colspan="2"></td></tr>
<tr><td colspan="2">家长对幼儿园的要求或期望？</td><td colspan="2"></td></tr>
</table>

## 示例 2：幼儿入园登记表（表 1－2）

### 幼儿园新生入园登记表

编号：　　　　　　　　　　　　　　　　　　　　　　　　　　填表日期：　　　年　月　日

<table>
<tr><td rowspan="4">幼儿信息</td><td>姓　　名</td><td></td><td>性别</td><td></td><td>民族</td><td colspan="2"></td><td rowspan="4">照片</td></tr>
<tr><td>出生日期</td><td></td><td>年龄</td><td></td><td>籍贯</td><td colspan="2"></td></tr>
<tr><td>家庭住址</td><td colspan="6"></td></tr>
<tr><td>户口所在地</td><td colspan="6"></td></tr>
<tr><td rowspan="5">家长信息（包括主要接送人和紧急联络人）</td><td>姓名</td><td>关系</td><td colspan="3">工作单位</td><td>联系电话</td><td>微信QQ</td><td>是否主要接送人</td></tr>
<tr><td></td><td></td><td colspan="3"></td><td></td><td></td><td></td></tr>
<tr><td></td><td></td><td colspan="3"></td><td></td><td></td><td></td></tr>
<tr><td></td><td></td><td colspan="3"></td><td></td><td></td><td></td></tr>
<tr><td></td><td></td><td colspan="3"></td><td></td><td></td><td></td></tr>
<tr><td>保健要点</td><td colspan="8">1. 是否有过如厕训练：　是□　否□<br>2. 是否会自己穿脱衣服：是□　否□<br>3. 午睡是否有特殊习惯：是□　否□<br>4. 是否能够自己吃饭：是□　否□<br>5. 是否挑食：是□　否□　喜食________　厌食________<br>6. 是否适应集体生活：是□　否□<br>7. 有无过敏食物：有□　无□　过敏食物为________</td></tr>
<tr><td>健康状况</td><td colspan="8">您的孩子曾患过哪种疾病（请在疾病名称上打“√”）<br>水痘　肝炎　肺炎　哮喘　胃病　肾病　骨折　风疹　白喉　麻疹　外伤　贫血　抽筋<br>皮肤病　腮腺炎　心脏病　癫痫病　百日咳　高热惊厥　扁桃体发炎<br>其他（请写明疾病名称）<br>________________________<br>有无过敏症：有□　无□　　过敏药物________________<br>有无漏接种防疫针：有□　无□　漏接种________________</td></tr>
</table>

（续表）

| 特殊告知事项及要求： | | | | | | | |
|---|---|---|---|---|---|---|---|
| 报名日期 | | 分配班级 | | 教师签字 | | 家长签字 | |

示例 3：幼儿入园花名册（表 1－3）

幼儿园______班花名册

班主任______保育员______　　　　____年____学期

| 序号 | 姓名 | 性别 | 出生年月 | 家庭住址 | 家长姓名 | 联系电话 | 微信 | QQ | 备注 |
|---|---|---|---|---|---|---|---|---|---|
| | | | | | | | | | |
| | | | | | | | | | |
| | | | | | | | | | |
| | | | | | | | | | |
| | | | | | | | | | |

分析

小组讨论，分析以上三个表格，谈谈值得借鉴的地方，补充不足之处。

## 任务 2　新生家访

### 任务概述

家访是教师了解新生的家庭教育状况，与家长沟通教育观念，帮助新生尽快适应幼儿园生活必不可少的环节。教师要通过家访使家长坚信：上幼儿园是幼儿社会化的重要一步，对幼儿的成长有很多好处，幼儿有很强的适应能力，只要教师、家长给予协助，上幼儿园就会是一件快乐的事情。教师通过家访还可以与幼儿初步接触，建立感情，避免幼儿产生初入园的陌生感。最后，根据家访了解到的情况，教师可以给家长提出建议，配合入园适应工作的开展。

### 相关知识

**知识点 1　分离焦虑**

分离焦虑是指婴幼儿因与亲人分离而引起的焦虑、不安或不愉快的情绪反应，又称离别焦虑。幼儿的分离焦虑常见有 3 个阶段：反抗阶段——号啕大哭，又踢又闹；失望阶段——仍然哭泣，断断续续，吵闹动作减少，不理睬他人，反应迟钝；超脱阶段——接受外人的照料，开始正常的活动，如吃东西、玩玩具，但是看见母亲时又会出现悲伤的表情。

思考　如何看待和应对产生分离焦虑的幼儿？

相关链接

**分离焦虑的个性应对**

入园后幼儿的分离焦虑有许多类型，针对不同的幼儿，教师要用不同的策略。

1. 渴望安慰型：这样的孩子语言表达能力强，又愿意与人亲近。小佳常常牵着老师的手说：“老师安慰安慰小佳吧！”我蹲下身来，用脸贴贴她的脸，即可缓解她的焦虑。

小炎的小毛巾有一种她最能感觉得到的味道，拿着它就有说不出的安全感。小强的旧布条是她眼里的小枕头，拿着它就像在妈妈身边。让孩子带一些喜爱的物品在身边也是减缓入园初期分离焦虑的一种办法，不妨一试，但时间不宜过长。

2. 自我保护型：这样的孩子对陌生人有戒心，所以别轻易去拉他的小手，保持距离，谈心可以，给他时间慢慢调整。小欣拉着大鹅玩具车那坦然的神情，就给了我很深的印象。她没有闹，但却让老师觉得距离很远。

3. 哭闹型：看看孩子哭的形态吧，睁着眼睛哭的、闭着眼睛哭的、泪如雨下的、声震如雷的、轻声啜泣的……但无论是哪种形态的哭，无论孩子在哭的时候是与你对答还是置之不理，老师都可以用各种方法把他的注意力引开。

转移注意力是教师惯用的方法，一句："你先喝水，喝完水再哭"就可以缓解幼儿的情绪。小悦的哭声可谓潇洒，眼睛一闭，头一扬，嘴巴大张，让你可以看到嘴里所有的小牙。你轻声地对他说："小鱼饿了吧？水草怎么不见了，是谁拿走了？哎！树枝上落的小麻雀可真胖呀！"哭声戛然而止，圆溜溜的眼睛会顺着你的手指望去，还问："在哪呢？"初入园的幼儿必要的表达情绪是正常的，如果有些幼儿使劲忍着不哭出来，对身心健康也不利，所以如何引导幼儿正当地表达情绪是教师的必修课。

相关链接

## 知识点2 适应障碍

适应障碍是指在明显的生活改变或环境变化时所产生的短期和轻度的烦恼状态和情绪失调，常伴有一定程度的行为变化。

幼儿适应障碍多发生于学龄前幼儿。幼儿在入园过程中存在不同程度的适应障碍，哭闹和逃避是幼儿入园初期最普遍、最典型的情绪反应和行为表现。不少幼儿入园时总是倚在家长怀中，不肯下地走，不肯到教室去，不肯让家长离开，否则就哭闹不止，甚至躺在地上打滚，哄也不听，抱也不肯，哭着吵着要回家；一名幼儿哭起来，别的幼儿也跟着哭起来。这些表现都是因为幼儿对新环境、新情况，以及各种生活事件的不适应造成的。幼儿产生了程度不等的心理应激，平静的心境震荡起伏，内心的平衡被打破了，他们感到紧张、焦虑和恐慌不安，并在行为上表现出来。幼儿的个性不同，所在家庭环境的宽容程度和教养方式不同，也就使得幼儿对心理应激的反应方式各不相同，这就出现了上述的适应障碍。

其实，遇到新环境、新情况或遭遇挫折时，幼儿都会做出本能的适应努力，这时只要对幼儿充分理解和宽容，以更积极和更耐心的态度加以疏导，让幼儿以适当的方式充分表达其内心的苦闷和烦恼，或事前给予幼儿一定的心理准备，都会使幼儿降低心理应激程度，增强适应能力。一段时间后，幼儿会做出新的调整，给自己重新定位，从而适应变化了的环境。幼儿获得了新的平衡，脸上又会绽开灿烂的笑容。

思考 如何看待和应对幼儿的适应障碍？

## 知识点3 家访的准备工作

1. 准备时间：家访前，与家长电话约定好时间，确认到家的时间和预计会停留的时间，尽量避开吃饭时间。

2. 准备人员：最好是班上几位教师同去，一方面显得有诚意和重视，另一方面也可以加强教师与幼儿之间的联系。保健医生可以和教师一同到体弱或特殊（肥胖、贫血）幼儿家庭家访。

3. 准备物品：准备鞋套，带好幼儿家庭地址，准备笔和本子做家访记录。家访新生要带新生家访表、给宝宝的一封信、温馨提醒。可携带照相机，记录下快乐场景。

4. 准备计划：每一次家访前，要根据幼儿的相关信息制定一个计划，包括：幼儿的认知和社会性能力、特殊兴趣、在幼儿园的好朋友情况、易于取得成功的活动等。

思考 家访中应如何与家长交流？

## 指导要点

### 一、新生家访工作的指导要点

1. 家访前应该做好充分的准备，提早与家长沟通并约定家访的时间，让双方都觉得适合。

2. 可以事先设计一份小班新生入园前的调查表格，和家长交流的时候，可以及时进行记录，这样可以对每名幼儿的情况有一定的了解，以便在入园的时候进行有针对性的教育。

3. 家访中树立良好的幼儿教师形象，尽量把家长的需求放在第一位，让家长实实在在感受到教师对孩子教育的重视。

4. 家访内容主题明确，将新生入园注意点与家长分享。

5. 与家长交谈过程中，认真倾听，不中途抢话。

6. 采取调查表或者面对面的交流形式，有针对性地进行提问、沟通。

7. 结合小班新生幼儿的年龄特点，可以制作一些入园标记卡作为家访礼物送给幼儿，标记可以让孩子在入园时进行佩戴，同时方便教师认识幼儿。

8. 家访后有侧重点地记录家访谈话内容，方便以后更好地开展教育工作。

### 二、家访活动方案包含的几个基本要素

1. 项目名称；2. 家访目的；3. 家访形式；4. 家访对象基本情况；5. 家访准备；6. 家访内容；7. 家访注意事项。

### 三、教师家访记录表包含的几个基本要素

1. 项目名称；2. 幼儿基本信息；3. 幼儿的在园特殊情况；4. 家访目的；5. 家长反馈情况记录；6. 后续解决问题情况记录；7. 家长对处理结果的反馈意见。

## 示例分析

**示例1：家访活动方案(表1-4)**

小班新生家访活动方案

班级：小班　　教师：××　　日期：××年×月×日

| 项目 | 内　　容 |
| --- | --- |
| 家访目的 | 家长是幼儿的第一位老师，家庭是幼儿的第一所学校。随着学习和贯彻《幼儿园教育指导纲要》精神的不断深入，我们越来越清楚地认识到家园联系的重要性。家访是联系幼儿园与家庭的一座桥梁，它成为教师指导家长开展个性化家庭教育的有效手段。教师通过家访促进幼儿园和家庭共同配合，提升教育效果，促进幼儿健康发展。 |
| 家访形式 | 上门家访和来园约谈两种形式。<br>说明：提前发放给家长《幼儿入园基本情况调查表》，了解家长的需求，尊重家长的意愿确定上门家访和来园约谈的幼儿名单。 |
| 实施措施 | 1. 提前预约家访时间，让家长做好心理准备。<br>2. 访谈内容。<br>(1) 了解幼儿的情况：向家长介绍幼儿来园的表现(从肯定进步、发现问题两方面进行委婉解说)；向家长询问幼儿的生活习惯(大小便能否自理、自己否能穿脱衣服、在家的作息情况等)、了解幼儿的个别状况(有无过敏等)、幼儿的兴趣爱好、家庭教养方式等。<br>(2) 探讨育人策略：针对幼儿的具体情况提出教育的方法、策略，取得家长的认可，使得园所和家庭教育保持一致。同时互相沟通，及时鼓励，促进幼儿不断进步。<br>(3) 解答教育政策、宣传办园理念：对于家长提出的一些问题进行答复，并向家长介绍正确的教育理念，宣传办园理念。<br>(4) 倾听家长的心声：倾听家长对幼儿及老师的看法与想法、对班级管理及幼儿园管理的意见和建议。家访教师要以婉转的口吻与家长交谈，以先倾听后探讨的方式进行，让家长感受到家访的重要性和必要性。<br>3. 指导家长认真填写家访意见反馈表。<br>4. 拍照。<br>5. 做好家访记录。 |

（续表）

| 项目 | 内　容 |
| --- | --- |
| 注意事项 | 1. 做好家访前的准备工作，事先了解幼儿家庭的大致状况。<br>2. 注意自己的衣着和仪态。<br>3. 访谈的时间不宜过长，要恰到好处。<br>4. “师德为先”常记在心。 |
| 访前准备工作 | |

**分析**

小组讨论，分析以上小班新生家访活动方案的优缺点，并在方案后面的空白处列出家访前所需的准备工作的具体内容。

**示例 2：幼儿园教师家访记录表（表 1－5）**

幼儿园＿＿＿＿班教师家访记录表

<table>
<tr><td colspan="2">幼儿姓名</td><td></td><td>年龄</td><td></td><td>性别</td><td></td><td>班级</td><td></td><td colspan="3">兴趣爱好</td><td></td></tr>
<tr><td rowspan="2">家长</td><td>父</td><td></td><td>年龄</td><td></td><td rowspan="2">工作单位</td><td colspan="3" rowspan="2"></td><td rowspan="2">职务</td><td rowspan="2"></td><td rowspan="2">电话</td><td rowspan="2"></td></tr>
<tr><td>母</td><td></td><td>年龄</td><td></td></tr>
<tr><td colspan="2">家庭住址</td><td colspan="3"></td><td>电话</td><td colspan="3"></td><td colspan="2">邮编</td><td colspan="2"></td></tr>
<tr><td colspan="2">家访目的</td><td colspan="11"></td></tr>
<tr><td colspan="2">家访后回忆实况记载</td><td colspan="11"></td></tr>
<tr><td colspan="2">情况分析</td><td colspan="11"></td></tr>
<tr><td colspan="2">后续教育记载</td><td colspan="11"></td></tr>
<tr><td colspan="2">家长评价</td><td colspan="11"></td></tr>
<tr><td colspan="13">备注：<br>签名：　　　　日期：</td></tr>
</table>

**分析**

小组讨论，分析以上教师家访记录表，谈谈值得借鉴的地方，补充不足之处。

# 任务3 召开新生家长会

## 任务概述

家长会是幼儿教师和家长相互交流幼儿情况，对幼儿的问题进行及时沟通以便教师及时调整工作，共同寻找最佳教育方法和途径的有效渠道。幼儿园班级家长会除了向家长汇报幼儿的表现外，还要针对幼儿家长在幼儿教育方面存在的新问题和困惑进行交流和指导，同时也要把幼儿园及教师个人的教育理念和方法介绍给幼儿家长，让他们对先进的幼儿教育理念有进一步的了解。

幼儿园的每次家长会，都有不同主题，旨在拉近家校距离，让教师和家长进行更多的交流与沟通，共同为幼儿营造快乐的幼儿园时光。

## 相关知识

### 知识点 心理暗示

心理暗示，是指人不自觉地接受外界或他人的愿望、观念、情绪、判断、态度影响的心理特点，是人们日常生活中最常见的心理现象。对于幼儿来说，来自外界的心理暗示，会给他们带来很大的影响，使幼儿在意志、兴趣等方面发生变化。积极的心理暗示，可以给幼儿带来对事物的积极的认识和体验，而消极的心理暗示，则很容易使幼儿对事物产生畏惧心理。由于幼儿年龄小，可塑性较强，容易接受暗示，而心理暗示又通常是在潜移默化中带来影响的，因此，家长和幼儿园的老师都要注重给幼儿正确的心理暗示。

在幼儿教育中，幼儿会表现出许多问题，面对这些问题如果能采取良好的心理暗示，那么原本复杂的问题就能轻松地解决。积极的心理暗示，犹如一阵润物无声的细雨，在潜移默化、不知不觉中影响着幼儿稚嫩的心灵。因此，无论何时何地，作为成人都要将一种积极心态、积极情绪传递给幼儿，牵引着幼儿朝着健康、积极向上的成长之路前进。

**思考** 教师如何引导家长运用心理暗示帮助幼儿适应幼儿园生活？

**帮助新入园小班幼儿适应幼儿园生活**

1. 做好入园前的家访工作

(1) 了解幼儿，与幼儿初步建立感情

教师在家访中可以通过观察和交流，了解幼儿的性格、脾气、爱好、乳名、生活习惯和生活环境，对幼儿和家庭情况做到心中有数。家访时，教师可以亲切地叫叫幼儿的乳名，拉拉幼儿的手，抱抱幼儿，可以送点小礼物给幼儿，让幼儿对教师产生亲切感，建立初步的感情。

(2) 指导家长做好幼儿入园的各种准备

家长首先要帮助幼儿做好生活自理能力和良好生活习惯的准备，比如培养他们大小便自理、独立吃饭、整理玩具等适应幼儿园集体生活的最基本的能力。家长还需要调整幼儿的作息时间，养成早起早睡、按时午睡的生活习惯。家长可以带幼儿积极参加幼儿园组织的参观幼儿园、试园等活动。幼儿园可以编制《幼儿入园手册》，向家长介绍怎样为幼儿的入园做准备，怎样配合幼儿园和教师的工作，使幼儿尽快适应集体生活。

2. 组织入园前的试园活动

(1) 组织家长和幼儿参观幼儿园

假期可安排一定的时间请家长陪同幼儿来园参观，教师要热情地为他们带路，给他们介绍自己班的活动室、午睡室、盥洗室，让幼儿用用水杯、坐坐小床、上上厕所，带幼儿玩一玩幼儿园的大型玩具，喂一喂饲养角的小动物，到游泳池玩玩水，到暑期班看看其他小朋友。

相关链接

(2) 组织亲子游戏，使幼儿初步体验幼儿园有趣的生活

开学前，教师可以设计一些有吸引力的亲子游戏，组织家长和幼儿参加。幼儿在富有情趣的游戏活动中，可以充分感受集体活动的快乐、教师的亲切、幼儿园的好玩，从而萌发入园愿望。

(3) 建立"家庭"互助组，让幼儿提早认识同伴

教师可以根据幼儿的家庭住址，按照就近、方便、自愿等原则，以三四个家庭为单位组成互助组，指导家长开展幼儿才艺表演、游公园、聚餐等活动，也可以相互串门，让孩子们相互认识，建立感情。这样，当幼儿正式入园的那一天，班里已经有了"老朋友"。

3. 创设良好的班级环境，精心设计一日活动

(1) 精心布置班级环境，做好充分的物质准备。根据新入园小班幼儿的特点，活动室的环境布置除了美观外，还要温馨、富有童趣，能满足幼儿的心理需要。玩具材料丰富多样，同种玩具数量充足；柔软的布艺玩具，色彩鲜艳的炊具、餐具是最受女孩子欢迎的，可多设置几个娃娃家；电动玩具最能吸引男孩子的注意，可多投放一些。毛巾架、小床、坐椅上贴上幼儿的照片和名字，既便于管理，又能使幼儿对幼儿园产生亲切感。

(2) 创设亲切、温馨的精神环境，稳定幼儿的情绪

活动室墙面上可以悬挂每个幼儿的全家福，多设置几个娃娃家，给幼儿营造"家"的氛围。教师要试着以亲切的语调、和蔼可亲的笑脸接待幼儿和家长，根据每个幼儿的情况，采取不同的体态语迎接幼儿。如张开双臂拥抱幼儿、摸摸幼儿的头，让幼儿感觉到教师喜欢他。教师还要用细致的照料、友善的宽容对待幼儿，尽快地成为幼儿的依恋对象。

(3) 精心组织一日活动，吸引幼儿的注意

开学初几天的活动要设计得生动而丰富多彩，以简短的娱乐活动、游戏活动和生活活动为主。比如带幼儿观看中大班幼儿的歌舞表演，看看木偶戏、动画片，做做玩色游戏，在纸上、地上、瓷砖上涂鸦等。

(4) 常规培养循序渐进，减少集体生活给幼儿带来的心理压力

相当一部分幼儿的焦虑感是因不适应集体生活而产生的。所以，对新入园小班幼儿的集体生活常规培养不能操之过急，要根据具体情况循序渐进，并与生活活动和娱乐活动相结合，开始几天可以允许幼儿暂时保留原有的生活习惯，待情绪稳定后再逐步提高要求。

4. 给哭闹的幼儿一定的心理安慰，缓解其紧张情绪

幼儿哭闹的原因基本上都是因为分离而焦虑。教师要采取相应的方法来缓解幼儿的哭泣。可以把哭得厉害的幼儿交给配班老师，让配班教师带他们暂时离开集体，去室外玩，分散幼儿的注意力；对一些边哭边跟着教师的幼儿，可以采用抚摸安慰等方式安抚其情绪，也可利用新颖活动及玩具转移其注意力；对要求教师抱着的幼儿，可以先抱抱他，然后让他坐在教师身边，偶尔满足一下他的心理需求。

相关链接

## 指导要点

### 一、致家长的一封信包含的几个基本要素

1. 项目名称；2. 对象和称谓；3. 表明教育理念和态度；4. 展现教育水平和教育方法；5. 提出家园共育的内容；6. 提出当前亟待解决的问题及方法；7. 提出希望和要求；8. 落款。

### 二、组织召开家长会包含的几个基本要素

1. 确定主题和时间；2. 确定家长会流程；3. 至少提前一周书面通知家长开会的时间和地点；4. 征集家长最关心的问题；5. 准备介绍班级情况的幻灯片和其他需要向家长展示的内容；6. 提前打扫卫生、调试音

响、装饰会场;7. 迎接家长入场;8. 按流程召开家长会;9. 互动交流;10. 会议结束,有序离场。

## 示例分析

### 示例 1: 致家长的一封信(表 1 - 6)

可爱的小宝贝和尊敬的家长朋友们:

你们好!

欢迎你们加入我们这个积极向上、团结友爱、温馨和睦的大家庭,相信我们在今后的学习生活里会成为很好的朋友,我们真诚欢迎你们的到来!

可爱的小宝贝们,新的学期开始了,说明你们长大了,懂事了,以后你们一定会学到更多的知识,懂得更多的道理。老师期待你的进步哟!如果你是新入园的宝宝,可能你暂时还不习惯幼儿园的生活,没关系!老师会像妈妈一样关心你们、照顾你们;老师会给你们讲好听的故事,会带你们做好玩的游戏,会教给你们许多知识——对了,你在幼儿园还会认识许多朋友。

尊敬的家长朋友们,也许您还不放心孩子是否适应幼儿园的生活,不放心把孩子交给我们——没关系!您可以很快感觉到孩子的变化,从哭闹不止到跟您愉快说再见。请相信我们不会让您失望,我们一定会用我们的爱心和耐心来帮助孩子顺利度过这个适应期的。为了保证孩子能够顺利适应园内生活,同时保证我们教学工作的顺利开展,请您配合我们做好以下细节工作:

1. 每天准时送孩子入园,尽量不要间断(第一个月尤为重要)。另外,在这一个月里,为了稳定幼儿情绪,请您尽量按时接孩子离园,不要让孩子产生恐慌心理。
2. 第一个星期应采取送下就走的方式,不要围观孩子,以免引起孩子的不安心理,无法顺利适用园内生活。
3. 不要对孩子说诸如此类的语言:“不听话就送到幼儿园去”“我不要你了”等,不要让孩子对幼儿园产生反感。

在这里感谢所有家长的支持和信任,本学期我们会加倍努力,让孩子在幼儿园学到更多的知识!在快乐中茁壮成长!

×××幼儿园

××年××月××日

**分析**

小组讨论,分析以上“致家长的一封信”的优点与不足之处,并尝试补充完整“细节工作”部分。

### 示例 2: 家长会流程(表 1 - 7)

国际小班第一次新生家长会流程

**主题:** 相约金色十月

走进 Miffy Family

**主讲:** 梁老师　江老师等

**地点:** 国际小班教室

**会议流程:**

- 家长接待

1. 家长签到
2. 我们的生活:幼儿园一日作息安排回顾(PPT)

- 关于国际班

1. 我们的团队
2. 我们的课程与理念
3. 多元文化主题课程、整合课程
4. 生活化的教育、养成教育、行为礼仪的培养

- Miffy Family——我们可爱的家

1. 我们的培养目标

2. 我们的活动与安排
3. 家园约定
- 义工活动的倡议
1. 简介幼儿园妈妈团活动
2. 育儿经验分享
- 家长会活动评价与个别交流
1. 发放家长满意度调查表
2. 发放反馈表

**分析**

小组讨论，分析以上家长会流程中值得借鉴和商榷的地方。

## 任务4　设计迎新亲子活动方案

### 任务概述

幼儿园亲子活动，就是家长和幼儿共同参与、相互合作进行一系列的活动，一般来说都是3～6岁的幼儿和家长一起参与的活动。其中“亲”主要指的是除幼儿以外的家庭内部成员，一般意义上是指和幼儿具有血缘关系的双亲，如果没有血缘关系，但却共同生活在一起，承担抚养、教养义务的继父母也可以参与亲子活动，其主要目的是为了促进幼儿和监护人之间的情感交流，帮助幼儿树立健康的心理素质，促进幼儿全面成长。幼儿园亲子活动是幼儿园开展幼儿教育的重要形式之一。

入园初的亲子活动采用父母陪伴活动的方式，幼儿在父母陪伴下情绪愉快地共同参加幼儿园的活动，主动地熟悉幼儿园的环境、熟悉老师、熟悉幼儿园的一日作息，父母也可以了解幼儿在学校的生活学习过程，能够更放心地留下幼儿，使幼儿能主动适应新环境，逐渐做到不哭闹。入园举办亲子活动，还可以尝试让家长来当老师，辅助教师共同指导幼儿洗手、用厕、使用毛巾、自选餐、整理并放好自己的餐盘、对应放玩具。让父母从旁观的角色转变为幼儿的指导老师，进行一对一的指导，能够提高幼儿入园适应的效率和效果。

### 相关知识

#### 知识点1　亲子依恋

亲子依恋是指抚育人在日常的抚育如哺喂、梳洗、搂抱中，经常慈爱地满足婴幼儿的需要和愿望，使他们感到安全，婴幼儿逐渐与抚育人建立起的依恋关系。

婴幼儿的“亲子依恋”最初表现在6～7个月时，这时婴儿对抚育人有特别的依恋，明显地表现出不愿意离开他们，如离开后，再看到他们时会显得特别高兴。婴儿同时表现出怕生人。到两周岁时，幼儿的依恋程度加重，假如离开抚育人去玩一会，遇到怕的事或困难时，又想要赶快回到抚育人身边。如果进幼儿园与家长分开就会哭闹，因为当依恋对象从身边消失时，幼儿就会产生思念、孤独、怅惘、空虚等消极情绪，有一种强烈的与依恋对象重新相见、相处的动机。

依恋是人的社会性最基本的表现形式之一，是幼儿第一个人际交往的表现，3岁以前的幼儿依恋主要照料者是非常正常的，也可以说，它是人的社会性的最早表现。

**思考**　教师如何利用亲子依恋开展教育工作？

## 知识点 2 社会化

社会化是个体在特定的社会文化环境中,学习和掌握知识、技能、语言、规范、价值观等社会行为方式和人格特征,适应社会并积极作用于社会、创造新文化的过程。社会化是个体走向社会公共生活,融入现实社会的起点。个体的社会化过程就是在社会文化的熏陶下,使自然人转变为社会人的过程。

幼儿的社会化是使幼儿成为社会(比如幼儿园或班级)成员的过程。从社会学的角度看,人只要一出生就已经开始被社会化了,一般来说,3 岁之前幼儿的社会化场所主要有家庭、同龄群体、初级群体等。幼儿学习一些社会知识固然是重要的,但更为重要的是使幼儿了解社会工作的意义。幼儿对社会工作的评价,主要是通过模仿成人来进行的。幼儿通过听历史故事、参加节日庆祝活动、学唱歌曲、跳传统舞蹈等幼儿园活动以及和他人相互交往的方式,也就是在更大范围上的社会化了。这些活动使幼儿进一步理解风俗习惯,并成为联结幼儿、家庭和社会的一个纽带。

**思考** 社会化对幼儿成长有什么意义?

## 指导要点

### 一、迎新亲子活动方案包含的几个基本要素

1. 活动名称;2. 活动对象;3. 活动目的;4. 活动形式;5. 活动准备;6. 活动内容;7. 活动过程;8. 活动反思。

## 示例分析

### 示例 8:亲子活动方案(表 1-8)

**小班幼儿入园适应性亲子活动**

**活动目标:**

1. 舒缓幼儿的紧张、不安情绪,更快地减轻幼儿的分离焦虑。
2. 排除家长的顾虑,为新学期开展正常的教育教学工作奠定扎实的基础,共同步调一致地做好幼儿入学的准备工作。

**活动准备:**

1. 布置场地。
2. 准备音乐《找朋友》、笑娃娃轮廓图。

**活动过程:**

1. 熟悉幼儿园环境,熟悉所在的班级。
2. 致开场词,介绍班级和两位教师。
3. 熟悉教师。

游戏《抱一抱》,教师点幼儿的名字,幼儿和班级的教师抱一抱,增进彼此的了解,拉近与教师的距离。

4. 音乐游戏。

游戏一:找朋友

目标:熟悉班级幼儿,能主动地在一起。

玩法:播放音乐《找朋友》,幼儿先和家长玩,然后再和小朋友一起玩。

游戏二:模仿小动物

玩法:播放各种小动物的音乐,幼儿随教师做模仿动作,在游戏中与同伴一起感受快乐。

5. 亲子手工制作:我是笑娃娃。

提供笑娃娃轮廓图,幼儿和家长一起团纸粘贴。完成后写上幼儿名字,张贴在“高高兴兴上幼儿园”栏内。

6. 结束语。

**分析**

小组讨论分析以上亲子活动方案的优劣。

## 反思探究

### （一）案例反思

**开学第一天**

9月1日，我们迎来了一群活泼可爱的小班新生，这已经是我们的第二次见面了，开学前的家访让我们互相有了一定的认识，也拉近了彼此间的距离。幼儿来园了，我们将一块块爱心名字牌挂到了小朋友的胸前，这样可以一目了然地分清楚班级、学号和姓名，孩子们看着自己的爱心牌也很新奇，就像自己的名片一样。

早上，大部分孩子能开开心心来幼儿园，表现得很棒；当然也有哭闹不止的孩子，他们会大声尖叫，拳打脚踢，那场面给人感觉就要失控了一样。不过我们对于这种场面也早有准备，来一个我们就“攻”一个，来两个我们就“攻”一双，争取逐个突破，因为这种焦虑是情有可原的，也是在所难免的。在经过了一番引导和教育，我们终于能一个跟着一个，开着小火车到外面去看哥哥姐姐做早操了。走出教室，来到户外，孩子们一下子就被周围的环境和小朋友吸引了，东张西望，分散了心里的焦虑情绪。只是，小火车总会脱节，我们的小车厢会随感兴趣的东西自顾自地离开队伍，一转眼的功夫，小火车就变成了一辆辆的小汽车了。还好，我们胸口的爱心牌帮自己找到了同伴。

午餐、午睡也同样出现了来园时的情况：吃饭时，大部分孩子都能自己吃完自己的饭、菜和汤，还有个别孩子吃了两碗饭，大家坐在一起吃，感觉特别的好吃，就连有时在家需要大人喂饭的孩子也能自己动手吃饭了，集体的感召力不可小看啊！午睡时，孩子全部能进入午睡室，平时有午睡习惯的孩子一会儿就睡着了，哭哭闹闹的孩子由老师陪着坐在小床上。第一天能这样，已经很好了。

一天下来，腰酸背痛，嗓子也哑了，感觉真的好累啊！可接下来的几天，我们还要坚持，还要继续，因为小班幼儿适应幼儿园的生活需要一定的时间，我们还需努力！

**思考** 案例中的教师的做法有什么值得借鉴的地方呢？如何才能让新入园的幼儿尽快适应新环境呢？

### （二）问题反思

1. 新生家长最关心的问题有哪些？应如何应对家长的提问？
2. 新生入园家访时应该和家长就哪些方面的问题作重点沟通呢？
3. 召开新生家长会时应重点强调哪些问题？

### （三）方案设计

1. 制定一份家访活动实施方案，并在小组内模拟家访场景，由小组成员分别扮演教师、家长和幼儿角色，家访活动结束后填写记录表。
2. 结合六一儿童节，设计“致班级幼儿家长的一封信”。
3. 设计一份期末班级家长会的流程表。
4. 设计一份较为完整的小班春游亲子活动方案。

## 拓展阅读

选择幼儿园的注意事项

1. 金文. 解决幼儿入园适应困难的基本策略[J]，学前教育研究，2016(11)：67—69

2. 管琳，王先达. 幼儿入园分离焦虑预防措施有效性研究——以福州市两所幼儿园为例[J]，内蒙古师范大学学报(教育科学版)，2017(2)：36—43

# 学习情境 2　班级工作计划管理

## 学习目标

**知识目标**

1. 了解幼儿园的保育和教育目标，班级工作计划的特点和制订的依据。
2. 掌握班级工作计划、班级教学月计划、周计划，以及班级一日生活管理计划的基本结构。

**能力目标**

1. 能够分析班级工作计划、班级教学月计划、周计划，以及班级一日生活管理计划的优缺点。
2. 能够制订班级工作计划、班级教学月计划、周计划，以及班级一日生活管理计划。

**素质目标**

1. 具备细心与耐心的心理素质。
2. 养成班级工作的责任感和规划意识。

班级工作计划的管理是幼儿园教师一项非常重要的任务，是幼儿园班级管理的重要标志。班级工作计划的管理主要包括班级工作计划、班级教学计划和班级生活计划的管理。其中，这一阶段重要且难度较大的典型工作任务主要包括：制订班级工作计划、制订班级教学月计划和周计划、制订班级生活管理计划。

## 任务 1　制订班级工作计划

### 任务概述

计划，是对将要进行的工作的具体打算和规划。制定班级工作计划能够提高工作的效率，加强教师在工作过程中的执行率，减少工作失误。当一个环节的工作完成后，可以对比前期制定的工作计划和预期目标，及时发现自己在工作中的失误与不足，并加以改进。

作为一名合格的幼儿园教师，制订一份正确合理的工作计划是非常必要的，只有制订好周密的班级工作计划，才能有步骤地把幼儿园的教育计划落到实处，减少工作的盲目性和随意性，使幼儿园的培养目标具体化、阶段化。简言之，制订班级工作计划的目的，在于指明班集体的努力方向和在一定时期内要达到的具体目标，使班级工作有条不紊地进行。因此，在制订班级管理工作计划时，首先要明确教育方针、教育目标的要求，体现对幼儿的全面发展负责的精神。其次，要研究幼儿园的中心任务，根据幼儿园的计划、要求和幼儿的身心发展特点确定班级管理工作的具体要求和措施。

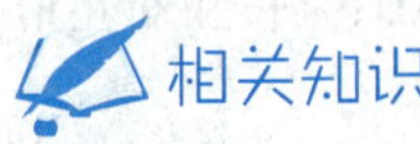

### 相关知识

#### 知识点 1　班级工作计划

工作计划就是对即将开展的工作的设想和安排，如提出任务、工作指标、完成时间和步骤方法等。

幼儿园班级工作计划是为实现班集体管理目标而在学期初预设的工作实施内容、途径和方法，它既是指导班级活动，保证教师和家长对幼儿教育影响一致性的前提条件，又是改进班级管理工作，提高班级管理工作质量的重要保证。

制订班级工作计划首先要充分考虑幼儿、幼儿园及教师本身的实际情况，分析具体的要求、实际的能力、工作的重点等，做力所能及、有意义、有用的事。其次是要与实际结合，写的要和做的对应起来，写是为了做，因此计划中的事，一定要能在实践中体现出来。如果难以做到，或根本就不去做，就不宜出现在计划中。

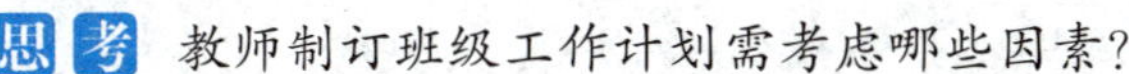

**思考** 教师制订班级工作计划需考虑哪些因素？

**幼儿园的各种计划**

1. 幼儿园教育教学计划（主要是由分管教学的副园长制订）：它应根据幼儿园工作计划，围绕教育教学的中心任务，从提高教师的专业水平和保教质量的角度来制订。主要包括教师培训工作（园本培训、外出培训），常规教学工作（一日生活的组织、幼儿一日生活常规的培养、环境创设、早操等），教师的专业发展（教学基本功训练、优质课评比等），幼儿的发展（德育工作、养成教育、发展评估等），制订具体可行的工作目标和措施。

2. 幼儿园教研计划（由教研组长制订）：应根据教师、幼儿发展实际确定指导思想，提出教研课题。制订教科研活动的时间、地点、内容、活动形式等。活动后要及时组织教师一起反思活动的效果和改进意见，并提出下次的活动主题。

3. 班级保教工作计划：结合本班幼儿情况（包括幼儿人数，上学期情况分析，生活、学习态度习惯等），制订本学年（学期）的工作重点和具体的工作措施、月份安排。内容包括养成教育、保教工作、家长工作、安全工作等方面。计划应符合实际，具体安排应具有操作性，对实际工作起到指导作用。

4. 月计划：月计划的制订应在总结上月工作目标执行情况以及幼儿发展情况的基础上，提出本月工作目标。月目标与学期目标之间要体现层次分解性，本月目标与上月目标之间应体现渐进发展性；围绕月目标选择的教育内容应体现整体性、季节性、适量性，并制订与之相应的措施。主题活动计划应包含在月计划的整体框架下，与月计划有机融为一体。

5. 周计划：要突出各类活动的安排，注意新旧内容量，五大领域及三大游戏之间的平衡，保证游戏活动和自由活动的时间。

6. 日计划：应从一日活动的整体来设计。一日活动目标明确，安排合理。集体教学活动教材分析通透，依据幼儿年龄特点，精心设计方案，过程清晰，有重点与难点。生活活动、游戏活动、区域活动目标明确，有指导重点。

其中3、4、5、6主要由班级教师制订，幼儿园可设计统一的表格，规定统一的格式（字体、字号等）便于教师操作和行政进行检查、指导。

相关链接

## 知识点2　幼儿园的保育和教育目标

幼儿园的保育和教育目标是教育目的在幼儿园教育这一阶段的具体化，是国家对幼儿园提出的培养人的规格和要求，是各类型幼儿教育机构统一的指导思想。

《规程》第一章第五条提出，幼儿园保育和教育的主要目标是：

1. 促进幼儿身体正常发育和机能的协调发展，增强体质，促进心理健康，培养良好的生活习惯、卫生习惯和参加体育活动的兴趣。

2. 发展幼儿智力，培养正确运用感官和运用语言交往的基本能力，增进对环境的认识，培养有益的兴趣和求知欲望，培养初步的动手探究能力。

3. 萌发幼儿爱祖国、爱家乡、爱集体、爱劳动、爱科学的情感，培养诚实、自信、友爱、勇敢、勤学、好问、爱护公物、克服困难、讲礼貌、守纪律等良好的品德行为和习惯，以及活泼开朗的性格。

4. 培养幼儿初步感受美和表现美的情趣和能力。

**思考** 幼儿园的保育和教育目标对幼儿教师制订班级工作计划有什么作用？

**幼儿园的五大领域及教育目标（3～6岁）**

健康：

1. 身体健康，在集体生活中情绪安定、愉快；

相关链接

2. 生活、卫生习惯良好，有基本的生活自理能力；
3. 知道必要的安全保健常识，学习保护自己；
4. 喜欢参加体育活动，动作协调、灵活。

语言：
1. 乐意与人交谈，讲话礼貌；
2. 注意倾听对方讲话，能理解日常用语；
3. 能清楚地说出自己想说的事；
4. 喜欢听故事、看图书；
5. 能听懂和会说普通话。

社会：
1. 能主动地参与各项活动，有自信心；
2. 乐意与人交往，学习互助、合作和分享，有同情心；
3. 理解并遵守日常生活中基本的社会行为规则；
4. 能努力做好力所能及的事，不怕困难，有初步的责任感；
5. 爱父母长辈、老师和同伴，爱集体、爱家乡、爱祖国。

科学：
1. 对周围的事物、现象感兴趣，有好奇心和求智欲；
2. 能运用各种感官，动手动脑，探究问题；
3. 能用适当的方式表达、交流探索的过程和结果；
4. 能从生活和游戏中感受事物的数量关系并体验到数学的重要和有趣；
5. 爱护动植物，关心周围环境，亲近大自然，珍惜自然资源，有初步的环保意识。

艺术：
1. 能初步感受并喜欢环境、生活和艺术中的美；
2. 喜欢参加艺术活动，并能大胆地表现自己的情感和体验；
3. 能用自己喜欢的方式进行艺术表现活动。

相关链接

## 指导要点

### 一、幼儿园班级工作计划包含的几个基本要素

1. 项目名称；2. 班级基本情况分析（学习情况、品德情况、身体状况、个性状况、人际关系情况）；3. 指导思想（《纲要》《规程》《指南》等）；4. 班级工作目标（幼儿发展、家长工作）；5. 主要工作及措施；6. 各月主要活动安排；7. 班主任签名确认。

## 示例分析

示例 1：幼儿园班级工作计划（表 1-9）

幼儿园班级工作计划
（20××—20××学年度上学期）

| 班级 | ××班 | 教师姓名 | ××× |
|---|---|---|---|
| 基本情况分析 | 现本班共有幼儿××名，其中有××名插班生。经过上学期的学习与生活，本班幼儿在五大领域中都有很大的进步，大部分幼儿已经养成良好的行为习惯，对人有礼貌，语言表达能力、与人交往的能力、生活自理能力以及动手操作能力都有较大的发展。幼儿的行为常规还需加强。希望这个学期有更大的进步，我们会加强幼儿纪律教育，做好本班的保教工作。 | | |
| 指导思想 | 以《指南》为指导思想，深化教育体制改革，全面实施素质教育，提高保教质量。 | | |

（续表）

| 班级 | ××班 | 教师姓名 | ××× |
|---|---|---|---|
| 班级工作目标 | 幼儿发展目标：<br>1. 促进幼儿身体和动作的发展。重视体育活动，防治疾病，注意安全，使幼儿身心健康发展，并培养幼儿独立生活能力，完成力所能及的任务。<br>2. 培养幼儿学习的兴趣和求知欲。用各种方法和手段激发幼儿对知识的兴趣，有学习新知识的要求和愿望，能从学习中得到满足和愉快，产生学习的主动性、积极性。引导幼儿看图书，培养良好的阅读习惯。发展幼儿的智力。培养幼儿运用各种感觉器官观察事物的能力；培养幼儿的有意注意；发展幼儿的思维和语言能力。<br>3. 培养幼儿动手操作的能力。学会使用简单的工具、文具，能运用材料制作简单的手工。<br>4. 培养幼儿良好的个性品质。培养幼儿的责任感；懂得做任何事情都要努力，有始有终；能与人商量来解决纠纷，在活动中乐意合作、轮流、分享；有一定的是非观念和评价同伴行为的能力。<br>家长工作目标：<br>1. 树立家庭是幼儿园重要的合作伙伴的观念，遵循“尊重、平等、合作的原则”，争取家长对班级工作的理解、支持和主动参与。<br>2. 家园合作实现家园共育促进幼儿素质的提高。强调幼儿园与家庭的双向互动，家园密切配合，形成合力，达成共识，实现家园同步教育，促进幼儿身心健康、和谐的发展。 | | |
| 主要工作及措施 | 1. 常规工作：在班级卫生保健管理方面，抓好班级日常性卫生保健工作，使幼儿在日常生活活动和每日的饮食起居中，得到细微的养护照顾，受到科学的健康教育，身心得到良好的发展。在幼儿安全管理与教育方面，结合幼儿年龄特点，进行适当的安全教育，增强其自我保护意识和能力。<br>2. 教育教学工作：认真备好每一节课，结合本班级的特色，利用有利的资源充实幼儿课堂。合理利用分区、分组、集体、方案活动、游戏等形式，确保教育目标和任务的完成。通过一些活动进行环保教育和安全教育，以榜样、典范、故事、游戏等形式对幼儿进行教育，抓好幼儿生活常规和学习常规。<br>3. 家长工作：本学期我们将利用好家长资源，开展一系列的家长助教活动，拓展幼儿视野，丰富幼儿的课堂。包括成立家长委员会，开通本班博客，让家长参与微信群、QQ群、宝贝成长档案活动以及各种主题活动，随时让家长知道班级的情况，个别交换意见，互通情况信息以及教育计划，介绍家教经验。 | | |
| 各月主要活动安排 | 九月份<br>1. 教室内外环境布置　2. 安定幼儿情绪　3. 进行9月份主题教学活动　4. 学习新操　5. 安排10月份主题教学活动<br>十月份<br>1. 进行10月份主题教学活动　2. 园本业务学习　3. 根据本班情况对区域活动作出调整，添置材料　4. 安排11月份主题教学活动<br>十一月份<br>1. 进行11月份主题教学活动　2. 加强培养幼儿生活自理能力　3. 专业培训、园本培训　4. 认真准备新教师第一节自荐课　5. 各班区域活动观摩　6. 安排12月份主题教学活动<br>十二月份<br>1. 进行12月份主题教学活动　3. 认真准备新教师第二节自荐课　3. 召开班级家长会　4. 园本业务学习　5. 准备庆“元旦”活动　6. 安排1月份主题教学活动、做好迎新年环境创设<br>一月份<br>1. 庆“元旦”活动　2. 进行1月份主题教学活动　3. 做好幼儿评价手册　4. 教师基本功考核　5. 园本业务学习　6. 完成各项教学工作并上交总结 | | |

年　　月　　日

**分析**

小组讨论，分析以上班级工作计划，谈谈值得借鉴的地方，补充不足之处。

## 任务 2　制订教学月计划和周计划

### 任务概述

编写班级教学月计划和周计划，是幼儿教师的一项常规工作。《纲要》中明确指出“幼儿园的教育活动，是教师以多种形式有目的、有计划地引导幼儿生动、活泼、主动活动的教育过程。”在幼儿园的课程与教学之中，可以而且也应该有课程实施前的计划与安排。教学安排的阶段性计划并不是可有可无的，它对日常的教育活动起着引领的作用。

在幼儿园班级教学实践中，有的幼儿教师的教学月计划和周计划过于简单，或者缺少指导思想，或者欠缺基本情况分析，甚至没有具体的措施；有的幼儿教师工作思路不清，针对性不强，效率有待提高。究其原因，一是不明了班级教学计划的特点与要求，二是没有相应的评价标准，三是缺乏可供参考的经典范例。

因此，制订有效的班级教学月计划和周计划意义重大。

## 相关知识

### 知识点1 班级教学计划

班级教学计划是班级课程设置的整体规划，它规定不同课程类型相互建构的方式，也规定了不同课程对管理学习方式的要求及其所占比例，同时，对班级的教学、区角活动、户外活动等作出全面安排，并具体规定了课程开设的顺序及课时分配。

班级教学计划具有如下的特点。

1. 目的性：计划是为实现目标而制定的，在计划中确立明确的工作目标是制订计划的核心内容。所以，在计划中确立教学目标是写好教学计划的第一要务。

2. 针对性：教学计划一定要根据自己所承担的工作任务的实际情况做出，才能顺利实现工作目标，完成工作任务。

3. 科学性：符合党的教育方针、政策和国家的教育法规，符合教育教学规律、学生年龄和心理特征，在时间、步骤、方法的安排上科学合理。

4. 可行性：建立在实事求是的基础上，符合学生、教师、教材等客观实际。教学计划的每一项，甚至细节，都要能在教学实践中施行。

思考 如何才能制订出切实可行的班级教学计划？

### 知识点2 制订班级教学计划的依据

1. 以人为本的教育理念。根据“以幼儿发展为本”的理念，计划要体现稳定性和灵活性相结合的原则——即计划的预设来自幼儿的发展目标和基本经验，同时还要为幼儿生成和发展留有空间，在实施过程中教师要关注幼儿生成的需要，及时调整计划。

2. “最近发展区”理论。根据“最近发展区”的理论，计划要体现适宜性和挑战性相结合的原则——即根据幼儿的年龄特点、兴趣和需要，制订符合并能推动幼儿在原有的经验基础上向前发展的计划。

3. 素质教育理念。根据“幼儿全面和谐发展”的要求，计划要体现整合性、平衡性相结合的原则——即注意目标、内容、方法以及资源的整合，体现课程的平衡，制订符合幼儿学习特点和认知规律的计划。

4. 儿童发展阶段理论。根据“因材施教”的教育原则，计划制订要体现针对性和层次性相结合的原则——即为每一个幼儿的健康成长提供适宜其自身发展的需要条件，为每一个幼儿的多元智能的发展创造机会。

思考 “最近发展区”理论对制订班级教学计划有什么指导意义？

**《3—6岁儿童学习与发展指南》**

《指南》以为幼儿后继学习和终身发展奠定良好素质基础为目标，以促进幼儿体、智、德、美各方面的协调发展为核心，通过提出3～6岁各年龄段儿童学习与发展目标和相应的教育建议，帮助幼儿园教师和家长了解3～6岁幼儿学习与发展的基本规律和特点，建立对幼儿发展的合理期望，实施科学的保育和教育，让幼儿度过快乐而有意义的童年。

《指南》从健康、语言、社会、科学、艺术五个领域描述幼儿的学习与发展。每个领域按照幼儿学习与发展最基本、最重要的内容划分为若干方面。每个方面由学习与发展目标和教育建议两部分组成。

目标部分分别对3～4岁、4～5岁、5～6岁三个年龄段末期幼儿应该知道什么、能做什么，大致可以达到什么发展水平提出了合理期望，指明了幼儿学习与发展的具体方向；教育建议部分列举了一些能够有效帮助和促进幼儿学习与发展的教育途径与方法。

相关链接

## 一、幼儿园班级教学月计划包含的几个基本要素

1. 项目名称；2. 幼儿情况分析；3. 本月工作重点；4. 五大领域的月目标；5. 教学内容；6. 环境创设要求；7. 家长工作。

## 二、幼儿园班级教学周计划包含的几个基本要素

1. 项目名称；2. 周次；3. 周教学目标；4. 周教学内容安排。

### 示例1：幼儿园班级教学月计划（表1-10）

**幼儿园班级教学月工作计划**

时间：××年××月　　　　班级：中班

| 上月幼儿情况分析 | 针对上月大部分幼儿体能和能力问题，本月着重进行了练习，现在班级大半幼儿已经达标，生活方面自班级安排值日生后，幼儿来园情况已有明显改变，但在每日的小任务完成情况上，还需家长多加配合完成。 | |
|---|---|---|
| 本月工作重点 | 本月主题教学：《常见的民间工艺品文化》<br>培养幼儿做事认真的态度，同时学会倾听的习惯。学做值日生，清楚值日生的工作内容。 | |
| | 月目标 | 教学内容 |
| 健康 | 身体健康，在集体生活中情绪安定、愉快。<br>生活、卫生习惯良好，有基本的生活自理能力。<br>知道必要的安全保健常识，学习保护自己。 | 建立必要、合理的生活常规和秩序，使幼儿以稳定的情绪有规律地生活。<br>引导幼儿初步了解食物与人体健康的关系，能够接受各种健康的食品。<br>结合周围生活环境，引导幼儿认识常见的安全标志，教育幼儿不去危险的地方。 |
| 语言 | 乐意与人交谈，讲话时自然、礼貌。<br>有良好的倾听习惯和相应的语言理解能力。<br>敢于当众讲话，能清楚地进行自我表达。<br>喜欢听故事、看图书，理解其中的内容。 | 鼓励幼儿主动运用语言与别人交往。<br>引导幼儿注意倾听和理解日常生活用语及成人要求。<br>鼓励幼儿愿意表达自己的各种感觉和想法，喜欢提问，积极回答问题。<br>吸引幼儿喜欢读图书，从阅读活动中体会到快乐，愿意与别人交流自己的感觉。 |
| 科学 | 对周围的事物、现象感兴趣，有好奇心和求知欲。<br>能运用各种感官，动手动脑，探究问题。<br>能用适当的方式表达、交流探索的过程和结果。<br>能从生活和游戏中感受事物的数量关系并体验到数学的重要和有趣。<br>爱护动植物，关心周围环境，亲近大自然，珍惜自然资源，有初步的环保意识。 | 引导幼儿感知生命、亲近自然。<br>引导幼儿观察常见的事物，能对某些事物进行比较、连续观察，发现事物的差异与变化。<br>引导幼儿感知磁铁、石头、泥土、空气等的特性及颜色的变化。<br>引导幼儿学习简单的模式进行循环和排序。<br>鼓励幼儿使用表示比较的语言，如：更长、更短、更轻、更重。<br>鼓励幼儿在日常的生活中使用数学语言如：一份、一棵、一件等。 |
| 社会 | 能积极参与各项活动，有自信心。<br>乐意与人交往，学习互助、合作和分享，有同情心。<br>理解并遵守日常生活中基本的社会行为规则。<br>爱父母长辈、老师和同伴，爱集体、爱家乡、爱祖国。<br>初步了解社会常识。 | 引导幼儿初步理解行为的对与错，做错了事能承认，并愿意改正。<br>鼓励幼儿积极主动与同伴交往，并能用常识解决游戏及生活中出现的问题。<br>使幼儿体会规则在各种活动中的意义，形成初步的规则意识。<br>引导幼儿初步理解节日的意义，感受节日的快乐。<br>利用多种途径和手段，帮助幼儿了解中国民俗文化。 |
| 艺术 | 能初步感受并喜爱环境、生活和艺术中的美。<br>喜欢参加艺术活动，并能大胆地表现自己的情感和体验。<br>能用自己喜欢的方式进行艺术表现活动。 | 引导幼儿进一步感知声音的强弱、高低、音色及音乐的渐快、渐慢。<br>引导幼儿利用身边的物品和废旧材料制作各种玩具、工艺装饰品，体验创造的乐趣。<br>鼓励幼儿在画面上简单地布局，根据自己的想象画一些辅助物，表现简单的情节。 |
| 环境创设 | 结合十一月主题中国文化，为幼儿创设一个工艺品制作的美工角。<br>为幼儿创设值日生排班表及规章制度表。<br>为幼儿提供不同的材料到创作角区，并加以图片及范例进行引导。 | |
| 家长工作 | 家长在家中应鼓励幼儿大胆提出问题，同时应耐心地解答幼儿或共同找寻答案。<br>亲子共同学会积攒身边的废旧宝贝。<br>请家长多为幼儿寻找有关主题内容的题材及实物，有助于幼儿进一步的了解与认识。 | |

**分析**

小组讨论，分析以上班级教学月工作计划表，谈谈值得借鉴的地方，补充不足之处。

### 示例 2：幼儿园班级周教学计划（表 1－11）

幼儿园班级教学周计划

周次： 教学时间： 执行教师：□□□

| 教学目标 | 1. 接触大南瓜，感知南瓜色、香、味、大小、轻重等特征。<br>2. 愿意品尝各种口味的食物，尝试用简单的语句表达自己的感受。<br>3. 愿意听故事，尝试练习故事中的对话。 | | | | | |
|---|---|---|---|---|---|---|
| 教学内容＼星期 | | 星期一 | 星期二 | 星期三 | 星期四 | 星期五 |
| 上午 | （8:00—9:00）<br>晨间活动 | 音乐欣赏：<br>欢乐儿歌<br>宝贝看图书 | 晨间谈话 | 音乐欣赏：<br>欢乐儿歌<br>分享阅读 | 晨间谈话 | 音乐欣赏：<br>欢乐儿歌<br>宝贝看图书 |
| | （9:00—9:30）<br>第一节教学活动 | 手指谣："开汽车" | 木脑袋 | 语言："漂亮的房子" | 健康："玩靠垫" | 科学：复习"南瓜丰收了" |
| | （9:30—10:30）<br>室内外活动 | 早操 | 早操 | 早操 | 早操 | 早操 |
| | （10:30—11:00）<br>第二节教学活动 | 阅读分享 | 音乐：《运南瓜 1》 | 趣味英语：<br>My Body 1 | 音乐：《运南瓜 2》 | 趣味英语：<br>My Body 2 |
| | 餐前故事欣赏 | 《妈妈的吻》 | 《11 只猫做苦工》 | 《小动物的家》 | 《妈妈的吻》 | 《11 只猫做苦工》 |
| 下午 | （15:00—16:40）<br>第三节教学活动 | 社会："和南瓜一起玩" | 美术："给南瓜穿新衣" | 感觉统合训练 | 沙盘游戏 | 感觉统合训练 |

**分析**

小组讨论，分析以上班级教学周计划表，谈谈值得借鉴的地方，补充不足之处。

## 任务 3 制订一日常规工作计划

### 任务概述

《纲要》在第三部分"组织与实施"中提出，要"科学、合理地安排和组织一日生活"。《规程》第二十六条强调，"幼儿一日活动的组织应当动静交替，注重幼儿的直接感知、实际操作和亲身体验，保证幼儿愉快的、有益的自由活动"。《指南》在说明部分强调，"要珍视游戏和生活的独特价值，创设丰富的教育环境，合理安排一日生活，最大限度地支持和满足幼儿通过直接感知、实际操作和亲身体验获取经验的需要"。

因此，制订班级一日常规工作管理计划能够提高工作的效率，加强教师在工作过程中的执行率，减少工作失误。作为一名合格的幼儿园教师，制订一份科学合理的一日常规工作管理计划是非常必要的。

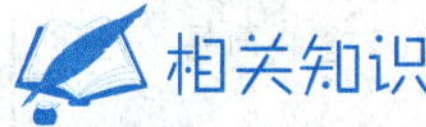

### 相关知识

#### 知识点 1 班级一日常规工作管理计划

幼儿园班级一日常规工作管理计划是指幼儿园班级在一日常规工作方面的具体规划。幼儿园一日常规工作主要包括入园离园、自由游戏、教育活动、生活活动、户外活动等基本活动，以及串联一个活动和另一个活动的过渡环节。

班级一日常规工作管理计划的制订有利于一日活动中各环节教育价值的充分发挥，使各环节有机配合形成"合力"，达到"整体大于部分之和"的效果。因此，教师应从整体出发，有机地整合各个环节的各项活动，努力提高各项活动的整体成效，让幼儿的一日活动有机配合，呈现整体效果。

**思考** 班级一日常规工作管理计划对幼儿的身心发展有什么意义？

### 知识点2 制订班级一日常规工作管理计划的原则

1. 整体性原则。幼儿园一日生活的整体性原则，要求教师树立整体观和系统观，不要把一日生活看成一个个要素、部分的简单相加，一个个环节的简单连接，而要把一日生活各要素、各部分、各环节都看成是班级管理的整体系统中的要素、部分、环节，看成是相互联系、相互渗透、相互影响、不可分割的。

2. 动静交替原则。幼儿的年龄特点决定了他们的注意力集中的时间是短暂的，这就要求教师要根据幼儿的不同需求安排适宜的活动：活动形式适宜、时间长短适宜、活动内容适宜。其中活动形式要求有动有静，让幼儿松弛有度，大脑的不同区域轮流运转，身体的大小肌肉都得到锻炼。

3. 分散与集中原则。个体、小组、集体活动相结合，灵活多变的活动组织形式，能满足幼儿多方面发展的需求，给予幼儿不同的帮助。

4. 预设与生成相结合原则。幼儿园的生活中处处可能蕴涵着有价值的教育内容，教师可以随机将这些内容纳入计划，生成课程，这既可以看作是教育生活化，也可以看作生活教育化。

**思考** 你是如何理解幼儿园一日生活的整体性原则的？

## 指导要点

### 一、幼儿园一日活动时间安排表包含的几个基本要素

1. 项目名称；2. 一日活动时间安排；3. 一日活动内容具体项目；4. 说明；5. 注意事项。

## 示例分析

### 示例 1：幼儿园一日活动时间安排表（表 1－12）

幼儿园一日活动时间安排表

| 活动时间 | 活 动 内 容 |
|---|---|
| 来园～8:00 | 生活活动（入园）、体育活动（自选活动或早操） |
| 8:00～9:00 | 生活活动（盥洗、早餐、如厕等）、餐后活动（自主游戏等） |
| 9:00～11:30 | 学习活动（集体、小组或个别学习）、体育活动（集体活动、自选活动或课间操）、自主游戏活动，生活活动（盥洗、晨点、如厕等） |
| 11:30～12:15 | 生活活动（盥洗、午餐等）、餐后活动（散步、自主游戏等） |
| 12:15～14:30 | 生活活动（午睡、如厕等） |
| 14:30～离园前 | 学习活动（集体、小组或个别学习）、体育活动（集体活动、自选活动或课间操）、自主游戏活动，生活活动（盥洗、午点、如厕等） |
| 离园 | 生活活动（离园） |

说明：

1.《幼儿一日活动时间表》是幼儿园安排各类活动的参考。各幼儿园要在此基础上，制订幼儿园一日活动安排详表，也可结合节气、地域特点和课程安排，适当调整活动时间表。

2. 总体上，幼儿园各类活动时间安排应达到如下要求：

（1）幼儿户外活动时间每天不少于 2 小时，其中体育活动时间不少于 1 小时，高温天气可酌情减少，幼儿两餐间隔不少于 3 小时；

（2）保证幼儿每天连续不少于 1 小时的自主游戏；

（3）要采用集体、小组、个别多种形式开展学习活动，减少整齐划一的集体形式的学习活动，大班每天最多不超过 1 小时，中班和小班适量减少；

（4）在连续性的游戏、体育、学习等活动中，应注意提醒幼儿根据需要饮水、如厕等，养成良好的生活习惯。

**分析**

小组讨论，分析以上一日活动时间安排表，谈谈值得借鉴的地方，补充不足之处。

## 反思探究

### （一）案例反思

**日本幼儿园安全教育指导计划**

日本学校的学年年度从每年4月开始，到次年的3月结束。在《安全教育指导计划（第7集）》中，一年11个月（除去8月的暑假）灾害安全演练中，与地震有关的有7次，与火灾有关的有4次。如此算来，在幼儿园3年左右的学习生活中，地震的防灾训练可以达到20次左右，火灾的逃生训练可以达到10次以上。虽然主题主要都是围绕地震、火灾，但每个月的侧重点还是会有所不同。

4月：火灾主题。让幼儿知道避难守则“不推搡、不奔跑、不闲聊、不折返”；告知避难场所和逃生路径；要求孩子家长参与，家长接到消息后立即去幼儿园接孩子。

5月：地震主题。教授防灾头巾、安全帽的正确戴法；介绍地震的危险及避难方法；要求幼儿遵守避难守则“不推搡、不奔跑、不闲聊、不折返”。

6月：火灾主题。假设幼儿园附近发生火灾，教授幼儿火灾发生后紧急离园的方法。

7月：地震主题。介绍地震发生时最危险的地方和最安全的地方；当地震警报响起时，孩子们能迅速找到安全的避难场所。

9月：地震主题。让幼儿知道地震发生时紧急离园的方法；要求孩子家长参与，家长接到消息后立即去幼儿园接孩子。

10月：地震主题。假设孩子们刚到幼儿园，教师还没有点名时，发生地震。这时要让孩子们学会自我保护并及时避难。

11月：地震主题。假设收到政府的地震紧急预报，孩子们能够采取正确的避难姿势；并能听从消防局的指示和安排。

12月：假设在园内玩耍时发生火灾。要让孩子们知道避难地点，并能听从教师的指挥，正确避险。

次年1月：地震主题。假设在园内玩耍时发生地震；让孩子们在“地震体验车”里感受一次地震。要求孩子家长参与，家长接到消息后立即去幼儿园接孩子。

次年2月：火灾主题。在没有任何预告的情况下，孩子们在老师的引导下避难。

次年3月：地震主题。假设地震逃生路径被阻挡，告诉孩子此时该如何避难。

**思考** 案例中的日本幼儿园的做法有什么值得借鉴的地方呢？幼儿教师如何才能把幼儿园的特色活动有机融入班级工作计划中呢？

### （二）问题反思

1. 如何看待班班级工作计划中的预安排与定期调整？
2. 谈谈班主任应如何参照《指南》制订班级教学月计划和周计划？

### （三）方案设计

1. 制订一份幼儿园班级安全工作三年工作计划。
2. 结合班级阅读分享活动，设计一份大班教学月计划。
3. 结合秋天主题，设计一份中班教学周计划。

## 拓展阅读

制订计划，奏响区域活动的序曲

1. 汪丽霞.幼儿园月计划工作评价的措施及途径[J]，甘肃教育，2016(06)：36

2. 张莉，李春良.学前游戏教育实施计划制定的现状研究——以武汉市三所幼儿园为例[J]，教育导刊(下半月)，2015(04)：33—35

# 学习单元二
# 班级日常工作管理

## 引言

班级是幼儿园里较小的组织，是一个小社会，它承担着教学和教学以外方方面面的工作。幼儿群体生活一般都是在班级中度过的，因此，幼儿园一日活动中的班级日常工作管理显得尤其重要。作为一名合格的幼儿教师，不仅要组织好幼儿的教育教学活动，更重要的是能做好班级日常工作管理。

幼儿园班级日常工作管理包括一日生活常规工作管理和一日教育常规工作管理。幼儿园班级日常工作管理能帮助幼儿适应幼儿园集体环境，让幼儿学习在集体中如何生活，对维持班级活动的秩序有着非常重要的意义。

幼儿园班级日常工作的有效管理不是一朝一夕就能够实现的事情。幼儿教师应该做好充分的心理准备，正确认识班级日常工作管理的长期目标，即通过班级日常工作管理，逐渐达成培养幼儿良好的情感态度和自我意识，进而使幼儿学会如何自主、自觉规范和约束自己的各种行为，最终实现幼儿生活规范化、合理化的目标，为幼儿日后的生活和学习提供有力的保障。

## 相关理论

关键期也称敏感期、临界期，这一概念源于奥地利生态学家劳伦兹提出的“印刻现象”。即小动物在出生后先看见或听见的对象似乎印入它的感觉中，因而对该对象产生追随反应。印刻只在小动物出生后一个短时期内发生，劳伦兹把这段时间称为“关键期”，关键期的时间是有限的。

关键期的概念应用于儿童心理的发展上，是指儿童在某个时期容易学习某种知识技能或形成某种心理特性，但是过了这个时期，发展的障碍就难以弥补。从整个人生的心理发展来说，学前期是心理发展的关键期。在语音学习方面，2～4 岁是关键期；在掌握数概念方面，5～5 岁半是关键期；在儿童形状知觉方面。0～4 岁是关键期；4 岁前智力发展最为迅速；4～5 岁坚持性行为发展最为迅速等。

幼儿阶段也是儿童社会性发展的关键期：2～4 岁是儿童秩序性发展的关键期，3～5 岁是幼儿自我控制发展的关键期，4 岁是幼儿同伴交往发展的关键期，5 岁是幼儿由生理性需要向社会性需要发展的关键期。游戏是幼儿活动的主要形式，著名教育学家陈鹤琴说过：“游戏是孩子的生命，游戏是幼儿获取知识的基本活动形式。”在幼儿社会性发展中游戏起着重要作用，如果我们抓住其生理、心理上的敏感期，提供幼儿适当的游戏环境，就能取得事半功倍的效果。

# 学习情境 1　班级一日生活常规管理

## 学习目标

**知识目标**

1. 了解一日生活常规的工作内容与流程。
2. 掌握一日生活常规活动的基本知识。

**能力目标**

1. 养成良好的一日生活常规管理工作习惯。
2. 掌握班级一日生活常规工作中的管理技巧。

**素质目标**

1. 树立科学管理的观念。
2. 形成团结协作、互相配合、各展所长的工作氛围。

一日生活常规是指幼儿在园一日生活中需要遵守的规则和规定。建立良好的一日生活常规，不仅能够保证幼儿有一个良好的集体生活环境，也有利于幼儿行为习惯的培养，为其养成良好的习惯奠定基础。尤其对于刚入幼儿园的新生幼儿来说，培养良好的一日生活常规更是相当重要。幼儿园一日生活常规的管理主要包括以下这些方面的管理：来园和晨检、盥洗（洗手、喝水和如厕）、进餐（早餐、午餐和午点）、午睡、离园。

## 任务 1　入园和晨检活动管理

### 任务概述

入园和晨检活动是幼儿一日生活各环节之首，也是幼儿园常规活动中的重要组成部分。入园和晨检的目的很明确，首先是给幼儿一种亲切感，晨检教师站在教室门口笑迎幼儿，教师的表情、衣着、仪表，对幼儿的影响很大，教师整洁的服装，慈祥的笑容，亲切的问候，都会给幼儿一种妈妈般的感觉，让幼儿怀着愉悦的心情进入教室，开始一天的学习生活。其次是了解幼儿的入园状态，包括检查幼儿卫生情况，养成幼儿勤洗澡、洗头、换衣、不留长指甲、每天带好干净的手帕、每天做到早晚刷牙、饭后漱口的习惯；了解幼儿健康状况，及时发现和隔离传染病，做到早发现、早报告、早隔离、早治疗及预防，防止患有传染病的幼儿进入班级，把病传染给其他健康的幼儿；同时检查幼儿有无携带危险物品，减少危险因素，有效保障幼儿的在园安全。

### 相关知识

#### 知识点 1　晨检检查的物品准备

“晨检”是幼儿园进行晨间检查的简称，指每天每位幼儿入园时，须在园门口接受幼儿园保健医生、各班教师的观察和询问，此环节即称晨检。晨检是一项不可或缺的保健措施，常见的晨检必备物品如下。

1. 体温表：备有经过消毒的体温计；
2. 压舌板：备有经过消毒的压舌板；
3. 手电筒：手电筒内应装有电池；
4. 外用药：红药水、酒精、碘酒、烫伤膏等；

5. 敷料：纱布、棉球、棉签、护创膏等；
6. 晨检本：用于记录晨检时发现的异常，记录家长给孩子带的药；
7. 晨检牌：备有经过消毒的红、黄、蓝、绿 4 种牌子；
8. 其他物品：包括晨检台、方盘、听诊器等。

**思考** 入园和晨检中常见的问题有哪些？应如何处理？

**晨检中发现问题的处理**

1. 幼儿发热的处理

晨检时发现幼儿发热，首先应了解幼儿发热的原因，有无到医院就诊及有无医院的证明。

处理：说服家长带幼儿到医院就诊或回家中休息。

2. 发现传染病的处理

在晨检过程中发现疑似传染病的孩子，应立即隔离观察。

处理：由家长带幼儿到医院就诊，疾病痊愈且隔离期满后方可返园。

3. 幼儿携带危险的物品、幼儿不宜食品的处理

危险的物品包括：小珠子、玻璃片、带尖的玩具等；幼儿不宜的食品有：瓜子、口香糖、果冻等。

处理：发现上述物品和食品应交由家长带回，或者暂时由教师保管，离园时由家长带回，并做好家长与幼儿的安全宣传与教育。

相关链接

## 知识点 2 规则意识

规则意识是指幼儿对规则的认同与遵守意识。《纲要》的社会领域指出：要在共同的生活和活动中，帮助幼儿理解行为规则的必要性，学习遵守规则；对幼儿进行规则意识的培养，帮助他们形成规则意识，也是培养健全人格、适应社会需要的人才的必要环节。可见，幼儿的规则意识及执行规则的能力是社会性适应中极其重要的内容，它是幼儿学习、生活的基础与保证。

无论是幼儿教育理论工作者，还是一线教师，都非常强调自主的重要性，主张要给予幼儿充分的自主。然而，教育实践也表明，要想让幼儿真正展开自主活动，还必须有一定的规则作为保障。遵守规则和自主活动是辩证统一的。如果过于强调让幼儿遵守规则，势必把幼儿管得太死，他们因此将失去自主发展的机会，反过来如果强调自主，没有任何规则的约束，教育也无法发挥应有的作用。

**思考** 培养规则意识对幼儿成长有什么意义？

**来园环节师幼互动活动**

活动一：早上好

活动介绍：

教师站在教室门口用一首简单的欢迎曲来问候每一位到园的幼儿，让幼儿感受美好一天的开始。

活动实施：

可以借鉴《新年好》的旋律，如："早上好呀，早上好呀，(××)小朋友早上好！"教师唱歌时，要注视幼儿。此活动为教师提供了一种变换问候的方式，让幼儿更深刻地感受到教师的欢迎。

活动二：应答游戏

活动介绍：

幼儿喜欢应答游戏，因为这让他们感到自己是某个整体中不可或缺的一部分，这个活动可以帮助幼儿开始新的一天。

相关链接

活动要点：

教师与幼儿一起围坐成一个圈。游戏刚开始，教师要事先告诉幼儿回应的内容，进行几次后，幼儿就能够自己做出应答了。

活动实施：

教师可自行设计合适的应答内容，如：

师：当我是个小 Baby，小 Baby 小 Baby，当我是个小 Baby，那时候，总是……

幼：哇哇一会儿，哇哇一会儿，哇哇哇哇哇哇哇！

师：当我是个小朋友，小朋友小朋友，当我是个小朋友，那时候，总是……

幼：哈哈一会儿，哈哈一会儿，哈哈哈哈哈哈哈！

## 指导要点

### 一、 来园和晨检活动的幼儿规范养成指导要点

1. 按时、愉快入园；2. 衣着整洁，正确消毒双手，双手清洁；3. 愿意接受晨检，身体不适能告诉老师；4. 有礼貌地向老师、同伴问好，主动与家长道别；5. 按要求带齐当日所需的生活和学习用品；6. 乐意与同伴、老师交流。

### 二、 来园和晨检活动教师常规工作管理要点

1. 在幼儿入园前做好准备工作。提前到校，开窗通风，让室内空气流通、光线充足。更换工作服，做好室内外清洁卫生工作，用消毒水和清水将晨检台擦干净。放好晨检用品（压舌板、手电筒、晨检牌子筐、消毒棉球或消毒毛巾、测量体温用具等），备好各班晨间检查及全日观察记录簿、幼儿家长委托吃药记录簿。

2. 主动、热情、礼貌地问候幼儿，协助幼儿清洁双手，观察了解幼儿的情绪和身体状况，特别关注患病儿、体弱儿，并及时清点人数，做好点名记录。

3. 热情接待家长，与家长做好交接手续，并家长进行简单、必要的交流，切记家长反映的特殊情况，如幼儿是否生病，是否需要服药等等，教师要对特殊情况的幼儿加以特殊关照，发现问题及时处理或通知家长。

4. 检查幼儿外套、帽子、书包等物品的放置。不要让幼儿带危险物品到幼儿园，仔细观察幼儿是否携带了不安全的物品，如有则需要提醒家长注意不要让幼儿把这些物品特别是危险物品带到幼儿园里来。

5. 做好晨检工作及记录。晨检的步骤具体包括：一问（在家饮食、睡眠情况，有无不适，如：头晕、头痛、腹痛、恶心、呕吐或寒颤等）；二摸（是否发烧）；三看（看精神是否好，有无萎靡、嗜睡、精神不振或过于兴奋、烦躁等反常现象，看五官、皮肤、眼结膜有无异常红肿，脸部、颈部及手部等裸露在外的皮肤有无异常皮疹等）；四查（检查有无携带可能造成外伤及引发意外事故的物品、器械入园）。

6. 教职工每日来园后要如实填写教工晨检记录并签名。若有疑似传染病症状的必须告知保健老师和园长，不得隐瞒（以便园长和接送教师、各班教师酌情处理），确保幼儿避免感染。

### 三、 幼儿来园登记表和幼儿接送登记表包含的几个基本要素

1. 项目名称；2. 班级人数；3. 出勤人数和缺勤人数；4. 缺勤情况明细；5. 幼儿晨检情况；6. 家长的特别要求；7. 家长签名确认；8. 教师签名确认。

## 示例分析

### 示例1：幼儿来园情况登记表(表2-1)

幼儿来园情况登记表

班级名称：　　　　　　　　填表时间：　　　　　　　　当班教师：

| 班级人数 | | 实出勤人数 | | 缺勤人数 | |
|---|---|---|---|---|---|
| 缺勤原因 | 事假____人，病假____人，其他____人 | | | | |
| 缺勤情况明细 | | | | | |
| 幼儿晨检情况 | 健康____人，生病____人，服药____人 | | | | |
| 晨检情况明细 | | | | | |
| 家长特别要求（签名） | | | | | |

### 示例2：幼儿接送登记表(表2-2)

幼儿接送登记表

班级名称：　　　　　　　　填表时间：第___周　　　　　　　　教师：

| 幼儿姓名 | 入园<br>离园 | 星期一 | 星期二 | 星期三 | 星期四 | 星期五 | 备　注 |
|---|---|---|---|---|---|---|---|
| | | 家长签名 | 家长签名 | 家长签名 | 家长签名 | 家长签名 | |
| | 入园 | | | | | | |
| | 离园 | | | | | | |
| | 入园 | | | | | | |
| | 离园 | | | | | | |
| | 入园 | | | | | | |
| | 离园 | | | | | | |

**分析**

小组讨论，分析以上两个表格，谈谈值得借鉴的地方，补充不足之处。

## 任务2　盥洗活动（洗手、喝水和如厕）管理

## 任务概述

幼儿在园的一日生活中，“盥洗三部曲”所发生的频率最高：洗手、喝水和如厕。由于幼儿人数众多、资源有限，在完成这“三部曲”时，幼儿经常要面临着“排队等候”的问题：小便要排队、洗手要排队、喝水又要排队。在排队完成各项事情的过程中，出现了诸多的问题、矛盾和冲突，这些问题还着实影响到了正常教学活动的有序开展。所以，通过适当引导，合理解决“盥洗三部曲”时的排队问题，将大大提高幼儿生活活动的效率。在这一引导过程中，通过让幼儿自主调配盥洗环节，更大程度上有利于幼儿高效地完成盥洗过

程，减少“排队等候”的过程，从而使各活动环节更为紧凑，还能培养幼儿节约时间、有效利用时间的意识。

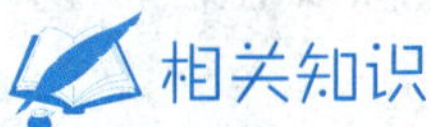

## 相关知识

### 知识点1　七步洗手法

准备：

环境要求：宽敞明亮，有非接触式自来水龙头和齐腰高的水槽。

洗手前准备：手部无伤口，剪平指甲；穿好洗手衣（或收好袖口），戴好口罩、帽子；备好洗手液（或肥皂）、干燥的无菌擦手巾。

步骤：

第一步（内）：洗手掌。流水湿润双手，涂抹洗手液（或肥皂），掌心相对，手指并拢相互揉搓；

第二步（外）：洗手背侧指缝。手心对手背沿指缝相互揉搓，双手交换进行；

第三步（夹）：洗掌侧。指缝掌心相对，双手交叉沿指缝相互揉搓；

第四步（弓）：洗指背弯曲。各手指关节，半握拳把指背放在另一手掌心旋转揉搓，双手交换进行；

第五步（大）：洗拇指。一手握另一手大拇指旋转揉搓，双手交换进行；

第六步（立）：洗指尖。弯曲各手指关节，把指尖合拢在另一手掌心旋转揉搓，双手交换进行；

第七步（腕）：洗手腕、手臂。揉搓手腕、手臂，双手交换进行。

**思考**　七步洗手法在幼儿一日生活中应如何合理运用？

**盥洗活动儿歌**

洗手

小脸盆，水清清，小朋友们笑盈盈，
小手儿，伸出来，洗一洗，白又净，
吃饭前，先洗手，讲卫生，不得病。

喝水

小朋友，来喝水，你先我后不拥挤。
排好队伍到橱前，伸手去拿小茶杯。
接水接到半茶杯，接好水后回座位。
轻轻吹，慢慢喝，喝完水杯放回橱。

如厕

小朋友，要知道，及时入厕很重要，
进出厕所守规则，看清标记不滑倒，
安全卫生记心里，争做文明好宝宝。

相关链接

### 知识点2　幼儿喝水量

1. 幼儿需要的喝水量

4～6岁每公斤体重需70～110毫升。按照大班幼儿20公斤计算，每天一个幼儿大约需要喝1800毫升水。当然，这并不是说每天要让幼儿喝十几杯水，幼儿平时吃的奶、蔬菜、水果和米饭等食物中均含有水分，补充了幼儿需水量的60％～70％，还需要靠饮水来补充剩余的30％～40％。这样计算下来，每天幼儿纯饮水量达到540～720毫升就能保证正常的身体需求。

2. 幼儿园幼儿饮水情况

来园时半杯（大约50 ml）；早操后一杯（大约100 ml）；教育活动后一杯（大约100 ml）；户外活动前一杯（大约100 ml）；户外活动后一杯半（大约150 ml）；午睡起床后一杯（大约100 ml）；区角活动后一杯（大约

100 ml)；户外活动后一杯半(大约 150 ml)。

这样一天下来，园里组织集体饮水的量是 850 毫升，足以满足幼儿身体的需要，而且除以上集体喝水时间，一日活动中幼儿根据需要可以随时喝水，喝水时间、次数不限。

**思考** 如何才能满足每个幼儿基本的喝水量？

## 知识点 3 幼儿入厕流程

1. 分男、女生；
2. 有秩序入厕；
3. 教师入厕陪同，并帮助自理能力差的幼儿脱掉裤子，要求幼儿大小便必须入池；
4. 教师帮助幼儿整理衣裤，冲洗便池，并检查幼儿是否有尿裤子、沥湿裤子现象；
5. 出厕排队；
6. 便后按洗手流程洗手；
7. 幼儿排队入班；
8. 入厕结束。

**思考** 如何看待男女幼儿分厕呢？

### 盥洗活动常见的问题及解决策略

#### 洗手

**常见问题：**

1. 不会挽袖子。
2. 不会控制水流的大小。
3. 洗手方法不正确。
4. 洗手时不用香皂。
5. 不认真洗手、洗手时打闹、玩耍。

**解决策略：**

1. 保教人员适当进行示范、帮助、提醒。
2. 将洗手方法分解多次进行。还可与幼儿一起洗手，边说边做，让幼儿轻松地学习正确的洗手方法。
3. 准备形状、颜色不同的香皂激发幼儿洗手的兴趣。香皂放置要避免二次污染，装香皂的器具要定期消毒。
4. 引导幼儿自己制订洗手的规则。
5. 引导幼儿学习自我管理，互相提醒。

#### 喝水

**常见问题：**

1. 不会使用口杯，水接得过多、过满。
2. 主动喝水的意识不够，不愿意喝白开水。
4. 不能根据身体的需要喝水，喝水过少或过量。
5. 喝水时喜欢边喝边玩边聊天。

**解决策略：**

1. 通过示范、练习等方法引导幼儿学习正确使用口杯。对于个别不会用口杯和容易洒水的幼儿多加关注，进行个别指导。
2. 开展谈话等活动，让幼儿了解喝水的注意事项，避免呛水。

相关链接

3. 通过示范、图示引导等方法让幼儿明确接水量。

4. 设制"喝水记录表",激发幼儿主动喝水的兴趣,保教人员根据喝水记录,及时提醒幼儿喝水,保证每个幼儿都能适量喝水。

4. 视幼儿需要组织集中喝水、分散喝水,如:可在集体活动、户外活动、起床后等时间组织幼儿集中喝水,也要鼓励、提醒幼儿随时喝水(尤其是生病的幼儿)。

5. 注意观察幼儿喝水的表现,并及时给予指导。

**如厕**

**常见问题:**

1. 不敢小便、不会小便,尿裤子的现象时有发生。

2. 便后不会自己提裤子、擦屁股,整理衣服不到位。

3. 入厕时玩耍、打闹。

**解决策略:**

1. 参观熟悉厕所环境。带领刚入园的幼儿参观、熟悉厕所环境,介绍男孩、女孩的入厕方式。

2. 保教人员细心照顾。每次幼儿入厕时保证有一名保教人员在旁看护,随时帮助有困难的幼儿,耐心引导,边帮边教。

3. 环境创设。可安装穿衣镜,或张贴正确提裤子的步骤示意图,让幼儿按图示提好裤子并对着镜子检查。

4. 组织幼儿制定文明入厕公约。

5. 及时评价幼儿在入厕中的表现,并正确引导。

## 指导要点

### 一、盥洗活动的幼儿规范养成指导要点

1. 盥洗活动有秩序,排队洗手、喝水和如厕,耐心等候,注意安全,不推不挤,小心上下台阶,小心滑倒。

2. 手脏知道随时洗手,便后、餐前洗手。知道节约用水,洗手后将水龙头关紧。

3. 用自己的水杯喝水,一手拿杯把,一手扶着杯子,接好水,不洒水,一口一口地喝。不浪费水,不玩水杯,喝完水把杯子放回原处。

4. 知道大小便去厕所,自理大小便,不把大小排在池外或洒在别人身上。不浪费纸张,便后洗手,不在厕所逗留、玩耍、打闹。

### 二、盥洗活动教师常规工作管理要点

1. 组织幼儿有序进入盥洗室,提醒幼儿卷好袖子,帮助有困难的幼儿卷好袖子,小班幼儿教师帮卷袖子,提醒幼儿节约用水,发现有打闹、玩水等情况,及时提醒和纠正。

2. 提醒幼儿按正确的洗手方法洗干净手和脸,天气干燥时提醒幼儿抹润肤露;洗手顺序为"卷衣袖——湿手——擦肥皂——搓手心手背——冲洗——双手合掌甩水——打开毛巾擦干净"。洗脸顺序为"卷衣袖——拿毛巾湿水——拧干——把毛巾打开洗脸、手背、脖子——搓洗毛巾——拧干——挂回原来的地方"。

3. 指导幼儿正确漱口。教幼儿将漱口水含在嘴里,后牙咬紧,利用唇颊部,也就是腮帮子的肌肉运动,使漱口水通过牙缝,鼓漱3~5次,再吐进水池。漱口后用餐巾擦干净嘴,将口杯放回水杯柜中。

4. 准备好卫生纸,将手纸裁好放到幼儿容易取到的位置。提醒幼儿分男女入厕、整理好裤子、冲大小便、洗手。

5. 分层次照顾幼儿，引导幼儿学习擦屁股的正确方法，帮助小班的幼儿擦屁股。提醒、帮助幼儿整理衣裤、内衣塞进裤子里，不漏肚脐与后背。

6. 注意观察幼儿大小便情况，发现异常及时与保健医生、家长沟通，采取积极有效的措施，并注意全日观察。

7. 及时清洁卫生间，用拖把擦干卫生间地面，保持地面干爽，防止幼儿滑倒，保持卫生间干净无垢无味。

8. 为幼儿准备温度适宜的白开水，分组提示小朋友饮水，提醒幼儿有序、独立接水，安静喝水，接水时眼睛看着口杯，不要边走边喝，对聊天、打闹现象及时提醒、纠正。

9. 注意把握幼儿喝水量，运动后出汗过多、天气炎热等可适当增加喝水量，为集体教育活动做准备，组织大部分幼儿进行环节小游戏，等待未完成饮水的幼儿。

### 三、幼儿喝水情况登记表和如厕情况登记表包含的几个基本要素

1. 项目名称；2. 全部幼儿姓名；3. 周次、日期；4. 喝水次数；5. 如厕次数；6. 特殊情况说明；7. 家长签名确认；8. 记录教师签名。

## 示例分析

### 示例 1：幼儿喝水情况登记表（表 2－3）

幼儿喝水情况登记表

班级：　　　　　　　　　　记录人：　　　　＿＿＿＿年＿＿＿＿月

<table>
<tr><td>日期<br>姓名</td><td colspan="6">周一</td><td colspan="6">周二</td><td colspan="6">周三</td><td colspan="6">周四</td><td colspan="6">周五</td></tr>
<tr><td></td><td></td><td></td><td></td><td></td><td></td><td></td><td></td><td></td><td></td><td></td><td></td><td></td><td></td><td></td><td></td><td></td><td></td><td></td><td></td><td></td><td></td><td></td><td></td><td></td><td></td><td></td><td></td><td></td><td></td><td></td></tr>
<tr><td></td><td></td><td></td><td></td><td></td><td></td><td></td><td></td><td></td><td></td><td></td><td></td><td></td><td></td><td></td><td></td><td></td><td></td><td></td><td></td><td></td><td></td><td></td><td></td><td></td><td></td><td></td><td></td><td></td><td></td><td></td></tr>
<tr><td></td><td></td><td></td><td></td><td></td><td></td><td></td><td></td><td></td><td></td><td></td><td></td><td></td><td></td><td></td><td></td><td></td><td></td><td></td><td></td><td></td><td></td><td></td><td></td><td></td><td></td><td></td><td></td><td></td><td></td><td></td></tr>
<tr><td colspan="31">特殊情况说明：<br><br>家长签名：<br>注：每喝一次水在表上打一个“√”</td></tr>
</table>

### 示例 2：幼儿如厕情况登记表（表 2－4）

幼儿如厕情况登记表

班级：　　　　　　　　　　记录人：　　　　＿＿＿＿年＿＿＿＿月

<table>
<tr><td rowspan="2">星期<br>姓名</td><td colspan="5">第　周</td><td colspan="5">第　周</td><td colspan="5">第　周</td></tr>
<tr><td>一</td><td>二</td><td>三</td><td>四</td><td>五</td><td>一</td><td>二</td><td>三</td><td>四</td><td>五</td><td>一</td><td>二</td><td>三</td><td>四</td><td>五</td></tr>
<tr><td></td><td></td><td></td><td></td><td></td><td></td><td></td><td></td><td></td><td></td><td></td><td></td><td></td><td></td><td></td><td></td></tr>
<tr><td></td><td></td><td></td><td></td><td></td><td></td><td></td><td></td><td></td><td></td><td></td><td></td><td></td><td></td><td></td><td></td></tr>
<tr><td></td><td></td><td></td><td></td><td></td><td></td><td></td><td></td><td></td><td></td><td></td><td></td><td></td><td></td><td></td><td></td></tr>
<tr><td></td><td></td><td></td><td></td><td></td><td></td><td></td><td></td><td></td><td></td><td></td><td></td><td></td><td></td><td></td><td></td></tr>
<tr><td colspan="16">特殊情况说明：<br><br>家长签名：</td></tr>
</table>

**分析**

小组讨论，分析以上两个表格，谈谈值得借鉴的地方，补充不足之处。

# 任务3 进餐环节（早餐、午餐和午点）管理

## 任务概述

幼儿期是习惯养成的关键期，这一时期良好习惯的养成，将影响着幼儿今后一生的发展。幼儿的健康发展最主要是心理的健康发展和生理的健康发展，而生理健康的第一步主要取决于从小养成良好的饮食、进餐习惯。

进餐（早餐、午餐和午点）的管理是培养幼儿良好饮食习惯、树立营养意识、学会生活自理技能的好时机，教师要帮助幼儿养成餐前洗手、餐后漱口、擦嘴的良好的生活卫生习惯。餐前的卫生值日工作和餐后的自我清洁服务还有助于发展幼儿的自理能力。幼儿教师应有计划、有步骤地帮助幼儿形成良好的进餐习惯，促进幼儿身心和谐发展。

## 相关知识

### 知识点1 幼儿进餐活动

幼儿进餐活动是指教师组织幼儿集体进餐的活动，不包括个别幼儿进餐，主要包括早餐、午餐和午点。幼儿进餐活动属于幼儿一日生活中保教合一的活动环节，是幼儿一日生活中至关重要的部分，也是幼儿全面和谐发展的重要途径之一。教师能否科学、合理地组织幼儿进行用餐活动，直接影响着幼儿能否在优良的环境中愉快进餐，也关系到幼儿身心能否得到健康发展。

餐前过渡活动与幼儿午餐“改革”小策略

思考 幼儿进餐活动容易出现哪些常见问题？

### 知识点2 幼儿餐桌礼仪

所谓餐桌礼仪就是指人们在就餐时应该遵守的基本行为要求，也就是在就餐时应该做好的各项准备以及应注意的礼仪。幼儿必须掌握的餐桌礼仪如下：

#### （一）餐前礼仪

1. 怀着一颗感恩的心来享受我们的每一顿饭。
2. 吃饭之前要洗手，帮忙摆好餐具，会正确使用餐巾纸。
3. 请长辈先入座，等长辈先动筷。

#### （二）用餐礼仪

1. 坐正坐直，保持挺拔的姿势，有助于胃肠消化。
2. 正确使用筷子。吃饭时不敲打碗筷或大声喧哗。
3. 避免用筷子在盘中翻来翻去。
4. 不要边吃饭边干别的事情。

#### （三）餐后礼仪

1. 饭后对准备食物的人表示感谢。
2. 吃完饭后若要先离席，要跟长辈打招呼：“我吃好了。”
3. 饭后帮助清理餐桌、收拾碗筷或者帮助洗碗。

思考 如何才能让幼儿安静进餐？

**幼儿膳食的原则**

1. 膳食首先必须合乎营养的需要,以满足迅速生长发育时期所必需的一切物质。

2. 食物中应有足够的各种营养素,各种营养素之间要有正确的比例,蛋白质、脂肪、碳水化合物的比值接近于1∶1∶4.5。

3. 每日食物中所含的蛋白质、脂肪、碳水化合物所产生热量各占总热量的10%～15%、25%～35%、50%～60%,动物脂肪占总脂肪的50%,动物蛋白加豆类蛋白占总蛋白的50%。建立合理的膳食制度,包括就餐时间。

4. 每餐热量的分配,要求早餐20%～25%(其中早点5%),午餐35%,午点10%,晚餐25%～30%。如幼儿园下午不开餐的,午点应调到15%。

5. 食物的选择、配合要恰当,食物的品种、数量、烹调制备的方法均应适合幼儿胃肠道的消化和吸收功能。蔬菜瓜果、肉都要尽量切细一点,煮熟煮透。

相关链接

## 指导要点

### 一、进餐环节的幼儿规范养成指导要点

1. 进餐前认真洗手,方法正确,节约用水,不玩水,能排队轮流,不拥挤。
2. 正确使用餐具,坐姿良好,安静进餐。
3. 干稀(汤)搭配吃,菜与饭就着吃。
4. 不挑食、不洒饭菜、不剩饭菜。
5. 餐后自己轻放餐具,取水喝水。
6. 餐后正确使用餐巾擦嘴,用温开水漱口。
7. 保持身上、桌面、地面干净。
8. 餐后按要求散步或做安静的桌面游戏,不随意乱跑。

### 二、进餐环节教师常规工作管理要点

1. 餐前首先规范擦洗和消毒餐桌,消毒后要防止再污染(如幼儿趴在桌上乱摸)。
2. 组织幼儿安静游戏、如厕、洗手,做到随洗随吃,等待午饭的到来。
3. 协助当日幼儿值日生检查幼儿饭前洗手情况。
4. 按时开饭,每餐进餐时间不少于20～30分钟,保证幼儿吃饱。
5. 教师取拿饭菜前,要用流动水和肥皂洗净双手。
6. 协助幼儿值日生分发餐具、分发饭菜或点心。
7. 穿戴开饭围裙、帽子,协助保育员开饭。
8. 介绍饭菜,让幼儿简单地了解食物中的营养结构,培养幼儿良好的饮食习惯。
9. 培养幼儿良好的进餐习惯,坐姿端正,正确拿勺,不挑食,细嚼慢咽,保持桌面清洁。
10. 幼儿进餐时,除及时帮助幼儿添饭外,还要督促、观察幼儿进餐情况,不要让吃饭慢的幼儿最后站着吃或在活动室外吃。
11. 进餐时保持安静,不催促、硬塞;哭闹、咳嗽时不能强迫幼儿进食。
12. 掌握好幼儿的食量,不能以多为幼儿添饭作为表扬鼓励幼儿的手段,更不能以禁止幼儿吃饭作为体罚幼儿的手段。
13. 做好进餐护理,关注有特殊需要的幼儿的点心食用情况。
14. 提醒吃完饭的幼儿离开饭桌时擦桌子、送餐具,指导幼儿正确擦嘴、漱口的方法,提醒幼儿如厕。
15. 幼儿进餐期间教师或保育员不得处理与进餐无关的事情,餐后按要求清洁餐桌和地面。

### 三、幼儿进餐情况登记表包含的几个基本要素

1. 项目名称；2. 全部幼儿姓名；3. 周次、日期；4. 早餐、午餐、午点进餐记录；5. 特殊情况说明；6. 记录教师签名。

## 示例分析

**示例 1：幼儿进餐情况登记表（表 2-5）**

幼儿进餐情况登记表

班级：　　　　记录人：　　　　＿＿＿＿年＿＿＿＿月

| 姓名 | 第一周 | | | | | | | | | | | | | | |
|---|---|---|---|---|---|---|---|---|---|---|---|---|---|---|---|
| | 周一 | | | 周二 | | | 周三 | | | 周四 | | | 周五 | | |
| | 早餐 | 午餐 | 午点 | 早餐 | 午餐 | 午点 | 早餐 | 午餐 | 午点 | 早餐 | 午餐 | 午点 | 早餐 | 午餐 | 午点 |
| | | | | | | | | | | | | | | | |
| | | | | | | | | | | | | | | | |
| | | | | | | | | | | | | | | | |
| | | | | | | | | | | | | | | | |
| 特殊情况说明： | | | | | | | | | | | | | | | |

**分析**

小组讨论，分析以上幼儿进餐情况登记表，谈谈值得借鉴的地方，补充不足之处。

# 任务 4　午睡环节管理

## 任务概述

睡眠可以使神经系统、感觉器官和肌肉得到充分的休息，促进大脑发育，体格生长。幼儿园作息制度中的午睡，是保证幼儿有充足的睡眠，利于幼儿健康成长的措施之一。幼儿年龄越小，所需的睡眠时间越长。一般情况下，3～4 岁幼儿所需的睡眠时间约 12 小时，4～5 岁幼儿所需的睡眠时间约 11 小时，5～6 岁幼儿所需的睡眠时间约 10 小时。幼儿每天睡眠一般指两个时间：一个是夜晚，一个是午睡，夜晚很重要，午睡也很重要。幼儿身体正在发育之中，早晨至中午，由于参加集体教育活动和各种游戏活动，身体一定很疲劳，午睡尤其需要。根据幼儿的生理特点，在幼儿园一天长达 8 小时的学习游戏过程中，安排 2～2.5 小时的午睡时间是非常必要的。

## 相关知识

### 知识点 1　午睡环境

为了保障幼儿的睡眠质量，在午睡环境力求达到四点：安全、卫生、整齐、安静。

1. 安全：幼儿进睡室前，检查幼儿衣袋，杜绝幼儿带一些危险品进睡室；提醒幼儿小便、漱口和洗脸时避免拥挤碰撞；定时检查幼儿的健康状况，及时发现问题。

2. 卫生：保持睡室的空气清新，保育员必须做好每天的通风、消毒工作。引导幼儿睡前睡后漱口洗脸，用正确的方法拿换拖鞋保持小手干净；被子盖到脖子下面，夏天可以只盖肚子，不能蒙头睡觉，小手不可放在嘴边。

3. 整齐：袜子放在鞋子里面，鞋子摆放在椅子前面，拖鞋放在自己的床前，衣服裤子分别叠好摆放。

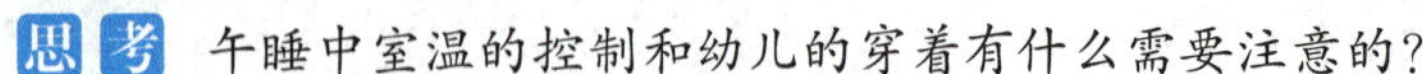

醒后再把拖鞋送回拖鞋柜按位置放好。

4. 安静：教师注意控制音量，引导幼儿轻声说话、轻脚走路。也可放些睡前小故事，让幼儿听着故事，温馨入眠。

难入睡幼儿的管理

**思考** 午睡中室温的控制和幼儿的穿着有什么需要注意的？

## 知识点2 幼儿午休必备应急知识

### 1. 异物

(1) 鼻腔异物

幼儿园午休时，常有一些睡眠比较困难的幼儿，趁教师不注意，把小纸团、被子里的棉花、小珠子、豆粒、果核等东西放到鼻孔里，时间长了就会引起鼻塞发炎。

预防及处理：

① 检查。上床前逐一检查幼儿是否因为“好玩”而携带了以上物品，教育幼儿把这些物品放入鼻腔会引发危险。

② 加强巡视。年幼的孩子对什么都好奇，睡不着时，被子里的棉花、枕巾上的线头都会成为玩具。加强巡视，及时发现就会避免危险发生。

③ 若发现幼儿将异物塞进鼻孔，可当即嘱幼儿用手按紧无异物的鼻孔，用力擤鼻，将异物排出。卫生纸、棉花之类比较表浅时也可以用镊子夹出，但是如果是圆形的小珠子、豆类，镊子夹不住异物，却会使其越陷越深，还有可能会落入气管引发危险，这时必须到医院用专门取异物的工具取出。

(2) 外耳道异物

有时幼儿还会把这些物品放入耳朵里，如果是卫生纸、棉花之类，可以用镊子轻轻拨出；如果是豆类，可以让幼儿把身体弯向有异物的一侧，然后单脚跳跃，异物可被排出；如果是昆虫入耳，可用灯光对着外耳道口，诱昆虫爬出。切记不能用尖锐的物品向深处捣挖异物，以免捅破鼓膜。

(3) 喉、气管异物

如果幼儿睡觉时把小豆豆或者玻璃球、纽扣等含在嘴里，不小心会落入喉部、气管引发危险。这就要求教师午休时加强检查和巡视，不能掉以轻心。

判断呼吸道异物有以下几个特征：

①呛咳，脸色发紫。②不能说话。③不能呼吸。④双眼流泪。

处理方法一：速将幼儿抱起，头低脚高，拍背，有时可使夹在喉部的异物咳出。

另一个方法是：迅速从后方搂住幼儿的腰部，用大拇指的背部顶住幼儿的上腹部，间断地向上、向后，冲击性的推压，促使横膈肌压迫肺，产生气流，将气管里的异物冲出，无效时必须速送医院急救。

### 2. 高热惊厥

(1) 幼儿在体温达到38.5℃以上，特别是39℃以上时突然出现抽风现象，就是发生了高热惊厥。惊厥多为全身性突然发作，意识丧失，双眼球固定、上翻或斜视，头后仰，四肢抽动或呈强直状，口角或和面肌也会抽动。面色青紫或苍白。持续时间短，一般少于10分钟。

(2) 惊厥均发生在高热开始后24小时，特别是12小时内，体温骤升时。

(3) 惊厥后意识恢复快。

(4) 既往有高热惊厥史或家族中有高热惊厥史，惊厥多仅发生1次，热退后不再发作。

在幼儿园午休时发生此状况，教师不必惊慌，紧急采用以下方式处理：

① 针刺或拇指按压：人中、百会、合谷。

② 积极降温，松解衣被，用毛巾沾冷水擦浴(颈侧、腋窝、大腿根部)。

③ 解开衣领，保持呼吸道通畅。让幼儿保持侧卧体位，以防呕吐物及分泌物吸入导致窒息，这是幼儿发生惊厥时最需要注意的。

④ 患病幼儿尚未牙关紧闭时，用手帕、布垫折成条或裹勺柄置于上下牙之间，以防咬伤舌头。

⑤ 经过简单紧急处理后，立即送往医院诊治。

高热惊厥常能自动缓解，最需要的是教师及时的护理，防止因呕吐物吸入呼吸道引起窒息，其次不能使劲拽幼儿发生痉挛的肢体，以防发生骨折。加强晨检，及时了解幼儿的身体状况，午休时加强巡视，注意患病幼儿的精神状态，及时发现幼儿的发热迹象是避免此病的关键。

**思考** 幼儿午睡期间还有可能发生哪些突发事件？应如何处理？

### 幼儿午睡不良行为的调查

对某幼儿园四个班级的幼儿午睡调查显示，幼儿因迟睡、不睡引发的不良行为也相当普遍。调查采用事件取样法，观察统计了幼儿吸吮啃咬手指、抠摸物品等不良行为的出现次数，取其日平均值，结果见下表。

幼儿不良行为发生情况调查统计表

| 班级<br>行为问题 | 吸吮<br>啃咬手指 | 抠摸物品 | 径自坐起 | 自言自语<br>或讲悄悄话 | 不停要求<br>上厕所 | 玩弄器官 | 合计 |
|---|---|---|---|---|---|---|---|
| 小五班 | 2 | 3 | 0 | 1 | 2 | 0 | 8 人/次 |
| 中六班 | 1 | 5 | 2 | 4 | 3 | 0 | 15 人/次 |
| 大三班 | 0 | 2 | 0 | 1 | 1 | 0 | 4 人/次 |
| 大五班 | 1 | 6 | 4 | 5 | 3 | 2 | 21 人/次 |
| 合计 | 4 人/次 | 16 人/次 | 6 人/次 | 11 人/次 | 9 人/次 | 2 人/次 | 48 人/次 |

根据调查，能够得出以下三点结论：幼儿园午睡问题在各年龄班客观存在；不同年龄班存在问题的程度不同，小班较好，中班次之，大班问题最突出；入睡困难极易导致幼儿不良行为的出现。

## 指导要点

### 一、午睡环节幼儿规范养成指导要点

1. 喜欢在幼儿园午睡，能独立入睡。
2. 懂得午睡对身体有益，养成按时午睡的习惯。
3. 做好情绪、如厕、物品等方面的睡前准备。
4. 知道脱衣入睡舒服，能正确穿脱衣服、鞋袜。
5. 入睡时盖好被子，避免着凉，保持安静，尽快入睡。
6. 知道正确的睡姿有益健康，入睡时能保持睡姿正确。
7. 睡醒后不打扰同伴，不和别人讲话，不随意到室外玩耍。
8. 有便意、身体不适或发现同伴有异常情况时及时告诉教师。
9. 按时起床，不拖拉，不等待，学习整理床铺。

### 二、午睡环节教师常规工作管理要点

1. 午餐后带领幼儿进行散步、自主阅读、讲故事等安静活动，使幼儿懂得睡前不做剧烈活动，保持情绪稳定，帮助个别需服药幼儿服好药。

2. 拉好窗帘，准备好床铺，根据需要开关窗户，调节好室温、光线，营造温馨的午睡环境。夏天酷热时可使用空调，室温在23℃～28℃，空气湿度在30%～60%，准备柔软毛巾随时为幼儿轻轻擦去汗水。冬季严寒时保持室温在18℃～25℃，控制室内空气湿度在30%～80%。

3. 指导幼儿脱换鞋子，并将脱下的鞋子整齐摆放在鞋架上，放置在户外晾晒。上床前，将幼儿随身携

带的小物件(纽扣、皮筋、发卡、线头等)集中放在一起,避免睡中玩耍,发生意外。

4. 组织幼儿轻轻进入寝室,播放柔美的音乐,使幼儿在温馨的情境中入睡,用轻柔的语言提示幼儿安静、独立入睡,右侧卧或仰卧入睡,保持正确睡姿。

5. 帮助幼儿脱掉外衣,指导幼儿学习脱上衣、裤子的正确方法,并叠放整齐,放在固定位置。提醒幼儿先脱鞋子,再脱裤子,最后脱上衣,动作要紧凑,避免着凉。

6. 帮助或指导幼儿睡前如厕,轻声提醒并照顾常尿床的幼儿起床如厕,发现幼儿尿床后要及时换洗、晾晒寝具。

7. 指导幼儿盖好被子,以游戏的口吻,引导幼儿放平枕头,钻进被窝,把手放在被子里面。教师再用轻柔的语调、缓慢的语速讲述温馨简短的故事或儿歌,平静幼儿的心情,帮助其尽快入睡。

8. 对哭闹厉害、入睡困难或者有恋物习惯的幼儿,教师可用轻轻抚摸、拍一拍、抱一抱或送句悄悄话等方式,安抚情绪,使幼儿平静地入睡。

9. 全面关注幼儿的午睡情况,随时巡视,为蹬被子的幼儿盖好被子,将幼儿午睡时的具体情况详细记录在表中。

10. 鼓励幼儿在感觉身体不舒服或发现同伴有异常情况时及时告诉老师。幼儿出现高烧、惊厥、腹痛等紧急情况,应立即采取恰当的方式处理,必要时通知保健教师或相关人员,立即带幼儿去医院就诊。

11. 个别幼儿做恶梦哭喊时,教师要迅速赶到他身边,用轻柔的语言、亲切的抚慰帮他调整睡姿,使其恢复平静继续入睡。

12. 看睡时注意集中,动作轻柔,轻声说话,不离岗,不做私活,不会客,不吃零食,不睡觉等。

### 三、幼儿午睡情况登记表包含的几个基本要素

1. 项目名称;2. 周次和日期;3. 记录时间;4. 睡眠情况;5. 病儿情况;6. 其他情况;7. 值班教师签名。

## 示例分析

#### 示例 1:幼儿午睡情况登记表(表 2-6)

幼儿午睡情况登记表

××月××日—××月××日

| 项目 \ 时间 | | 午睡情况 | | | | | 值班教师签字 |
|---|---|---|---|---|---|---|---|
| | | 12:00~12:30 | 12:30~13:00 | 13:00~13:30 | 13:30~14:00 | 14:00~14:30 | |
| 星期一 | 睡眠情况 | | | | | | |
| | 病儿情况 | | | | | | |
| | 其他情况 | | | | | | |
| 星期二 | 睡眠情况 | | | | | | |
| | 病儿情况 | | | | | | |
| | 其他情况 | | | | | | |
| 星期三 | 睡眠情况 | | | | | | |
| | 病儿情况 | | | | | | |
| | 其他情况 | | | | | | |
| 星期四 | 睡眠情况 | | | | | | |
| | 病儿情况 | | | | | | |
| | 其他情况 | | | | | | |
| 星期五 | 睡眠情况 | | | | | | |
| | 病儿情况 | | | | | | |
| | 其他情况 | | | | | | |

**分析**

小组讨论，分析以上幼儿午睡情况登记表，谈谈值得借鉴的地方，补充不足之处。

## 任务5　离园活动管理

### 任务概述

离园活动是指幼儿离园前由教师组织进行的一项活动，它是幼儿园一日生活的结束收尾部分。《纲要》指出，幼儿园一日活动皆课程。离园活动作为幼儿园一日生活的结束部分，可以说有画龙点睛的作用，在一日活动中占据重要地位。从教师的角度讲，它是家长工作的一部分，从侧面向家长反映了幼儿在园的生活和幼儿园的教育理念，是家园互动的一个直播窗口。从幼儿的角度讲，经过一天的游戏、生活、学习后，因为等待父母的到来，他们对这一个环节显得更加兴奋、期待、喜悦，可以说是幼儿一日生活中最放松自我的一个时段。因此，怎样让幼儿既自主又有序地进行离园活动，从而达到一定的教育目的，为幼儿愉快的一天生活画上圆满的句号，是每一位一线教师需要把握的问题。

### 相关知识

#### 知识点1　离园活动的特点

1. 目标性

离园活动的目标有时是独立的，有时也可以与教育目标有联系，但离园活动的目标一定要明确、具体。

2. 随机性

离园活动作为一日活动的最后环节，常常需要针对一日生活中出现的问题组织相应的活动，所以有很大的随机性。

3. 伸缩性

离园活动幼儿家长来接的时间不一，因此离园活动内容要体现伸缩性，要利于家长来接时能尽快结束活动，而且不使幼儿养成做事有始无终的坏习惯。

4. 多样性

离园活动内容不能单一枯燥，这样不利于激发幼儿兴趣，无法使幼儿得到德、智、体、美全面发展。幼儿离园可以组织以下活动：(1)教育活动的延伸活动。(2)入区自选活动。(3)其他活动。具体可以采取讲故事、看图书、听音乐、做游戏、叠手绢或其他形式进行。

离园结束语

**思考**　离园活动安排应注意哪些问题？

#### 知识点2　离园沟通

1. 离园时与家长沟通内容：

首先，向家长介绍幼儿当天或近期的表现，然后，提出幼儿的不足之处，最后再给家长提供改正幼儿缺点的方法。

2. 注意事项：

(1) 描述事情的经过要说得具体，每次说一件事情，每周和每个家长沟通一次；

(2) 对新入园的幼儿，一个月内不提不足，提不足时注意语言要委婉，让家长能接受；

(3) 给家长提出的建议一定要足够专业，有切实可行的意义；

(4) 幼儿刚入园时，最好每天离园时都和家长进行沟通，给家长一些指导，让家长协助幼儿园，使幼儿更快地适应幼儿园生活。

**思考**　离园时应如何与家长交流幼儿的在园情况？

**离园前十分钟的安排**

1. 开设班级“说说乐”活动

在离园前的十分钟，班级教师可以组织幼儿讲一讲、说一说今天自己在幼儿园的所见所闻，自己开心的事情或是不开心的事情。

2. 做手指游戏

教师可以带领幼儿重温一些之前学过的手指游戏，如《猴子荡秋千》《一家人》《卷白菜》等一系列利于幼儿集中注意力的游戏；也可以请不同的幼儿依次到前面来带领其他幼儿一起做。

3. 开展区域活动

在离园前的十分钟，教师可以根据本班的人数和区域活动的数量进行分组。例如，如果本班有25名幼儿，可以将他们分成5人一组，平均一组孩子可以在一个活动区域内玩两天，一个月后重新分组，重新布置区域环境，配置新颖的材料。

4. 向幼儿征集活动内容

幼儿教师可以征求一下孩子们的意见，问问他们想做什么，从中挑取一些教师认为可以让幼儿做，又不对幼儿的人身安全造成威胁的活动。

5. 增设“十分钟家长教师”活动

幼儿教师可以在新学期开始时，将幼儿家长按照职业、特长、爱好的不同进行分工，以两人为一组，每天在接幼儿时提前十五分钟到达幼儿园，参与到幼儿园的离园活动中。家长可以根据自己的职业、经验等用自己的形式表演给孩子们，如：交警叔叔可以向孩子们讲解有关交通安全、汽车行驶、红绿灯等的知识。正所谓“有专长的家长是幼儿园教育拓展的最好帮手”。

相关链接

## 指导要点

### 一、离园活动的幼儿规范养成指导要点

1. 保持稳定、愉悦的情绪等待家长来接。
2. 能参加简单有趣的游戏活动，进行简单安静的桌面操作活动，遵守活动规则。
3. 家长来接时能收好自己的生活和学习用品、玩具等东西，摆放好自己的小椅子。
4. 能找到自己的衣物、鞋子，穿戴整齐，将回家需携带的学习、生活用品归放好带回家。
5. 能向家长简单交流自己当日在幼儿园的生活及活动情况，学会向家长讲清楚老师布置的各项任务。
6. 愉快离园，能主动和教师、小朋友说再见。
7. 跟随家人离园，不独自离开，不跟陌生人走，有安全意识。
8. 注重卫生，不乱吃小摊贩的东西。

### 二、离园活动教师常规工作管理要点

1. 离园前，与幼儿进行亲切的互动，帮助他们回想一天中快乐的事情，稳定幼儿情绪，鼓励他们的点滴进步，使幼儿感受到自己很能干。

2. 引导幼儿学习整理仪表的方法，学习穿外套等自我服务技能。帮助幼儿穿好外衣、提好裤子、检查鞋子。冬春季节要注意随时帮助幼儿提裤子，避免小肚脐着凉。有弄湿衣服、袖子等情况的，随时帮助幼儿更换和整理，并及时反馈给家长。

3. 引导幼儿学习整理书包，引导幼儿分清自己和别人的物品，有序地取放、管理自己的物品，将幼儿早上带来的玩具或布娃娃等放在显眼的位置，方便幼儿带走。

4. 组织幼儿进行重复性游戏、角色游戏、区域建构等活动，使幼儿能够情绪稳定，耐心等待家长来接，

并运用情景、故事等引导幼儿理解区域活动的规则，使他们能够愉快结束游戏和活动，跟随家人离园。

5. 引导幼儿协助教师做好活动室物品、材料的归类摆放和卫生清理工作，帮助幼儿建立初步的劳动意识。

6. 接待家长时站在靠门边的位置，要兼顾未离园幼儿的个别活动和交往，及时介入，给予适时指导，帮助幼儿解决小冲突和小问题，防止幼儿偷偷离开教室。

7. 有计划地与家长交流幼儿在园情况，具体详细地向家长介绍幼儿在园的一日活动情况，尤其是生病和表现有异常的幼儿，其情况一定要告知家长。

8. 鼓励幼儿离园时，有礼貌地主动与教师和同伴道别，支持幼儿之间自主友好的约定，并通过游戏口吻与幼儿约定明天再见，帮助他们保持良好的情绪回家。

9. 家园配合一致对幼儿进行教育，引导幼儿带亲子小游戏回家和父母一起玩，培养幼儿初步的任务意识和责任感。

10. 建立离园接送制度，如幼儿离园家长签字制度、安装幼儿入离园安全识别系统等。教师要认真辨认接送人员，确定后把幼儿交给接送人员，并请接送人员在"离园签字表"上签字后离开。有陌生人接幼儿时，首先与家长取得联系，得到家长同意后，请陌生人出示身份证明，并在离园签字表上书面签字后，方可把幼儿交给陌生人。

11. 提醒幼儿回家途中的注意事项，进行交通安全和饮食卫生教育。

12. 清理活动室环境卫生，做好清洁消毒工作，检查水电安全，关好门窗。

### 三、幼儿接送委托书包含的几个基本要素

1. 项目名称；2. 幼儿姓名；3. 委托原因；4. 被委托人姓名及身份证；5. 委托人姓名及身份证；5. 家长签名。

## 示例分析

#### 示例 1：幼儿接送委托书（表 2 - 7）

幼儿接送委托书

委托书

今有××幼儿园××班　　　　小朋友的家长，姓名：　　　　（身份证号：　　　　　　　），因为上班时间与幼儿园放学时间有冲突，有事不能来园接孩子，故委托孩子的（奶奶）姓名：　　　　（身份证号：　　　　　　　），接孩子放学，接送时间为 20××年×月×日至 20××年×月×日。

特此委托

委托人：________

年　　月　　日

附：委托人与被委托人身份证复印件

**分析**

小组讨论，分析以上幼儿接送委托书，谈谈值得借鉴的地方，补充不足之处。

## 反思探究

#### （一）案例反思

**乐乐终于睡了**

乐乐不是班里最调皮的孩子，却是让我最头疼的孩子。他午休时总要哭几声，从来不闭眼睡觉。

午睡时，只要双脚一上床，他就愁眉苦脸哭出声，闹得班里的孩子都不愿意和他挨着睡觉。尽管我们给他讲了很多"中午不睡觉对身体不好"的道理，也尝试了各种有经验的教师提供的妙招，可他一上床，就笑脸变成哭脸，教师要陪在他身边安慰半天才能停止哭声，之后，一直不合眼直到其他孩子起床。

针对这一现象，我主动向他的父母了解情况，得知乐乐两岁前睡觉都很好，去年秋天的一次高烧后，他的午休习惯打破了，睡觉时要有人陪着才能睡着。

我和乐乐商量，每天围着塑胶操场跑6圈，他同意了。他还是挺喜欢跑步的，每次跑完就笑嘻嘻地跑来对我说："李老师，我跑完了。"在以后的户外活动时间，我每天都悄悄地走到他的身旁提醒他："开始跑6圈，好吗？"

这招对乐乐非常管用，自从我和他的父母沟通调整时间，再加上幼儿园的户外跑步，他的午睡有了好转，从半小时到一小时……渐渐地，他的笑脸越来越多，回答问题也积极了，家长反映他在家里话也多了。

**思考** 案例中的教师的做法有什么值得借鉴的地方呢？如何才能让难入睡的幼儿顺利入睡？

### （二）问题反思

1. 幼儿班级来园和晨检、盥洗（洗手、喝水和如厕）、进餐（早餐、午餐和午点）、午睡、离园活动的教师工作技巧有哪些？

2. 小顺的妈妈是全职妈妈，喜欢找老师聊天。有天早晨她见老师周围没有家长和孩子，就站在门口和老师没完没了地聊起来。请问遇到爱聊天的家长应怎么办？

3. 如何在离园时指导家长与幼儿有效沟通在园情况？

### （三）方案设计

1. 结合幼儿园见习，设计一份幼儿在园一日生活情况调查表。

2. 结合幼儿园见习，设计适合本班的幼儿入园及接送登记表。

3. 结合幼儿园见习，设计适合本班的幼儿午睡和盥洗情况记录表。

## 拓展阅读

幼儿一日生活过渡环节的优化与一日活动时间安排表

1. 金虹. 在小班幼儿一日生活中落实《3—6 岁儿童学习与发展指南》[J]，福建教育，2013(06)

2. 姚蓉. 贯彻实施《指南》提高幼儿一日生活质量[J]，早期教育（教师版），2013(12)

# 学习情境 2 班级一日教育活动常规管理

## 学习目标

**知识目标**

1. 了解一日教育活动常规的工作内容、流程。
2. 掌握一日教育活动常规管理的基本知识。

**能力目标**

1. 养成良好的一日教育活动管理工作习惯。
2. 掌握在幼儿园一日教育活动工作的管理技巧。

**素质目标**

1. 树立科学管理的观念。
2. 形成教师间团结协作、互相配合、各展所长的工作氛围。

幼儿园教育活动是教师以多种形式有目的、有计划地引导幼儿生动、活泼和主动发展的教育过程。一日教育活动常规是指幼儿在园一日教育活动中需要遵守的规则和规定。一日教育活动常规不仅能够培养幼儿在教育活动中良好的自控能力、规则意识和行为规范，还能让幼儿更好地参与教育活动。良好的教育活动常规有利于建立良好的活动秩序，让幼儿体验到秩序感和安全感，只有在安全、和谐、有秩序的环境中，教师才能轻松愉快地工作，才有可能充分地发挥自己的聪明智慧，提高教育教学的质量。幼儿园一日教育活动常规的管理主要包括以下这些方面的管理：集体教学活动、区角活动、户外游戏活动和体育活动、早操和课间操。

## 任务 1 集体教学活动环节管理

### 任务概述

幼儿园的集体教学活动，是教师在了解和把握幼儿身心发展特点与生活习惯的基础上，通过有计划组织地开展的活动帮助幼儿获得知识的过程。集体教学活动作为一种普遍的教学方式，已经为广大的幼儿园所采用。在集体教学活动中存在着三个重要的因素，也就是教师、幼儿和氛围。教师在组织集体教学活动时要深入地了解幼儿，根据实际的教学情况来营造合适的教学氛围，在一定教学经验的基础上预设和设计相应的活动策划，保证集体教学活动可以顺利开展。

集体教学很明显的特征就是整个班在相同的时间内做大致相同的事，而活动的策划与过程监管都是由幼儿园教师来负责的。这种教学形式，有利于教师在活动中发挥主导作用，有秩序地把控教学过程，从而提高幼儿园的教学水平。

### 相关知识

**知识点 1 幼儿课堂行为表现**

幼儿课堂行为表现是指教学活动中，在教师教学行为的影响下，幼儿所做出的语言、情感、行为等方面的表现。教师的教学行为、教学内容的设计，对幼儿课堂的行为表现会产生重要的影响，同时，幼儿课堂的行为表现也能反映教师教学内容选择与设计的适宜性。教师对幼儿的课堂行为进行观察是促进有效教学的一种途径，是教师获得实践知识的重要来源。

一项对幼儿的课堂行为观察结果显示：在幼儿整个课堂行为表现中，非投入状态的次数占观察总次数的13.8%。非投入状态也仅仅体现在东张西望、操作时不专心等，只有一部分幼儿没有很好地参与。而在幼儿整个课堂行为表现中，投入状态的次数占总次数的86.2%，其中投入状态主要表现为认真倾听和表演时很专心，说明教师的教学如果组织得好，幼儿的参与度和积极性都是可以很高的。

**思考** 幼儿课堂中常见的不专注表现有哪些？应如何应对？

**幼儿园课堂常规儿歌**

1. 上课了

一、二拍拍手，三、四点点头，五、六伸伸手，七、八不讲话，九、十快坐好。

师：一二三，幼：我坐端。

师：七八九，幼：我闭口。

师：四五七，幼：我休息。（孩子们说完趴桌子上休息了）

师：谁安静，幼：我安静。

师：谁听话，幼：我听话。

眼睛向前看，嘴巴闭起来。（我们要上课了）

2. 坐坐好

师：我的小手拍一拍，幼：拍，拍，拍拍拍。

师：我的小手勾一勾，幼：勾，勾，勾勾勾。

师：我的小手弹一弹，幼：弹，弹，弹弹弹。

师：我的小手捏一捏，幼：捏，捏，捏捏捏。

师：我的小手握一握，幼：握，握，握握握。

师：我的小手放放好，幼：我的小手不见了。（放后面或放腿上）

3. 集中注意力

小眼睛看老师，小耳朵听好了！

伸出你的小手上拍拍，伸出你的小手下拍拍，

向前伸出小手转一转，小手放呀放放好！

相关链接

## 知识点2 幼儿注意力

注意是心理活动对一定对象的指向和集中。

注意可分为无意注意和有意注意。无意注意是在不自觉的情况下产生和维持的心理状态。幼儿的注意以无意注意为主。有意注意则是经过意志努力自觉控制的注意。幼儿的有意注意正处于逐步形成阶段，所以注意的稳定性差、范围小。幼儿的注意力受年龄特点的制约。一般而言，小班幼儿的注意力只能集中3～5分钟；中班幼儿只能集中10分钟左右；大班幼儿能集中10～15分钟。

游戏是最适合幼儿身心发展的一种活动形式，也是幼儿最喜爱的活动。实验结果显示：在游戏中，4岁幼儿的注意力可持续22分钟，6岁幼儿的注意力可坚持71分钟。因此应让幼儿积极参加游戏活动，在游戏中教导幼儿集中注意地观察，区别物体的各种性质，训练幼儿的注意力。

**思考** 如何根据幼儿注意力的特点设计集体教学活动？

**幼儿课堂不集中注意倾听的表现及思考**

1. 现象一：急不可待——不听

一位幼儿正在发表自己的意见，有些幼儿一边举手一边说："老师，我来！""我跟她不一样！""老师，我……"，无法认真听别人讲；有时老师明明讲清了题意，可有些幼儿不注意听，等老师讲完了，还问老师怎么做；还有一些幼儿，老师刚刚纠正了前一个幼儿的错误答案，他又重复了刚才前一个幼儿的错误……

思考：

从儿童身心发展的特点来看，大班的幼儿自我控制能力还较差，较以自我为中心，爱表现自己，所以幼儿在课堂上总是迫不及待地想让老师、同伴关注自己，忽略了倾听，没有了倾听的过程，回答问题时往往欠思考。

2. 现象二：一本正经——假听

很多幼儿在课堂上都会努力表现出自己是在认真倾听的：双手平放在大腿上，身子挺得笔直，眼睛盯着教师或教具一动也不动，好像很认真地在听。而当教师临时与他们交流时，他们却显得一无所知，不知所措……

思考：

这个年龄段的幼儿无意注意占优势，注意力集中时间很短，一般只有10～15分钟，而且好奇心特别强，容易受外在刺激的影响而转移注意力。其实，这就是"假"听，因为幼儿如果真的在认真倾听，就不可能会有时间去注意手应该怎么放，身子应该怎么样。幼儿之所以要"假"听，是为了引起教师的注意，渴望得到教师的肯定和表扬。

3. 现象三：同流合污——想听，没得听

有时课堂上会出现这样的情况：一名幼儿明明在很认真地听课，旁边不爱听的幼儿不时地拉拉他的衣服，踢踢他的脚，或是拽他的头发，结果被弄得不耐烦了，就"同流合污"地和他们玩起来了。

思考：大班这个年龄段的孩子，虽然有意注意有了很大的发展，但由于年龄小，自制力还很差，很容易被周围事物分心。

相关链接

## 指导要点

### 一、集体教学活动环节的幼儿规范养成指导要点

1. 集体教育活动过程中情绪饱满，对活动感兴趣，有活动的自主性和能动性，能坚持参加学习和探索活动，善于克服困难。

2. 能集中注意力参与到活动过程中，安静地倾听教师的讲述，能够表现出良好的倾听习惯，积极回答教师提出的问题，向教师提出疑问。

3. 知道发言时要先举手，站起来回答教师问题，回答问题时声音适中，大方、不扭捏，不随意插话，不影响别人，不随意打断别人的讲话。

4. 敢于表达，乐于交流，与同伴互相学习，将自己的想法与同伴分享，敢于在众人面前表现，有轮流、协商、合作、分享和守规则等行为习惯。

5. 能遵守集体规则，能听清教师对活动的要求，按教师的要求进行感知和操作活动，能在教师领导下坚持完成每一项活动。

6. 能正确地使用和整理活动材料或用具，未经允许，不能随意摆弄桌面的学具、学习用品，不把学习用品等放入口中，用完后在教师的指导下学习收拾和整理学习用具、材料。

7. 知道珍惜自己和别人的活动成果，学习正确评价别人和自己的作品。

8. 初步掌握正确的坐姿、站姿、举手、握笔、看书和写字姿势，在教师或同伴的提醒下能自觉纠正不正确的姿势。

## 二、集体教学活动环节教师常规工作管理要点

1. 做好活动前的一切准备，包括幼儿活动安全、教玩具、学具的选择，选择的教具、学具等材料安全无毒，并指导值日生协助教师发放、收拾整理学具及材料。

2. 课前能稳定幼儿情绪，教幼儿听信号坐好，能根据幼儿的不同反映与需要，给予适宜的指导。

3. 活动过程能围绕制定的活动目标进行，选择好合适的教学内容和生动有趣的教学方式，能吸引幼儿的注意力，根据幼儿年龄特点控制好时间，避免幼儿大脑疲劳。

4. 活动中提醒幼儿保持端正的坐姿，专心倾听别人讲话，不随便插话，积极思考并大胆表述自己的想法，回答时声音响亮。

5. 注意幼儿说话、唱歌的声响，保护幼儿声带。

6. 指导幼儿正确操作学具材料，爱惜物品，避免造成外伤，操作完放回指定地方并摆放整齐。

7. 写、画时握笔和坐的姿势保持正确。

(1) 搬动椅子：一手握椅背，一手托椅身，轻拿轻放，转椅子时要拿起椅子摆好再坐下，放椅子时不能有声音，知道爱护桌椅。

(2) 上课坐姿：双脚自然并拢平放。双手平放在膝盖上，长时间坐着可以轻轻靠在椅背上。

(3) 绘画、写字坐姿：上身与桌子保持适当距离，双脚自然平放，上身不歪斜，眼物距离适当。

(4) 避免不正确坐姿：斜靠椅背；斜趴桌子；坐时跷翘脚；驼背坐等。

8. 能坚持带教具进教室，注重幼儿实际动手操作，寓教于乐，并且采用直观的教学方法，注重个别幼儿的指导。

9. 关注幼儿在活动中的表现和反映，敏感地察觉他们的需要，及时以适当的方式满足幼儿的需要，形成积极有效的师幼互动。

10. 注意幼儿作品的保存，作品要注明幼儿的班级、姓名、日期等基本信息。

## 三、幼儿园课堂教学活动评价表包含的几个基本要素

1. 项目名称；2. 授课教师信息；3. 授课时间；4. 教学要求(教学设计、教学过程、教学方法、教学环境、幼儿行为)；5. 教师素质；6. 教学效果；7. 教学特色；8. 综合评价；9. 评分情况；10. 评议人签名。

## 示例分析

### 示例 1：幼儿园课堂教学活动评价表(表 2-8)

幼儿园课堂教学活动评价表

| 姓名 | | | 幼儿园 | | |
|---|---|---|---|---|---|
| 授课班级 | | | 时间 | | |
| 授课内容 | | | 学生人数 | | |
| 评价项目 | | 评价要点 | | 分值 | 得分 |
| 教学要求 | 教学设计 | 1. 根据《纲要》精神，细化活动目标，目标描述体现领域活动特点，符合幼儿年龄特点及实际需要，并具操作性，情感、能力、知识同步。<br>2. 活动内容有教育价值，来源于生活。符合幼儿兴趣与需要，有助于拓展幼儿的经验和视野，具有一定的开放性。<br>3. 合理安排、把握并解决教材的重点、难点和关键，内容正确，方法适宜。 | | 10 | |

（续表）

| 评价项目 | | 评　价　要　点 | 分值 | 得分 |
|---|---|---|---|---|
| | 教学过程 | 1. 活动领域特点较突出，活动结构合理，层次清晰，活动过程流畅。<br>2. 能较好地运用探究式教学，幼儿参与度高，为幼儿主动、自主学习创设良好氛围。<br>3. 面向全体，分层教学，关注个体差异，分类指导，全体幼儿在自身基础上都能获得提高。<br>4. 师生关系平等，体现相互尊重，课堂氛围宽松、融洽，注重幼儿良好学习习惯的培养。<br>5. 能给予幼儿有效的指导，善于用发展性、激励性评价语言，使教学评价推动幼儿学习兴趣增长及参与活动的积极度。 | 20 | |
| | 教学方法 | 1. 以游戏为基本活动方式，教学方法合理、适宜，并具有趣味性、启发性。<br>2. 活动情境创设恰当有效，注重教师与幼儿、幼儿与幼儿、幼儿与环境的互动，引导幼儿主动探索、学习、发现、思考，培养幼儿的合作意识和能力。<br>3. 各领域的内容有机联系、相互渗透，注重合理性、综合性、趣味性、活动性寓教于生活、游戏中。<br>4. 能有效使用各教学手段，操作熟练。 | 10 | |
| | 环境与材料 | 1. 根据教育内容准备丰富适宜的材料和教育资源，供幼儿主动自由的探索，为幼儿提供充分参与和交流的条件与机会。<br>2. 环境与材料富有安全性、趣味性、艺术性，具有教育的价值，一物多用。 | 10 | |
| | 幼儿行为 | 1. 幼儿以积极的态度，运用已有的生活经验参与学习讨论活动，并在其中体验活动的乐趣，尝试着解决活动中遇到的问题。<br>2. 愿意和同伴交流、合作、分享探索的过程和结果。<br>3. 各层次的幼儿处于良好的学习状态，并在各自的基础上获得相应的提高。<br>4. 幼儿积极参与学习、评价活动，敢于表达和质疑，体现出幼儿活动的主体地位。 | 10 | |
| 教师素质 | | 1. 教态亲切自然大方，语言生动规范有感染力，仪表端庄。<br>2. 熟练恰当运用现代化教学手段，对活动过程中出现的意外状况及衍生内容，能进行及时有效地调整，反思调控能力强，有独特的教学风格。<br>3. 大胆创新，体现个人教学风格。 | 15 | |
| 教学效果 | | 1. 较好地实现预定的活动目标，完成活动任务，活动有效。<br>2. 幼儿获得积极的情感体验，情绪愉悦、思维活跃、想象丰富，多数幼儿能胜任和完成活动任务，在自己原有的基础上获得提高。 | 20 | |
| 教学特色 | | 1. 有创新点。<br>2. 有教学个性。 | 5 | |
| 综合评价 | | 评议人：______ | 合计总分 | |

**分析**

小组讨论，分析以上课堂教学活动评价，谈谈值得借鉴的地方，补充不足之处。

## 任务 2　区角活动管理

### 任务概述

区角活动，是指教师根据教育目标和幼儿发展水平，有目的、有计划地投放各种材料，创设活动环境，让幼儿在宽松和谐的环境中按照自己的意愿和能力，自主地选择学习内容和活动伙伴，主动地进行操作、探索和交往的游戏活动。区角活动是幼儿自由活动、自主学习的场所，为了让区角活动真正"活"起来，教师应给予适宜的引导。

区角活动是幼儿在自由状态下的自主活动，在这看似随意的活动中，蕴涵着一定的教育目标，而让幼儿能在区角活动中通过自主活动达到教育目标，就需要教师在整个活动中充分认识自己的作用、地位，时时把握好幼儿主体、教师主导的关系，并进行适度的指导。

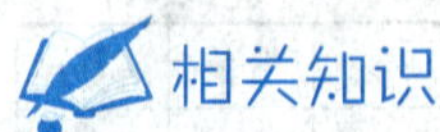

## 相关知识

### 知识点1 区角活动材料的投放

**1. 根据幼儿的不同层次需要来选择材料的投放**

在投放材料时要注意提供材料的难度不同、层次不同，从简单的、容易操作的到需要组合和想象的，充分发挥区角材料的优势。在进行指导的时候可以对它们进行筛选，从而能够更好地做到因材施教，让幼儿在自己原有的基础上发展和提高。同时，提供的材料必须具有可操作性。

**2. 根据幼儿的年龄特点来选择材料的投放**

幼儿是好动的，因此，教师可以尽量为幼儿提供一些灵活性、随意性比较强的低结构游戏材料，而不是限制性强的高结构材料，让幼儿在不断的操作中积累经验，丰富知识，在变换不同的玩法里激发他们的兴趣。如幼儿在进行娃娃家游戏的时候，教师如果可以在游戏材料里加入一些半成品、可操作的材料，比如橡皮泥、雪糕机等，这样幼儿可以有更多的玩法，包括用橡皮泥做出美味的佳肴、不同形状的蛋糕、丰富多彩的甜点等，从而使幼儿玩游戏的想象力得到发展和提高。在选择材料时要注意的另一个问题就是对废旧材料的提供和利用。在游戏区要注意用废旧材料，如用过的牛奶罐、矿泉水瓶子、易拉罐、硬纸板、泡沫、木棒等，可以用牛奶罐和木棒做一个手推车，也可以用闲置的布料做沙包来玩游戏。

**思考** 如何根据主题活动的需要进行区角活动材料的投放？

**常见区角材料清单**

1. 艺术区

水彩、画架、罐子、画笔、食品罐、颜料盘、海绵、纸巾、工作服、牙刷、网板、塑料瓶。

剪刀、纱线、鞋带、细线、橡皮圈、圆形针、透明胶带、遮蔽胶条、白胶水、浆糊、打孔机、订书机。

铅笔、彩色铅笔、蜡笔、粉笔和黑板、记号笔、印台和印子、杂志和目录册、不同颜色和质地的大小纸张、报纸、锡箔纸、蜡纸、棉球、纸屑、纸盘、鞋盒、壁纸样品、纸板。

粘泥、橡皮泥及配件、纽扣、吸管、鸡蛋盒、冰激凌盒、空线轴、晾衣夹、小木块、小金属饰品、纸筒、纸袋、废旧材料、羽毛、泡沫片。

2. 娃娃家

电话、旧时钟、小凳、工具盒、儿童熨斗及垫板、软椅、小吸尘器、扫帚和簸箕、烤箱、废旧微波炉、皮箱、冰柜、书桌、毯子、旧键盘。

各种角色的道具（如理发器、医院、饭店、加油站）、玩具娃娃、毛绒动物、玩具床、婴儿设备（围嘴、奶瓶、娃娃小推车）、衣服和帽子、镜子、睡袋。

厨房设备如炉子、冰箱、水槽、炊事用具、烹饪器具、大小不同的勺子、大小不一的锅铲、打蛋器、计时器、茶壶、咖啡壶、长柄勺、冰盒、绞肉机、蛋糕和馅饼烤盘、搅拌用的碗、量杯和量勺、茶叶罐、筛子、布垫、杯子、碗、塑料水果和蔬菜、空食品盒、塑料容器、食品袋、垃圾袋。

3. 积木区

空心积木、组合积木、小积木、纸板积木、鞋盒、牛奶盒、地毯碎片、各种盒子、木头、管子、细线、绳子。

方向盘、小手推车、小汽车和小人、玩具工具、拼插积木、木头火车和火车道、农场及动物等。

4. 玩具区

弹子、杯子、盒子、积木、圈、贝壳、石块、松果、豆荚、纽扣、乐高积木、洗碗机、螺母和螺栓、钉和钉板、磁铁、拼插积木。

木偶、小型动物模型、小人、木头或塑料农场。拼图、弹子、骨牌、棋类。

相关链接

5. 阅读书写区

铅笔、蜡笔、橡皮擦、旧键盘、记号笔、打字机、橡皮图案、邮票、贴纸。图画书、无字书、字母书、相册或照片、故事录音和听故事耳机、坐垫、枕头。

6. 数学科学区

不同大小形状颜色的积木、盒子、盖子、盘子、形状盒、地毯、墙纸样品、骨牌、金属薄片、各种纸张、树叶、鹅卵石、贝壳、磁铁、各种收集用的盒子、容器、桶、鸡蛋盒等。

珠子、线、量杯、量勺、钉子和线板。

花盆和花托、托碟、带盖罐子、茶杯和托盘、带盖塑料瓶、卡片、信封、螺栓与螺母、骰子、各种测量装置如尺子、卷尺、天平和砝码、绳子。

7. 玩沙玩水区

沙子、水、盐、面粉、鸟食、珠子、筹码、坚果、贝壳、细石、纽扣、魔方、瓶盖、各种勺子和容器、拼插玩具和积木、珠子和线、钥匙和扣、橡皮泥、黏土、纱线和绸带。

各种摆动滚动旋转移动的东西、木屑、刨花、松针、筛子、滤网、篮子、铲子。

玩水材料如锅、盘、塑料管、拼压瓶、吸管、小水泵、漏斗、量杯和量勺、雪、冰块。

8. 木工区

可供幼儿安全使用的锤子、锯、螺丝刀、镊子、钳子、夹子、砂纸、安全帽、钉子、各种木条。

## 指导要点

### 一、 区角活动的幼儿规范养成指导要点

1. 选择自己喜欢的区角，与同伴商量后，自觉进区游戏。

2. 积极参与游戏，爱惜玩具材料，遵守游戏规则，不发出噪音，不影响同伴，乐意与别人交往，学会与同伴商议、分享、轮流、合作，使用普通话和别人交谈。

3. 区域活动中，能有始有终地在自己喜欢的区域玩，知道每个区域都可以学到很多的本领，不重复玩一个区域。做到走路轻、说话轻、操作轻。

4. 与同伴友好合作，在同伴的交往中协调自己的语言和行为，主动想办法克服游戏中的困难。

5. 活动后与同伴分享自己的作品和收获，参与收拾场地、整理物品等。

### 二、 区角活动教师常规工作管理要点

1. 为幼儿的区角活动创设条件，提供区角活动的时间、地点和充足的玩具材料；

2. 和幼儿一起制订区角活动守则，并引导幼儿遵守守则。

3. 根据教学安排有序组织幼儿进入区角，指导幼儿游戏后有序整理，所有材料物归原处。

4. 指导幼儿爱护游戏室内的物品，不要损坏区角材料，因游戏需要可对原材料进行加工，加工后的边角料需及时进行清理。

5. 要认真观察幼儿区角情况，解读幼儿游戏行为，了解幼儿游戏需求，并根据情况组织幼儿共同收集游戏所需材料，丰富区角的百宝箱。

6. 充分挖掘和利用区角活动中的教育契机，认真组织幼儿在游戏后进行交流分享，组织形式和分享话题根据实际情况开展。

7. 活动后做好活动情况登记，检查物品归位情况，及时切断电源。

8. 保育员每天对区角进行通风和清洁工作，每周一次对区角内的可水洗玩具和材料进行清洗消毒，对无法水洗的玩具和材料进行擦拭消毒，保持室内卫生。

9. 严格安全管理制度，开展活动前应认真检查电路安全和场地安全，保持所有通道畅通无阻，要适当

控制人员，不要过分拥挤，要保证在任何情况下都能出得去。

### 三、幼儿区角活动记录表包含的几个基本要素

1. 项目名称；2. 观察对象；3. 观察时间；4. 观察指标；5. 观察背景；6. 观察内容；7. 观察分析。

## 示例分析

### 示例 1：幼儿区角活动情况记录表(表 2－9)

幼儿区角活动情况记录

观察对象：×××　　　　观察日期：××年××月××日

| 序号 | 观察要点 | 观察指标 | | |
|---|---|---|---|---|
| | | A | B | C |
| 1 | 是否能自我选择、计划 | 主动、计划会调整 | 较主动、不会调整 | 被动 |
| 2 | 幼儿的这个行为坚持了多久？ | 专注约 50 分钟 | 中途放弃 | 易分散 |
| 3 | 与材料互动中的行为指向 | 对结果重视 | 一般 | 不在意 |
| 4 | 能否使用替代物？ | 创造性替代 | 同一物品多种替代<br>不同物品同一替代 | 没有 |
| 5 | 幼儿与材料互动中新经验的获得 | 自主探索 | 师生互动或模仿 | 无提升 |
| 6 | 是否能运用一种或多种不同材料操作摆弄 | 操作多样化又创新 | 简单操作 | 模仿性操作 |
| 7 | 能尝试解决探索过程中遇到的难题 | 多次尝试解决 | 求助或能尝试解决 | 不愿解决 |
| 8 | 幼儿有无合作行为 | 有　次 | 无 | |
| 9 | 合作对象 | 单人/多人 | 固定/不固定 | 指挥别人/跟从 |
| 10 | 幼儿是如何与人合作的？ | 主动/被动 | 语言/动作/表情 | 成功/失败 |
| 11 | 幼儿的操作习惯 | 主动整理物归原处 | 在提示下能物归原处 | 不受约束 |
| 12 | 幼儿的情绪体验 | 积极愉快 | 一般、显平淡 | 不开心、不乐意 |

观察背景：

×××小朋友对于角色扮演比较喜欢，但在娃娃家这样一个大背景下，她的角色扮演是否自主？和同伴的互动合作如何呢？

观察内容：

×××小朋友来到娃娃家，选择了"妈妈"的角色。她抱起小娃娃，放到"卫生间"的浴缸里，用"莲蓬头"给小娃娃洗起头来，洗洗冲冲很有条理，洗好以后又给小娃娃喷了点香水。之后又开始给小娃娃穿衣服，看看自然角……(情绪平淡)

(30 分钟内始终与娃娃一起活动，和其他孩子没有什么互动)

超市老板空缺，×××主动去当老板，辉辉来买菜，选了菜问："老板，多少钱？"×××拿了秤称了一下："5 块钱。"小朋友给了一张钱，×××收好钱之后继续等待下一个顾客。

超市生意不好，×××一个人待了好长一会，(在老师的鼓励之下)×××开始整理货架，叫卖起来："快来买菜呀，今天的菜很新鲜的。"(显得很高兴)

分析解读：

在角色扮演中有一定的生活经验作为基础。

对于小班年龄段的幼儿来说，×××对于"商店"的经验积累往往是很浅表的认识，拓展的经验很少。

措施：

教师可以通过家长资源的利用，带幼儿一起去参观、感受，并让幼儿亲身体验不同的购物形式。通过集体的交流分享，拓展幼儿的经验。

**分析**

小组讨论，分析以上区角活动情况记录表，谈谈值得借鉴的地方，补充不足之处。

## 户外游戏和体育活动管理

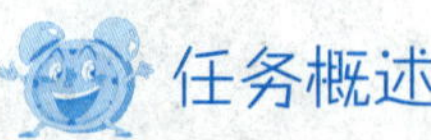

### 任务概述

户外游戏和体育活动是幼儿日常生活中一个非常重要的环节。幼儿正处在生长发育的时期，他们的身体对外界环境的适应能力差，身体各器官系统发育尚未成熟、完善，容易因各种自然因素的变化而影响健康，所以采用适合于幼儿生理特点的户外游戏和体育活动，可以提高幼儿身体的适应能力、抗病能力，增

强体质，促进身体健康发展。

教师应配合户外的体育游戏器械，开发出幼儿最喜欢的户外游戏和体育活动，让幼儿呼吸新鲜空气，充分感受阳光，增强幼儿的体质，培养幼儿不怕困难、团结合作的品质和勇于创新的精神。

## 相关知识

### 知识点1　幼儿户外体育活动的运动量

运动量也称“运动负荷”，指人体在体育活动中所承受的生理、心理负荷量以及消耗的热量，由完成练习的运动强度与持续时间以及动作的准确性和运动项目特点等因素决定。而不同的体育活动项目、不同年龄的幼儿其脉搏变化情况都有很大的差异，由此可见，幼儿运动负荷量是教师控制运动量的依据。在平时的体育活动中，可以通过活动的设计、活动的准备、活动的实施来控制和调整幼儿的运动量。

**1. 环节转换灵活有序，节奏快慢有致**

在户外体育活动中，一般包括自由练习、启发引导、探索练习、示范讲解、集中练习、体育游戏等环节，这些环节各有侧重，教师要根据幼儿活动情况，灵活把握各环节时间，有序转换。同时，在整个活动中，各环节的转换节奏宜由快到慢，使幼儿活动量的调控做到由小到大、逐步上升，活动结束前再逐步下降。

**2. 加强及时观察，调控方法多样化**

(1) 观察法。年龄越小的幼儿身心发展水平越能毫不掩饰地显露出来。在体育游戏中，教师要注意观察幼儿的呼吸、面色、兴趣、情绪等变化，及时做出判断，随时调节运动负荷，防止幼儿过度疲劳。

(2) 询问法。教师通过和幼儿谈话，向幼儿提出问题，从而了解幼儿发展的状况。

(3) 测量法。教师根据幼儿的脉搏，用搭脉的方法来调控幼儿的活动量，掌握激与缓、动与静的结合。活动中的幼儿心率应为130次/分钟以上，最高不超过180次/分钟，心率恢复时间为5分钟内。

**思考**　幼儿户外游戏和体育活动中，哪些活动容易超出幼儿的运动量？应如何避免？

### 知识点2　幼儿户外游戏

户外游戏，既是幼儿一日生活的基本内容，也是幼儿学习与发展的基本途径之一。《规程》明确指出，“游戏是对幼儿进行全面发展教育的重要形式”。《指南》也指出，“儿童的学习是以直接经验为基础，在游戏和日常生活中进行的”。灵活多变的户外游戏内容极大地迎合了幼儿好奇、好动的天性，既能够培养幼儿参与体育活动的兴趣，也可以帮助幼儿增强体质，发展跑、跳、攀、爬、掷、推、拖、滚等基本运动技能，还有助于提高幼儿感知觉、同伴交往、自信勇敢等多方面的心理素质。因此，《规程》明确规定“幼儿户外活动时间(包括户外体育活动时间)每天不得少于2小时”。

户外游戏类型日益丰富，组织形式逐渐多样化。户外场地的规划和设备材料的投放，是户外游戏活动类型和组织形式的反映。教育部颁布的《幼儿园教玩具配备目录》指出：幼儿园应配备“体育器械、角色游戏、结构游戏、沙水、计算、美工、音乐、语言常识、劳动工具及活动室专用设备十类玩教具”。玩具材料的配备体现了我国幼儿园户外游戏内容的内在规定性，即户外游戏活动类型丰富，组织形式多样化。

**幼儿户外小游戏**

1. 切西瓜(小班)

玩法：幼儿围成圆圈，师幼共同有节奏地念儿歌：“切、切、切西瓜。我们的西瓜香又甜，要吃西瓜切开来。”与此同时，教师边走边有节奏地在幼儿拉手处做切西瓜状。儿歌念完时，教师的手停留在哪两位小朋友中间，这两位小朋友就把手放开，拉着其余小朋友的手往圆心跑，表示西瓜被切开了。此时，大家做吃西瓜状，游戏继续开始。游戏进行若干次后可由幼儿来切西瓜。

相关链接

2. 迷迷转(中班)

玩法：幼儿两臂侧平举，在原地旋转。边转边念儿歌："迷迷转，迷迷转，大风吹来，快快站。"当念到"站"字时，幼儿马上停止旋转。每回最多转3圈，以防幼儿头晕跌倒。

3. 捉单不捉双(大班)

玩法：幼儿在场地中四散跑动，当捉人的幼儿跑来时，与周围的同伴拉手或抱在一起。如拉手的同伴或抱在一起的同伴是双数时，"捉人"的幼儿应立即去捉别的同伴；当在一起的同伴是单数时，就算作被捉住，停玩一次游戏。

相关链接

## 指导要点

### 一、户外游戏和体育活动中幼儿规范养成指导要点

1. 活泼愉快地和教师共同做好活动前的准备工作。

2. 积极参加各种户外游戏活动和体育活动，对活动有兴趣。

3. 遵守户外活动纪律，懂得一些安全知识，学会自我保护，不做危险的事，不在危险的地方玩，在指定范围内活动，在教师的提醒下控制运动量，游戏时不乱跑，不喊叫。

4. 活动前自己整理好衣服、系好鞋带，活动中能在教师提醒下依据活动量及时增减衣物。

5. 能按教师的口令做相应的动作，不乱跑、不推挤、不做危险动作，不伤害自己和别人。

6. 遵守游戏规则，活动中与同伴友好相处，遇到了困难想办法解决，与同伴协商合作活动。

7. 正确对待体育游戏竞赛中的胜败和输赢。选择一种游戏后要认真地玩，可以变换游戏，但不能妨碍他人，不经同意不得插手他人的游戏。

8. 活动结束后能主动收拾玩具、材料，爱惜器械，会收放器械。

### 二、户外游戏和体育活动中教师常规工作管理要点

1. 安排幼儿每天户外活动时间不少于两小时(户外活动中，体育活动不少于一小时)。

2. 根据游戏和体育活动内容准备器械，清理场地，检查有无异物，确保活动场地和运动器械安全。

3. 组织幼儿活动前入厕、洗手、站队。检查并帮助幼儿整理好服装、鞋子，检查幼儿着装安全，准备好干毛巾，帮助出汗幼儿擦汗。

4. 教师带领幼儿进入活动场地，注意调整行进速度。

5. 幼儿游戏和活动的组织指导、口令及示范动作要标准，注意以图示、口令形式帮助幼儿掌握规则。

6. 教师在活动中及时掌握活动密度、强度，动静结合，照顾体弱儿，根据幼儿身体素质、季节特征，掌握幼儿的运动量和运动密度。

7. 观察幼儿在活动中的表现：活动情况、出汗量、幼儿与教师的互动、幼儿之间的互动。对体弱幼儿注意观察护理。

8. 教师的站位以中间为宜，要让所有幼儿都能看到。

9. 注意幼儿锻炼中的保护，提醒幼儿注意安全，进行自我保护，避免事故发生，若发生意外应立即报告并妥善处理。

10. 提醒并帮助幼儿增减衣物，指导幼儿擦鼻涕，关注个别幼儿捡拾的危险物品(小棒、石子等)并及时处理幼儿之间的冲突。

11. 大中型活动器械有保育员看护，幼儿应在教师视线范围之内，注意安全，做好幼儿摔倒、推撞及中暑等突发事件的处理。

12. 做好器械运动中幼儿的保护工作，结束时整理器械。

### 三、幼儿户外活动观察记录表包含的几个基本要素

1. 项目名称；2. 班级及幼儿人数；3. 组织教师；4. 记录人签名；5. 活动内容；6. 活动材料；7. 活动强度；8. 活动过程观察记录；9. 活动分析评价；10. 活动观察反思。

## 示例分析

**示例 1：幼儿户外活动观察记录表(表 2－10)**

幼儿户外活动观察记录表

| 班级 | | 组织教师 | | 记录人 | |
|---|---|---|---|---|---|
| 观察时间 | | 地点 | | 幼儿人数 | |
| 活动内容 | | | | | |
| 活动材料 | | | | | |
| 活动类型 | 集体/小组/个人 | | 活动总强度 | 强/适中/弱 | |
| 活动量小的幼儿人数 | | 活动量适中的幼儿人数 | | 活动量大的幼儿人数 | |
| 活动过程观察记录(主要记录教师的指导和幼儿活动的表现，可以记录集体表现、小组表现或个人活动表现) | | | | | |
| 活动分析评价(从幼儿年龄段身心发展特点/活动目标的难易/活动中幼儿的情绪、专注度/教师活动的组织及活动量的把控/目标完成情况这几个方面进行分析评价) | | | | | |
| 活动观察反思(通过过程记录和活动分析，找出教师在组织活动中的问题，并给予建设性的意见和建议) | | | | | |

**分析**

小组讨论，分析以上幼儿户外活动观察记录表，谈谈值得借鉴的地方，补充不足之处。

## 任务 4 早操和课间操管理

### 任务概述

早操和课间操是幼儿一日活动的重要环节，是增强幼儿体质的有效手段。合理、有效地组织幼儿开展早操活动，对促进幼儿身体正常生长发育、提高幼儿体质具有重要意义。适合幼儿早操和课间操的有徒手操、模仿操、轻器械操等。早操和课间操是幼儿一日生活的开端，可以加深呼吸，加速血液循环，促进新陈代谢，还能使全身各肌肉群活动起来，使幼儿肌体进入活动状态，其根本目的是锻炼身体、增强体质，培养幼儿合群、协作的集体主义精神，勇于克服困难、敢于吃苦的优良品质，也增强了幼儿和教师、同伴间的情

感交流，增强了群体意识，使幼儿精神饱满，情绪愉快，为参加一天的活动作好充分的准备。

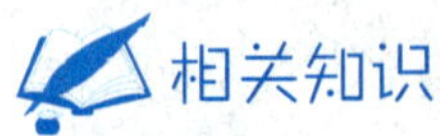

**知识点1 幼儿早操的运动量**

幼儿早操的运动量要适宜。运动量反映在运动强度和密度上，只有对运动强度和密度加以合理搭配和协调，才能保证幼儿活动量的适宜。一般而言，早操的强度，以儿童平均心率140次/分钟为正常，在早操运动最高时，可达到心率150～170次/分钟，放松阶段为100～120次/分钟。在早操结束五分钟后再测幼儿心率，幼儿心率应在80～90次/分钟之间，五分钟恢复后要求幼儿心率达到正常状态。早操的运动密度通常在80%以上，因为在早操中，较少有等待时间，而且，早操不是体育课或体能锻炼，它要求幼儿在短时间内完成全身的活动与运动，为幼儿开始一天幼儿园生活作好准备。教师一般可以通过幼儿完成早操后的面部表情和出汗程度，来做一个运动量是否适宜的简单判断，如果运动量有过量的情况，则教师需要对早操内容进行调整。

通过早操可以消减幼儿大脑皮层因睡眠而残留的抑制，振奋其精神，使其在思想、精神、体力上作好准备，迎接一天的游戏、学习、劳动等活动。这就要求早操在编排上，要做到操节合理，一般早操由6～10个运动小节组成，小班通常为6个运动小节，中班为6～8个运动小节，大班为8～10个运动小节；在音乐选择上，应选择旋律清晰、节奏鲜明、活泼明快的、幼儿较易熟悉的音乐，使幼儿能整齐、准确地进行表演。

**幼儿的早操活动**

1. 内容

小班：以徒手操和模仿操为主；中班：主要有徒手操和轻器械操；大班：徒手操和轻器械操。轻器械操主要有二类：有创意地使用日常生活中的一些物品作为早操的器材，如废物利用与一物多用原则相结合，使用日常生活中的方盒、瓶子、拉力器、拖鞋、布袋等运用于操的编排与练习之中；还有就是直接购买一些早操器材，如球、棒、绳、圈或其他运动器等。

2. 结构

建议采用五个基本环节，具体如下：

(1) 热身运动。如走、跑和变速跑等全身运动，达到热身的目的。

(2) 队列变化。队列与队行包括：速度的变化，切断分队走或左右分队走。如四路变二路，二路变四路，圆形等。

(3) 操节。操节是早操的主要部分，也是幼儿运动的一种类型，需要通过一定的运动量，使幼儿在每日的早操中，逐步实现幼儿运动能力与体能的不断提高。

(4) 体能运动。利用身体或器械练习走、跑、平衡、跳和钻等动作，发展幼儿基本动作的协调性运动能力。

(5) 放松阶段。在早操的放松阶段，可以使幼儿以良好的身体与精神面貌，开始一天的幼儿园生活。

3. 时间。

小班6～8分钟；中班8～10分钟；大班10～12分钟。

4. 动作编排

小班。早操宜简单、易学和富有趣味性，动作少、难度低、重复多，主要是围绕在教师周围做一些模仿动作。

中班。中班的幼儿已经具备一定的运动能力和自我控制能力，因此，要求幼儿在做早操时，有一定的队列队形概念，动作尽可能做到位。由此，不断促进幼儿大动作技能的发展以及幼儿运动能力的提高。

大班。要求活泼，动作要有一些变化，可以通过早操动作编排一些必要的变化，进一步发展幼儿的运动能力，有效促进幼儿大动作技能的发展。幼儿早操动作变化的编排，主要有：动作方向上的变化(前后左右等)；幼儿分组与小组配合的各种变化；幼儿集中活动与分散活动的变化等。

相关链接

## 指导要点

### 一、早操和课间操环节幼儿规范养成指导要点

1. 乐意参加早操活动和课间操活动，情绪愉快、精神饱满、依次自然地进入活动场地参加早操锻炼。
2. 上、下楼梯靠右边逐级走，不推、不挤、不跑、不跳。
3. 按队形排好队，做操时认真、有精神，动作合拍、协调有力。
4. 爱惜早操器械，轻拿轻放，活动结束后将器械放回原处，正确使用并收拾整理活动器械。
5. 遵守规则，在体能活动中注意安全，学会自我保护，并能主动示意老师增减衣服。

### 二、早操和课间操环节教师常规工作管理要点

1. 做好场地布置和器械准备，提醒幼儿入厕、喝水，督促幼儿排好队伍。
2. 做操前清点幼儿人数，检查衣着、鞋带，提醒并检查幼儿是否做好早操前准备（冬季需要脱掉外衣、取下围巾、手套等），衣服、鞋子是否穿好。
3. 组织幼儿有序地上、下楼，有序地到户外做操，注意随时进行安全提示。
4. 穿戴符合早操活动要求（不穿高跟鞋、不穿裙子、衣服长短适中、不披发）。
5. 精神饱满地组织早操活动，口令规范，示范正确。定期变化带操的站位，面向全体幼儿，也可指导中、大班幼儿轮流带操。
6. 带操中要注意与幼儿交流、互动，观察幼儿的活动情况，帮助有困难的幼儿，随时观察幼儿早操情况，做到三看（看情绪、看动作质量、看动作力度），三提示（提示动作、提示增减衣物、提示运动卫生及安全）。
7. 鼓励幼儿认真锻炼，面向全体并关注个别幼儿，活动中注意观察幼儿，处理异常情况。
8. 小班以模仿操为主，中、大班以徒手操加轻器械操为主，每学年应更换一套新操节。

### 三、幼儿园早操、课间操评价表包含的几个基本要素

1. 项目名称；2. 时间；3 班级；4. 评分标准；5. 总分；6. 评分人签名。

## 示例分析

**示例 1：幼儿园早操、课间操评价表（表 2－11）**

幼儿园早操、课间操评价表

评分人：　　　　　　　　　　　　　　　　　　　　　　　　　　时间：

| 班级<br>评分<br>标准 | 进退场<br>10 分 | 队形服装<br>10 分 | 常规<br>10 分 | 操节动作<br>40 分 | 精神状态<br>10 分 | 领操<br>20 分 | 总分<br>100 分 |
|---|---|---|---|---|---|---|---|
| | 幼儿找点迅速，有序进退场 | 队列整齐、服装整洁 | 做操时有否走动，常规是否松散 | 动作正确、协调、连贯，节奏是否跟拍 | 是否朝气蓬勃，充满活力 | 站位得当、做操规范有力，集中注意力 | |
| | | | | | | | |
| | | | | | | | |
| | | | | | | | |
| | | | | | | | |

**分析**

小组讨论，分析以上幼儿园早操、课间操评价表，谈谈值得借鉴的地方，补充不足之处。

## 反思探究

### （一）案例反思

幼儿园一日活动指引表

| 活动类别 | 活动环节 | 幼儿 | 基本要求 | | | 说明 |
|---|---|---|---|---|---|---|
| | | | 教师 | 保育员 | 保健医生 | |
| 生活活动 | 入园 | 1. 衣着整洁，情绪愉快地入园；<br>2. 使用礼貌用语主动同他人问好，主动跟家长道别；<br>3. 乐于配合晨检，身体不适能告诉保健医生；<br>4. 在指定位置有序摆放个人物品；<br>5. 协助保教人员做一些力所能及的事情。 | 1. 巡视班级环境，为迎接幼儿和开展晨间活动做好准备；<br>2. 热情迎接幼儿和家长，主动与家长进行交流；<br>3. 与同事合理分工，明确站位与工作要点；<br>4. 检查幼儿所携物品，发现危险物品，代为保管；<br>5. 观察幼儿身体及情绪状态，如有需要，进行相应处理，并对幼儿的情况进行跟踪记录；<br>6. 可指导幼儿做好值日生工作；<br>7. 引导提前入园的幼儿进行晨间锻炼或自主游戏，避免消极等待；<br>8. 了解幼儿出勤情况，及时与未到园幼儿的家长取得联系，了解原因。 | 1. 做好幼儿生活的各项准备工作，确保环境整洁、空气流通，保证物品及饮用水安全；<br>2. 协助教师做好接待工作，必要时与家长进行沟通；<br>3. 观察幼儿情绪及身体状态，如有需要，协助教师处理；<br>4. 可引导个别幼儿做好值日生工作；<br>5. 指导幼儿有序摆放个人物品、整理班级环境。 | 1. 热情接待幼儿与家长，仔细进行晨检，发现问题及时处理，杜绝漏查；<br>2. 发现幼儿异常，及时处理，必要时要求家长带幼儿及时就诊；<br>3. 做好药品交接、登记工作，妥善保管药品；<br>4. 及时与班级保教人员沟通当日晨检情况。 | 1. 保持入园通道畅通、安全，选择适宜的地点进行晨检；<br>2. 建立相应的晨检弥补漏检机制；<br>3. 保安人员按规定装备防护器材上岗，维护入园秩序，严防不明身份人员入园，核查来访人员身份，登记相关信息；<br>4. 保教人员应特别重视：(1)前一天在园或在家发生了特殊情况的幼儿。教师利用晨间接待的机会，与家长、幼儿简短交谈，做好记录和处理；(2)防止患有传染病或病情未愈的幼儿进入班级。发现疑似传染病幼儿应在第一时间上报保健医生及园领导，采取隔离等应急措施；<br>5. 保教人员根据不同年龄的幼儿特点，对物品整理和管理、值日生工作等给予不同的指导；<br>6. 通知家长需要配合的相关事宜：帮助幼儿带齐当日所需的用品，确保幼儿不带危险物品到园；出示接送卡，按时送幼儿入园，鼓励幼儿主动接受晨检；主动向保健医生、保教人员沟通幼儿的特殊情况，如需委托幼儿园喂药，填写委托书、药品登记表。 |
| | 饮水 | 1. 需要时主动饮水，饮多少接多少；<br>2. 知道剧烈运动后稍作休息，再饮水；<br>3. 接水后在适合的位置坐下再饮水，避免洒水和浪费水；<br>4. 使用个人专用口杯饮水，按照提示自然有序取放水杯。 | 1. 关注幼儿饮水量，鼓励幼儿按需饮水，保证幼儿一日饮水量；<br>2. 引导幼儿有序接水，饮水完毕把水杯放回原位；<br>3. 照顾身体不适幼儿，根据需要提醒幼儿增加饮水次数。 | 1. 做好饮水前的准备工作：清洁、消毒水桶和水杯，提供足量温度适宜的饮用水；<br>2. 引导幼儿有序取放水杯、接水；<br>3. 照顾身体不适幼儿，根据需要提醒幼儿增加饮水次数；<br>4. 保持地面干爽，及时清理水渍，防止幼儿摔跤。 | 定期检查班级饮水设施、设备的清洁和消毒情况，做好记录，及时反馈。 | 1. 3～6 岁幼儿一日饮水量为 400～600 ml，可根据季节变化酌情调整；<br>2. 根据幼儿自主饮水的情况，适当组织幼儿集体饮水；<br>3. 保教人员帮助幼儿了解饮用白开水的重要性，掌握正确的饮水方式，培养幼儿节约用水的意识；<br>4. 保教人员提醒家长在家中培养幼儿良好的饮水习惯。 |

（续表）

| 活动类别 | 活动环节 | 幼儿 | 基本要求 | | | 说明 |
|---|---|---|---|---|---|---|
| | | | 教师 | 保育员 | 保健医生 | |
| 生活活动 | 餐点 | 1. 值日生帮助保育员分发餐具、毛巾、食物等；<br>2. 正确使用餐具和餐巾，坐姿正确、速度适中地进餐；<br>3. 文明进餐，遵守用餐规则和礼仪，保持桌面、地面整洁；<br>4. 餐后能独立收放餐具，并送到指定地点；<br>5. 餐后擦嘴、漱口，方法正确，逐渐形成习惯。 | 1. 合理安排餐前活动；指导幼儿餐前洗手；<br>2. 营造宽松、愉快的进餐环境和氛围；<br>3. 向幼儿介绍食谱，激起幼儿食欲，了解并尊重幼儿的饮食习惯；<br>4. 帮助或指导幼儿自主取餐、进餐，减少等待时间；及时纠正个别幼儿不良的进餐习惯，对进餐能力较弱、身体不适的幼儿给予帮助；<br>5. 随机对幼儿进行膳食营养、进餐礼仪方面的教育；<br>6. 引导幼儿餐后收拾餐具；培养幼儿饭后擦嘴、漱口的习惯；<br>7. 引导先吃完的幼儿开展自主活动，并提醒幼儿活动时不要影响其他幼儿进餐；<br>8. 根据季节、天气和课程内容灵活组织适宜的餐后活动。 | 1. 清理消毒进餐用品；<br>2. 确保所提供的食物温度适宜，放置位置安全；<br>3. 了解班级幼儿进食情况，分餐时照顾有特殊需要的幼儿，防止幼儿食用汤泡饭；<br>4. 指导幼儿文明进餐，及时纠正个别幼儿进餐的不良习惯；<br>5. 提醒幼儿餐前洗手、餐后擦嘴、漱口和洗手；<br>6. 指导值日生做好餐前准备和餐后整理工作。 | 1. 科学制定幼儿食谱，注意低盐膳食和膳食合理搭配；<br>2. 检查食堂人员及保教人员开饭、分发饭菜工作；<br>3. 指导厨房工作人员做好食物留样；<br>4. 了解幼儿当日进食情况，及时向炊事人员反馈，提出指导意见；<br>5. 指导饮食习惯不同的幼儿进餐。 | 1. 幼儿园膳食管理和消毒工作执行卫生部颁发的《托儿所幼儿园卫生保健工作规范》；<br>2. 炊事人员熟悉幼儿园餐点制作要求，尽可能照顾个别幼儿的特殊需求；<br>3. 保健医生餐前小量试吃，发现异常，即刻处理，避免误食；记录、评价、反馈餐点制作水平，提高厨师烹饪技艺；<br>4. 保教人员可在早餐后检查幼儿出勤情况，做好记录；及时与未到园幼儿家长取得联系，了解情况；<br>5. 保证幼儿两餐间隔时间不得少于3小时，即上一餐结束到下一餐开始的时间不少于3小时，用餐持续时间以20～30分钟为宜；<br>6. 避免幼儿餐前餐后半小时剧烈运动，进餐前后15分钟内组织幼儿安静活动；<br>7. 指导中、大班幼儿使用筷子用餐；<br>8. 保教人员指导家长在家帮助幼儿养成良好的进餐习惯。 |
| | 如厕 | 1. 懂得及时排便对身体健康有益，有便意时自己如厕，及时排便；<br>2. 学习如厕时自己穿、脱裤子，擦屁股，如厕后主动冲水、洗手；<br>3. 如厕时如果感到不舒服，或弄脏衣裤，及时告知教师并更换衣裤。 | 1. 指导幼儿正确如厕，提醒幼儿如厕时注意安全；<br>2. 了解并尊重幼儿的排便习惯，尽可能减少集体如厕；鼓励幼儿及时大小便；要求幼儿便后洗手；<br>3. 培养幼儿保护身体私密部位的卫生及安全意识。 | 1. 保持厕所通风，及时清洗便池、便盆，定期消毒，做到清洁、干爽、无异味；<br>2. 准备好卫生纸，方便幼儿取用；<br>3. 看护幼儿如厕，确保幼儿安全如厕，帮助自理有困难的幼儿；<br>4. 及时为遗尿、排便时弄脏衣物的幼儿更换、清洗衣物；<br>5. 观察幼儿大、小便情况，发现异常及时通知教师，与家长沟通。 | 指导保育员做好厕所清洁、消毒工作。 | 1. 创设温馨的如厕环境，尽可能提供男、女分隔的如厕空间；<br>2. 根据幼儿年龄特点，提供相应的指导和帮助；<br>3. 保教人员指导家长在家中培养幼儿良好的如厕习惯。 |
| 生活活动 | 盥洗 | 1. 懂得饭前、便后、手脏时自觉洗手，饭后漱口；<br>2. 使用正确的方法盥洗，有节约用水的意识；<br>3. 遵守盥洗秩序，知道人多时要排队，轮流盥洗，不玩水，不打闹。 | 1. 组织幼儿有序盥洗，确保盥洗安全；<br>2. 指导幼儿正确盥洗，照顾个别幼儿；<br>3. 培养幼儿节约用水的意识。 | 1. 清洁、消毒盥洗室及盥洗用品，确保幼儿盥洗用品专人专用；<br>2. 组织幼儿有序盥洗，确保盥洗安全；<br>3. 指导幼儿正确盥洗，照顾个别需要帮助的幼儿； | 指导并检查班级盥洗室及盥洗用品的清洁、消毒情况。 | 1. 盥洗包括洗手、洗脸和漱口；<br>2. 保教人员可巧用图片、标示为幼儿创设整洁、温馨、富有教育意义的盥洗环境；<br>3. 保教人员指导家长在家中培养幼儿良好的盥洗习惯。 |

（续表）

| 活动类别 | 活动环节 | 幼儿 | 基本要求 | | | 说明 |
|---|---|---|---|---|---|---|
| | | | 教师 | 保育员 | 保健医生 | |
| | | | | 4. 密切观察幼儿盥洗后的衣物情况，必要时予以更换；<br>5. 保持地面清洁、干爽。 | | |
| | 午睡 | 1. 安静、有序地进入睡室，自己脱下衣物、鞋子，在指定位置摆放整齐；<br>2. 安静入睡，不影响他人；<br>3. 安静有序地起床、自己穿衣、整理。 | 1. 营造安静、舒适、安全、卫生的午睡环境；<br>2. 午睡前组织安静活动，稳定幼儿情绪；<br>3. 了解并尊重幼儿的睡眠特点，安抚入睡困难的幼儿；<br>4. 巡视幼儿午睡情况，发现异常，及时处理和记录，不做与午睡管理无关的事；<br>5. 组织幼儿按时有序起床，指导幼儿穿衣、整理；<br>6. 午睡前后检查幼儿身体健康状况，发现携带异物代为保管；<br>7. 起床后，提醒幼儿如厕、洗手、洗脸、饮水。 | 1. 每天定时清洁、消毒睡室；<br>2. 做好午睡前后的准备、整理工作，检查床铺，确保无异物，排除安全隐患；<br>3. 指导幼儿起床后穿衣、整理；<br>4. 如保育员看护幼儿午睡，参见教师的基本要求。 | 1. 检查各班睡室、床具及床上用品的安全和卫生情况，必要时指导保育员工作；<br>2. 巡查各班幼儿的睡眠情况，发现问题及时处理。 | 1. 3～6 岁儿童每日午睡以 2～2.5 小时为宜，可以根据季节适当调整时间；<br>2. 保教人员结合幼儿的年龄特点，有针对性地指导幼儿自我服务；<br>3. 幼儿园可安排专人看护不需午休或者提前醒来的幼儿，让幼儿在空闲场地安静活动；<br>4. 保教人员指导家长在家中创设适合幼儿睡眠的环境，提醒幼儿保持良好的睡眠习惯；<br>5. 夏季睡眠室要防暑防蚊，冬季要保暖。 |
| | 离园 | 1. 将椅子、玩具等归位，摆放整齐；<br>2. 整理仪表，携带自己的物品离园；<br>3. 主动和教师、同伴道别，愉快离园；<br>4. 不跟陌生人走。 | 1. 引导幼儿离园前进行自主游戏，避免长时间消极等待；鼓励幼儿离园前参与整理班级环境，形成为集体服务的意识；<br>2. 指导幼儿整理仪表，携带好自己的物品，进行安全教育；<br>3. 引导幼儿主动和教师、同伴道别；<br>4. 确认身份后方可允许家长接走幼儿，及时与家长交流幼儿情况。 | 1. 协助教师做好幼儿离园前的准备工作；<br>2. 配合教师组织幼儿安全离园，必要时与家长交流幼儿在园生活情况；<br>3. 全面做好班级清洁、消毒工作。 | 巡查各班卫生清洁、消毒工作情况。 | 1. 管理人员离园时段加强巡查，发现问题及时处理；<br>2. 保安人员按规定装备防护器材上岗，维护离园秩序，防止不明身份人员入园；<br>3. 家长凭接送卡接送孩子。非委托者来园接幼儿，保教人员须向家长确认；<br>4. 晚接幼儿须送交值班人员，做好交接记录；<br>5. 最后离开教室者关好门窗、水电。 |
| 体育活动 | 集体活动 | 1. 着装便于运动，情绪愉快，积极参与，倾听要求；<br>2. 遵守体育活动常规，服从教师安排，有自我保护意识；身体不适时，主动告诉保教人员；<br>3. 知道体育器械、器材的玩法和简单功能，爱护器材，根据要求积极尝试新玩法；<br>4. 乐于和同伴分享互学；能运用协商、讨论、合作等方法解决矛盾冲突； | 1. 保证走、跑、跳、攀爬、投掷、钻、平衡等各种基本体育活动的开展，活动应包括准备与热身、基本练习、放松与整理三个部分内容；<br>2. 根据幼儿发展水平选择、安排适宜的体育活动，重视幼儿基本动作发展，促进幼儿运动技能均衡发展；<br>3. 着装适宜，口令清晰，动作规范，活动游戏化；<br>4. 活动前，布置好场地，并检查器械及场地是否存在不安全因素；<br>5. 检查幼儿服饰的适宜性，尤其留意幼儿的围 | 1. 活动前，了解活动内容，协助教师准备活动材料、器具和场地；<br>2. 观察幼儿的运动情况，指导和帮助个别有困难和不专心的幼儿；<br>3. 发现幼儿受伤或者身体不适，及时报告教师并送往保健室；<br>4. 协助教师收拾场地，整理器械；<br>5. 活动后，提醒幼儿洗手、饮水，适当增添衣物。 | 1. 培训保教人员正确处理幼儿意外伤害；<br>2. 指导保教人员在活动中做好特殊幼儿的护理工作；<br>3. 指导保教人员合理调节幼儿的运动量，抽查幼儿的运动量；<br>4. 巡视全园，留心场地和器械、器材的使用情况，发现安全隐患及时 | 1. 充分利用日光、空气、水等自然因素，以及本地自然环境，有计划地锻炼幼儿的肌体；<br>2. 幼儿每天户外活动不少于 2 小时，其中体育活动不少于 1 小时，高温天气可酌情减少；<br>3. 保教人员可与幼儿自制体育器械；<br>4. 阴雨天，充分利用走廊、门厅、长廊、屋顶平台等场地，合理安排各班体育活动。 |

（续表）

| 活动类别 | 活动环节 | 幼儿 | 基本要求 | | | 说明 |
|---|---|---|---|---|---|---|
| | | | 教师 | 保育员 | 保健医生 | |
| | | 5. 掌握走、跑、跳、攀爬、投掷、钻、平衡等各种基本动作技能，能够坚持活动一段时间；<br>6. 活动后，配合保教人员将体育器材收拾和整理好；<br>7. 能与教师和同伴分享体育活动中的感受。 | 巾、鞋带和衣服的外加饰物的安全性等；组织幼儿做好锻炼前的准备，培养幼儿运动的兴趣；<br>6. 建立运动的基本常规，使幼儿学会正确使用体育器材，在运动中保护自己；<br>7. 鼓励和支持幼儿参与体育游戏和教学活动，鼓励幼儿在安全条件下自己探索和创造新玩法；<br>8. 观察幼儿运动，发现危险行为应及时阻止；幼儿受伤或身体不适，要及时处理并告知家长；<br>9. 活动结束后进行小结，可鼓励幼儿大胆说出自己的体验和想法；指导幼儿收拾器材，整理活动场地。 | | 上报处理；<br>5. 幼儿身体不适或意外受伤时，及时检查或送至医院就医，上报园长，尽快与家长联系。 | |
| | 自选活动 | 1. 着装便于运动，情绪愉快，积极参与，倾听要求；<br>2. 遵守体育活动常规，有自我保护意识；身体不适时，主动告诉保教人员；<br>3. 知道体育器械、器材的玩法和简单功能，选择自己喜欢的体育器材和活动；<br>4. 爱护器材，敢于自主尝试新玩法，乐于创造新游戏；<br>5. 乐于和同伴分享体育器材；能运用协商、讨论、合作等方法解决矛盾冲突，制定并遵守规则；<br>6. 活动后，配合保教人员将体育器材收拾和整理好；<br>7. 能与教师和同伴分享体育活动中的感受。 | 1. 选择合适的场地，保证幼儿运动的空间；<br>2. 做好幼儿运动准备，投放丰富和多功能性的体育器材，检查运动器械的安全性；<br>3. 检查幼儿服饰的适宜性，尤其留意幼儿的围巾、鞋带和衣服的外加饰物的安全性等；<br>4. 给幼儿自选器械的机会。与幼儿共同建立游戏常规，教会幼儿自我保护；<br>5. 鼓励幼儿积极参与各种运动，及时鼓励幼儿的新玩法。引导幼儿用多种方法使用器械，并与同伴分享、合作；<br>6. 观察幼儿的运动情况，关注和回应幼儿的个体需要；<br>7. 运动结束前，提前提示幼儿，让幼儿做好心理准备；<br>8. 运动结束后，可鼓励幼儿踊跃分享感受和经验，并给予点评；指导幼儿收拾器材，整理活动场地。 | 同上 | 同上 | 1. 保教人员观测幼儿户外体育活动的运动量，做好防寒防暑准备；<br>2. 保教人员明确户外场地的职责与分工，保证幼儿在视线范围内活动，发现问题互相协助，及时解决；<br>3. 可适当安排混班、混龄自选体育活动。 |

（续表）

| 活动类别 | 活动环节 | 幼儿 | 基本要求 | | | 说明 |
|---|---|---|---|---|---|---|
| | | | 教师 | 保育员 | 保健医生 | |
| 体育活动 | 早操或课间操 | 1. 喜欢做操且积极参加做操活动；<br>2. 有序进场，不推挤，不嬉闹；有序取放、合理使用做操器材；<br>3. 整理衣物为做操做准备，需要增减衣物告诉教师；<br>4. 动作合拍、协调有力，能够自觉和同伴合作做操；<br>5. 做操结束，在教师指引下有序离场。 | 1. 根据幼儿年龄特点安排操节内容，结构合理、运动量适当、时间适宜，可适当设计幼儿互动、创编环节；<br>2. 检查和指导幼儿自行整理服饰，带领幼儿有序进场；<br>3. 教师着装适宜，精神饱满，示范准确，做操时注意观察幼儿动作、情绪、节奏及身体状况等；<br>4. 配班教师观察和适时记录幼儿动作、情绪、节奏及身体状况，便于事后评价；<br>5. 做操结束，引导幼儿有序收拾做操器械，带领幼儿有序离开。 | 1. 协助教师带领幼儿有序入场；<br>2. 做操后，协助教师指导幼儿有序收拾做操器械，整理场地；<br>3. 做操后，提醒幼儿饮水、擦汗和增减衣物。 | 同上 | 1. 早操或课间操为幼儿园自选活动；<br>2. 合理安排做操时间和室内外活动空间，为幼儿安排适宜的做操场地；<br>3. 根据幼儿的年龄特点、兴趣，音乐的特性选择操节音乐；操节音乐和内容每学期更换一次。 |
| 自主游戏活动 | 自主游戏活动 | 1. 积极参加自己喜爱的游戏活动，主动选择自己喜爱的材料、场地、伙伴等开展游戏；<br>2. 合理使用和爱护游戏玩具和材料；<br>3. 有自我保护意识，知道基本的安全常规，避免危险发生；<br>4. 游戏过程中情绪愉快，表现出持续的专注力；<br>5. 能协调和运用肢体动作和感官、材料和空间，与同伴和成人进行游戏，遇到困难时积极想办法解决；<br>6. 发生游戏冲突时，能用恰当的方法表达自己的想法和需要，倾听同伴意见，尝试用协商、合作、分享、轮流和等待等方法解决；<br>7. 游戏结束后，按要求整齐规范地整理玩具、材料及场地。 | 1. 每天为幼儿提供连续不少于1小时的自主游戏时间，充分创造条件让幼儿进行自主游戏；<br>2. 综合考虑本园、本班空间大小、活动人数、活动内容等因素，适度调整室内外游戏活动的空间，保证幼儿足够的游戏空间；<br>3. 根据幼儿年龄特点和兴趣，提供安全卫生、种类丰富、层次多样的游戏材料及器械，并根据幼儿的发展需要，及时调整和补充游戏材料和器械；<br>4. 根据主要功能，将材料归类摆放在高度适宜的固定位置，便于幼儿自主取放、搭配和随意组合；<br>5. 与幼儿共同建立游戏规则，引导幼儿正确安全使用玩具材料和器械，自觉遵守游戏规则；<br>6. 鼓励幼儿自主确定游戏内容，选择游戏材料和同伴；帮助幼儿解决自主选择时的困难和矛盾；<br>7. 教师用合适的方式观察记录幼儿游戏的情况，理解幼儿的行为，并以适当的方式分享幼儿的体验； | 1. 活动前，了解活动内容，协助教师准备材料、器具和场地；<br>2. 活动中，协助教师做好幼儿安全及日常生活工作；<br>3. 协助教师做好观察记录工作；<br>4. 配合教师指导幼儿自主游戏，处理突发事件；<br>5. 熟悉班内幼儿的身心特点，注意照顾有特殊需要的幼儿；<br>6. 活动结束后，引导幼儿收拾游戏材料、器具和场地；<br>7. 定期清洗、消毒游戏材料，协助教师及时增减玩具。 | 1. 及时处理幼儿游戏活动中突发的身体不适；<br>2. 处理由幼儿矛盾引起的身体伤害时，借机教育幼儿，进行心理疏导；<br>3. 幼儿意外受伤时，及时检查或送至医院就医，上报园长，及时与家长联系。 | 1. 保教人员要关注各类游戏对幼儿发展的价值，在游戏中渗透教育；<br>2. 夏季10:00—16:00之间，不要组织幼儿在暴晒的户外场地活动；阴雨天气和台风季节，充分利用走廊、大厅、楼顶平台、功能室等场地，合理分配各班的游戏活动场地；<br>3. 保教人员合理投放结构化程度不同的游戏材料；家园合作，共同收集自然物、废旧材料、半成品等，自制游戏材料和玩教具；<br>4. 小班可设置4～6个活动区，中、大班5～8个；可适当安排混班、混龄游戏活动；<br>5. 定期对园内大型器械进行安全检查，做好记录。 |

（续表）

| 活动类别 | 活动环节 | 幼儿 | 基本要求 | | | 说明 |
|---|---|---|---|---|---|---|
| | | | 教师 | 保育员 | 保健医生 | |
| | | | 8. 适时指导幼儿游戏，引导未投入游戏的幼儿参与游戏；适当回应幼儿的特殊需要；<br>9. 鼓励幼儿与材料、教师和同伴积极互动，促进幼儿全面发展；<br>10. 鼓励幼儿在自己经验基础上自发开展游戏，鼓励假想游戏；<br>11. 游戏结束前，提前给予信号，使幼儿有心理准备；在保证室内外游戏时间的同时，给幼儿一定弹性时间。如有必要，游戏可适当延长 5—10 分钟；<br>12. 游戏结束后，可与幼儿一起分享游戏的感受。 | | | |
| 学习活动 | 活动准备 | 1. 对学习活动感兴趣，愿意参与讨论有关学习活动准备的话题，表达想法、明确任务；<br>2. 乐于收集信息、学习物品和材料等，愿意分享；<br>3. 愿意协助教师做一些力所能及的准备工作；<br>4. 能在教师的指导下做好生活准备，比如如厕、喝水等。 | 1. 充分了解幼儿经验，制订活动计划，根据当天实际情况，适当调整具体的教学方案；<br>2. 根据学习目标、学习内容以及幼儿兴趣、能力和需要，合理分配集体、小组或个别活动的时间；<br>3. 集体学习的准备包括：幼儿座位的摆放满足师幼互动的需要；教具、课件或展示板的位置以及呈现方式，便于幼儿平视，确保每位幼儿都能清楚看见；学具便于取用；调试所需要的电脑、录音机、播放器等，确保适用；<br>4. 小组学习的准备包括：根据学习任务或幼儿的能力、性别、个性特点等要素合理分组，鼓励幼儿自由分组；小组人数适宜；合理安排各活动区域的地点，避免互相干扰；材料摆放便于幼儿之间合作；教师分工指导幼儿；<br>5. 个别学习的准备包括：根据个体需要投放材料；合理规划学习空间，动静分隔，尽量避免相互干扰。 | 1. 与教师沟通，了解幼儿学习活动的内容和要求，以便恰当配合；<br>2. 协助教师准备学习环境，摆放教具、学具及小组或个人操作材料。 | 定期检查玩教具和操作材料的安全和卫生。 | 1. 均衡安排学习内容，注重五大领域的互相渗透，动静结合，促进幼儿身心和谐地全面发展；<br>2. 防止和纠正“小学化”倾向。避免抽象、单调、机械的学习方式；避免机械背诵为主的教学活动；避免使用小学课程和教材及以奥数、珠心算、书写拼音和专门的识字等内容进行教学；避免布置书写和计算类的家庭作业；<br>3. 在幼儿园课程安排的基础上，尊重幼儿的经验和兴趣，可以由教师和幼儿适当选择学习内容；<br>4. 鼓励幼儿积极参与学习环境的创设。投放的学习材料数量适宜、难度分层，便于幼儿观赏、取放；<br>5. 了解并利用家庭可提供的学习资源。 |

（续表）

| 活动类别 | 活动环节 | 基本要求 | | | | 说明 |
|---|---|---|---|---|---|---|
| | | 幼儿 | 教师 | 保育员 | 保健医生 | |
| | 活动实施 | 1. 安静倾听，主动思考，乐于提问，积极回应，愿意交流分享；<br>2. 个别回答问题时，能清楚、大方地表达自己的想法；<br>3. 在教师的指导下，能认真进行观察、操作、以图画或符号的方式进行记录等，并合理选取所需材料；<br>4. 明确任务与责任，能够持续一段时间专注于一项任务，遇到困难时能积极想办法解决；<br>5. 与同伴合作学习，友好协商，不打扰他人的学习活动；<br>6. 能用自己喜欢的方式（动作、语言、音乐、绘画、手工、扮演等）表达自己对学习内容的理解。 | 1. 采用游戏、谈话、实验、操作、实地参观、听赏、表演等多种方式开展教学活动，激发幼儿学习的兴趣和动机；<br>2. 尊重幼儿的选择，协助幼儿合理计划小组活动或个别活动任务，明确小组成员分工或个人具体任务，引导幼儿合作分工；<br>3. 注意观察幼儿的行为表现及情绪，耐心倾听和积极回应幼儿的意见和想法，充分肯定幼儿的进步；<br>4. 清楚地提出问题，给幼儿一定的思考时间，根据幼儿的理解能力，适当解释，鼓励幼儿追问；<br>5. 积极与幼儿互动，耐心等待不善表达的幼儿并予以机会；对于幼儿的无法即时回应问题，灵活引入后续学习中；<br>6. 充分满足幼儿观察、操作、体验的需要，引导幼儿发现问题，鼓励幼儿尝试通过合作解决问题；<br>7. 根据突发事件或幼儿回应学习活动的状况，灵活增减学习活动环节，将预设内容和生成内容有机结合；<br>8. 在学习活动结束环节，反思教与学的效果，鼓励幼儿思考、分享遇到的问题及其解决方案。 | 1. 关注幼儿学习过程的安全问题，协助教师处理突发事件；<br>2. 适当引导或纠正个别注意力不集中、坐姿不规范、倾听习惯不好的幼儿的行为；<br>3. 学习活动结束后，协助教师和幼儿整理现场。 | 1. 及时处理安全隐患和幼儿不适；<br>2. 指导保教人员在教学活动中做好卫生保健工作；<br>3. 巡视检查教学活动中教师对幼儿健康状况、卫生习惯养成的关注度，及时给予提示或指导。 | 1. 采用集体、小组、个别多种形式开展学习活动，减少整齐划一的集体形式的学习活动，大班每天最多不超过 1 小时，中班和小班适量减少；<br>2. 小班和中班以小组和个别形式为主，可以安排在各个活动区域里进行；允许幼儿以不同的速度学习；<br>3. 集体学习的目的是帮助整理和扩展儿童自主学习所获得的经验，使其系统化和提升。如果能通过日常生活或游戏进行学习且能达到教育目标的内容，则不需要进行集体学习；<br>4. 学习活动可以在班级活动室或专门活动室里开展，还可以在幼儿园的廊道、大厅、操场等公共空间，以及社区、公园或文化场所等地方开展；<br>5. 采取适当策略帮助幼儿顺利进行活动之间的过渡转换，减少集体转换，避免过度等待。 |
| 学习活动 | 活动评价 | 1. 愿意关注并欣赏同伴的作品，了解同伴的想法或创意，并表达对同伴作品的看法；<br>2. 在教师的指导下，进行自我评价，能够用语言、图画、符号等方式分享自己的学习感受和经验；<br>3. 与教师一起整理、展示作品。 | 1. 采用文字、符号、照相、摄像等方式及时简要记录有价值的活动片段或幼儿个案；<br>2. 将收集的幼儿作品及时归入幼儿成长档案或呈现在展示区；<br>3. 及时与幼儿共同回顾、总结、反思当天的学习情况；<br>4. 根据师幼的共同反思，制订延伸活动计划，或者调整已有学习活动计划。 | 1. 协助教师归档或展示幼儿作品；<br>2. 清洁学习活动评价资料的摆放环境。 | | 1. 制定简便易行的记录方案，每周内都有 1～2 个学习活动的片段过程记录和个案记录，并及时存档；<br>2. 注重过程性评价，减少终结性评价，教师能够根据评价对后续活动和指导做有效调整；<br>3. 教师可以采用多种信息手段与家长交流孩子的学习情况，鼓励家长适当参与评价幼儿的学习活动，通过多种渠道，利用各种时机，观看幼儿作品、观察幼儿行为、倾听幼儿谈话，并与教师沟通。 |

备注：

1. “幼儿”部分，是指幼儿经过在园的三年时间，在生活活动、自主游戏活动、体育活动和学习活动中逐步达到的具体行为表现或发展水平，是一个连续的、渐进的过程，不是小中大各年龄幼儿都要同步达到的要求；
2. “教师”“保育员”“保健医生”部分，是对三类保教工作人员的具体工作的基本要求；
3. “说明”部分，是对组织实施幼儿园一日活动各项工作的进一步说明、幼儿园工作的指引或拓展性建议。

资料来源：《广东省幼儿园一日活动指引（试行）》

**思考** 以上幼儿园一日活动指引表值得借鉴的地方？

### （二）问题反思

1. 幼儿班级集体教学活动、区角活动、户外游戏活动和体育活动、早操和课间操等环节的教师工作技巧有哪些？
2. 谈谈你对教师课堂礼仪和规范言行的理解？
3. 如何指导家长与幼儿有效沟通在园情况？

### （三）方案设计

1. 结合幼儿园见习，设计一份幼儿上课情况观察记录表。
2. 结合幼儿园见习，设计一份幼儿户外活动情况观察记录表。
3. 结合幼儿园见习，设计一份幼儿区角活动情况观察记录表。

## 拓展阅读

课堂管理的33个细节

1. 朱家雄. 教学活动内容的选择和组织——四谈幼儿园教学的有效性[J]，幼儿教育，2010(05)：4—5

2. 马媛. 英国幼儿户外游戏的开展及其启示[J]，基础教育研究，2014(12)：62—64

# 学习单元三 班级安全管理

## 引言

近年来，幼儿园中幼儿安全事故频频发生，随着媒体和社会对幼儿园安全越来越多的关注，家长出现了不信任教师和幼儿园的消极情绪，一些幼儿园因为本身的失职，或者个别教师素质低下发生的虐童事件、安全隐患等，都让我们注意到幼儿园、教师、家长、幼儿都需要正视安全问题。

幼儿园班级安全管理是指幼儿园班级管理过程中，教师依据政策法规和幼儿园的要求，结合幼儿身心发展水平，通过创设班级环境、开展各项活动，培养幼儿安全意识，发展幼儿自我保护能力，以保障班级安全运行和幼儿身心健康的综合活动。

班级是与幼儿一日生活关系最密切的场所，班级的环境、一日活动的各个环节、班级教师的状态都与幼儿的安全密不可分，做好班级安全管理，预防及减少各种事故的发生成为幼儿园刻不容缓的重要研究课题。因此，幼儿园班级应加强安全工作的力度，分析安全事故多发的原因，对症下药，做到防患于未然，杜绝各种安全隐患，为幼儿的成长保驾护航。

## 相关理论

1989 年 9 月 11 日发布的《幼儿园管理条例》中第三章对幼儿园的保育和教育工作进行了详细描述，其中第十八、十九、二十、二十一条对幼儿园的安全工作提出了明确的要求，以保障幼儿的在园安全。

2002 年 6 月 25 日发布的《学生伤害事故处理办法》对积极预防、妥善处理在校学生包括幼儿伤害事故，保护学生、学校（幼儿园）合法权益提供了保障。

2006 年 6 月 30 日教育部、卫生部、交通部等联合发布《中小学幼儿园安全管理办法》，第五章专章介绍“安全教育”，其中第三十八条指出：“将安全教育纳入教学内容，对学生开展安全教育，培养学生的安全意识，提高学生的自我防护能力。”第四十一条强调：“学校应当开展交通安全教育、消防安全教育、安全卫生教育。”第四十二条还指出：“每学期至少开展一次针对洪水、地震、火灾等灾害事故的紧急疏散演练。”

2006 年 9 月 1 日起施行的《中华人民共和国义务教育法》第二十四条提到：学校应当建立、健全安全制度和应急机制，对学生进行安全教育，加强管理，及时消除隐患，预防发生事故。

2007 年 6 月 1 日起施行的《中华人民共和国未成年人保护法》第二十二、二十三、二十四条对教育行政等部门和学校、幼儿园、托儿所的安全制度、安全教育、安全应急预案和未成年人的人身安全保护工作提出一系列的要求，以保障未成年人的健康成长。

2012 年 10 月 9 日由教育部颁布的《3—6 岁儿童学习与发展指南》中“目标 3”明确了“幼儿应具备基本的安全知识和自我保护能力”，并且对各个年龄段的幼儿提出了不同的安全认知要求。

2016 年 3 月 1 日起施行的新《幼儿园工作规程》第三章第十五节中提到：“幼儿园应当把安全教育融入一日生活，并定期组织开展多种形式的安全教育和事故预防演练。”

# 学习情境 1 班级日常安全管理

## 学习目标

**知识目标**

1. 了解班级安全管理的意义，掌握幼儿园班级安全管理的概念。
2. 掌握幼儿园班级安全管理的基本知识。

**能力目标**

1. 能够对幼儿开展经常性的安全教育。
2. 能够指导幼儿养成一日生活的安全意识和自我安全防范的能力。

**素质目标**

1. 具备高度的安全意识，树立安全第一的观念。
2. 养成严格、认真、细致的工作作风。

幼儿园教师的班级日常安全管理任务非常繁重，包括一日生活常规活动的安全管理和一日教育活动的安全管理工作，其中，一日生活常规活动的安全管理主要有入园晨检环节、喝水及入厕环节、早午晚餐、午点加餐、午睡、药品以及离园安全管理等；一日教育活动的安全管理主要有集体教学活动及学具使用、早操和课间操、户外游戏和体育活动、社会实践活动的安全管理等。

## 任务 1 一日生活安全管理

### 任务概述

班级一日生活常规活动安全工作是幼儿园班级管理工作的第一位。确保幼儿安全，保护幼儿的生命理应成为班级管理的首要任务，教师必须把安全工作放在幼儿园工作的突出位置，增强师生的安全意识，从强化幼儿园安全管理入手，通过明确责任、落实措施，努力营造一个安全文明、健康和谐的育人环境。对幼儿在园的每一个活动环节都建立操作规程性强、责任明确的一系列流程，保证幼儿在每一处、每一时间、每一个环节都受到无微不至的关心和照顾，保证幼儿在安全的环境中健康成长。

### 相关知识

#### 知识点 1 幼儿的安全保护

《指南》在“健康”领域提出的“生活习惯与生活能力”的目标之一是“具备基本的安全知识和自我保护能力”，提出 3～4 岁的幼儿应懂得“不吃陌生人给的东西，不跟陌生人走；在提醒下能注意安全，不做危险的事；在公共场所走失时，能向警察或有关人员说出自己和家长的名字、电话号码等简单信息”；4～5 岁的幼儿应懂得“知道在公共场合不远离成人的视线单独活动；认识常见的安全标志，能遵守安全规则；运动时能主动躲避危险；知道简单的求助方式”；5～6 岁的幼儿应懂得“未经大人允许不给陌生人开门；能自觉遵守基本的安全规则和交通规则；运动时能注意安全，不给他人造成危险；知道一些基本的防灾知识”。

《指南》同时建议：第一，创设安全的生活环境，提供必要的保护措施。如要把热水瓶、药品、火柴、刀具等物品放到幼儿够不到的地方；阳台或窗台要有安全保护措施；要使用安全的电源插座；在公共场所要注意照看好幼儿；幼儿乘车、乘电梯时要有成人陪伴；不把幼儿单独留在家里或汽车里等。第二，结合生活实际对幼儿进行安全教育。如外出时,提醒幼儿要紧跟成人,不远离成人的视线,不跟陌生人走,不吃陌生人给的东西;不在河边和马路边玩耍;要遵守交通规则。帮助幼儿了解周围环境中不安全的事物,不做危险的事。如不动热水壶,不玩火柴或打火机,不摸电源插座,不攀爬窗户或阳台等。帮助幼儿认识常见的安全标识,如小心触电、小心有毒、禁止下河游泳、紧急出口等。告诉幼儿不允许别人触摸自己的隐私部位。第三,教给幼儿简单的自救和求救的方法。如记住自己家庭的住址、电话号码、父母的姓名和单位,一旦走失时知道向成人求助,并能提供必要信息;遇到火灾或其他紧急情况时,知道要拨打110、120、119等求救电话;可利用图书、音像等材料对幼儿进行逃生和求救方面的教育,并运用游戏方式模拟练习;幼儿园应定期进行火灾、地震等自然灾害的逃生演习。

人民日报:安全,是给孩子最好的礼物

思考 《指南》中对幼儿的安全保护有哪些建议?

## 知识点2 幼儿常见安全问题

一项调查表明,幼儿常见的安全问题主要为摔伤或碰伤、异物入体、扎伤或戳伤、烫伤或烧伤、动物咬伤等;造成幼儿意外伤害的主要原因是幼儿好奇、缺乏对危险事物或行为的认识、活动时不小心以及成人的照顾不周。

调查结果显示:76.6%的幼儿有过在游戏中摔伤或碰伤的经历;66.8%的幼儿有过从床上摔下的经历;25.8%的幼儿有过从楼梯上摔落的经历。由此可知,摔伤或碰伤是幼儿成长过程中最常见的意外伤害。

1. 扎伤或戳伤。扎伤或戳伤通常由日常生活中较为尖锐的器物引起。因此,器物本身具有的危险性是导致幼儿身体致伤的重要原因之一。调查结果显示,45.3%的幼儿有过被尖锐的物品扎伤或戳伤的经历。

2. 烫伤或烧伤。生活环境中存在着许多易导致人体烫伤或烧伤的物品,这是引发幼儿烫伤或烧伤事件的主要原因之一。调查结果显示,有32.1%的幼儿有过烫伤或烧伤经历。

3. 被动物咬伤。家中饲养的家畜、家禽或生活环境中常出现的某些动物对幼儿的生命安全同样也存在着威胁。调查结果显示:有13.8%的幼儿曾经有过被宠物咬伤的经历;有11.3%的幼儿曾有过被其他动物咬伤、啄伤、顶伤或踢伤的经历。

4. 将绳子或危险物套在脖子上玩。将绳子或危险物套在脖子上玩是一个十分危险的行为,有可能会导致幼儿窒息。调查结果显示,有29.2%的幼儿曾经有过将绳子或危险物套在脖子上玩的经历。

5. 走失。在当今社会,幼儿走失后的危险程度和有可能导致的伤害是一个十分严重的安全问题。调查结果显示,有12.0%的幼儿曾经有过走失的经历。

思考 幼儿常见安全问题的成因以及应对策略有哪些?

**幼儿常见的安全问题及其主要原因对比表**

| 事故类型 | 经历过 | | 无经历 | |
|---|---|---|---|---|
| | 占总人数(%) | 主要原因 | 占总人数(%) | 主要原因 |
| 游戏中摔伤/碰伤 | 76.6 | 幼儿玩时不小心、较淘气,成人照顾不周到等 | 24.0 | 幼儿活动时小心,成人照顾周到,幼儿不淘气等 |
| 从床上摔落 | 66.8 | 幼儿玩时不小心、喜欢在床上玩,没有防护栏等 | 33.5 | 成人照顾周到,幼儿很少在床上玩等 |
| 把小物体放到嘴里或塞到身体的其他部位 | 47.1 | 幼儿不知危险、好奇淘气,环境中会接触到类似物品等 | 52.7 | 幼儿知道危险,成人及时将危险物取走,幼儿无此习惯或想法等 |
| 扎伤/戳伤 | 45.3 | 幼儿不小心、不知危险、好奇淘气等 | 55.0 | 成人及时提醒或照顾周到,幼儿知道危险、会小心使用等 |

相关链接

（续表）

| 事故类型 | 经历过 | | 无经历 | |
|---|---|---|---|---|
| | 占总人数(%) | 主要原因 | 占总人数(%) | 主要原因 |
| 烫伤/烧伤 | 32.1 | 成人没有及时提醒或照顾不周，幼儿做事不小心等 | 67.5 | 成人及时提醒或照顾周到，幼儿知道危险等 |
| 将绳子或危险物套在脖子上 | 29.2 | 幼儿好奇淘气、不知危险等 | 71.2 | 幼儿知道危险、无此习惯或想法等 |
| 从楼梯上摔落 | 25.8 | 幼儿玩时不小心，成人照顾不周到等 | 73.9 | 幼儿走时小心，成人照顾周到，幼儿动作发展良好等 |
| 被宠物咬伤 | 13.8 | 环境中会接触到宠物等 | 86.6 | 环境中很少接触到宠物，幼儿怕被咬伤而不随便逗引宠物等 |
| 走失 | 12.0 | 成人照顾不周到，幼儿喜欢独立活动等 | 88.4 | 幼儿知道走失的危险而不敢随便离开成人，成人照顾周到等 |
| 被其他动物咬伤/啄伤 | 11.3 | 环境中会接触到动物，幼儿好奇淘气等 | 89.2 | 幼儿不随便靠近动物，环境中不会接触到动物等 |

## 指导要点

### 一、入园晨检环节的安全管理要点

1. 提早开窗通风，准备好温度适宜的饮用水。
2. 用消毒液消毒桌椅门窗及走廊的扶手。
3. 观察幼儿的精神状态和身体状况，看幼儿脸上和手上有无异常，摸额头检查是否发热。
4. 检查幼儿是否带了小异物或危险品。
5. 严格执行幼儿园接送幼儿的制度，如果有幼儿需要换人接，要求家长提前与教师接洽，教师要做到心中有数。
6. “两教一保”要分工明确，一人负责接待家长，一人负责组织早到的幼儿有序活动，一人做餐前准备工作。

### 二、幼儿喝水及入厕环节的安全管理要点

1. 教师要提前打好水，水温30℃左右，幼儿可直接饮用。
2. 每天换一次水，保证饮水卫生，每周消毒一次。
3. 指导幼儿有序、独立接水，幼儿在排队喝水时，教师要时刻在盥洗室中守候，维持秩序，并注意幼儿的饮水量，观察是否喝完杯中的水，保证幼儿足量喝水。
4. 教育幼儿入厕要排队，教师在旁维持秩序并帮助没提好裤子的幼儿提好裤子。
5. 保持厕所地面干爽、整洁、防滑，及时清洁消毒厕所、洗手盆，定时消毒毛巾。
6. 饭前、外出、入睡前，都要提醒幼儿入厕，便后洗手，防止细菌感染。

### 三、幼儿早午晚餐的安全管理要点

1. 端饭时，必须加盖子，加餐布，饭菜端回后要放在餐车上。
2. 每餐饭前都要洗消毒桌面，并把幼儿分组，严格按照七步洗手法洗手。
3. 分发饭菜时，汤不能超过碗的三分之二处。
4. 组织幼儿有序端饭。
5. 进餐时教育幼儿一手扶碗，一手拿勺子细嚼慢咽，照顾偏食、厌食、患病等特殊幼儿进餐。

6. 吃排骨、鱼等特殊饭菜时要特别关注幼儿，避免发生意外。

7. 防止热汤菜泼洒烫伤幼儿，如发生撒汤的现象，教师要及时清理。

8. 幼儿进餐后，用淡盐水漱口。

9. 餐后指导幼儿做些安静舒缓的活动，不打闹。

10. 天气好的时候可组织幼儿到户外进行餐后散步，餐后放松活动结束时要分组上厕所，然后引导幼儿安静进入休息室。

### 四、幼儿午点加餐的安全管理要点

1. 领午点时发现腐烂变质时立即更换。

2. 要将苹果、梨等需要清洗的水果洗干净并去皮，避免农药残留。

3. 在发放午点前要把手和餐具洗干净，并让幼儿在吃午点前洗手。

4. 教授幼儿正确吃午点的方法。

5. 如使用刀具要十分小心，避免刀具伤到幼儿。用完后放在教室幼儿拿不到的地方。

6. 加餐时教师要先将牛奶加热，把温热的牛奶倒在幼儿杯里，并把点心放置在餐盘中。

7. 加餐中，不随意跑动说话，喝完牛奶清洗杯子要到位，以不留奶液为宜。

### 五、幼儿午睡的安全管理要点

1. 幼儿上床前检查每位幼儿口袋中有无危险品。

2. 午睡中教师每15分钟巡视幼儿是否有异常。随时纠正幼儿的不良睡姿、不良习惯。

3. 幼儿睡醒后起床前先在床上坐一会，让幼儿进入清醒状态后再提示幼儿穿衣穿鞋。

4. 先起来的幼儿安排教师看护，同时组织幼儿洗手、喝水，清点人数，做好午点前的准备工作。

5. 整理床铺时，教师要将被褥掀起，检查床上是否有危险品或者幼儿遗留的衣物，查看幼儿是否有尿床现象。

6. 抬床时注意轻拿轻放避免挤伤幼儿，随时检查幼儿的床是否结实，有损坏做到及时换床。

7. 午睡的房间必须保持空气流通和合适温度，并根据季节及时更换幼儿被褥。

8. 合理安排幼儿午睡的床位，体弱的幼儿应安排在背风处，体质较好、怕热的幼儿可安排在通风处。

### 六、幼儿药品的安全管理要点

1. 如果幼儿带药来园，需要请家长亲自将药交到教师手中。

2. 在服药登记册上填写详细记录并让家长签字。

3. 内服药与外用药分开，标明药品的用途及有效时间，切记不可滥用药物。

4. 教师陪同指导幼儿服药，药品包装留样三天。

5. 如果幼儿要服用自己口袋中装来的药品，不予喂服并立即收起。

6. 提醒幼儿服药后如有不适要及时告诉教师。

### 七、幼儿离园的安全管理要点

1. 家长必须持卡接送幼儿。

2. 教师亲自把幼儿交到家长手中，并做好交接登记，做到手递手、手牵手。

3. 由于特殊原因，有的家长不能及时来园，让别人代替接送幼儿，即使是在带卡的情况下也要打电话核实一下情况方能接走幼儿。

4. 提醒接走幼儿后不能在幼儿园内逗留，及时离园。

5. 留意班上未被接走幼儿的情绪，防止他们哭闹、乱跑。

6. 对于家长未及时接走的幼儿，应与值班教师做好当面交接。

7. 对于生病的孩子和当天在园表现异样的幼儿，要向家长说明幼儿的情况。

## 八、幼儿园班级安全自查表包含的几个要素

1. 项目名称;2. 班别;3. 班主任;4. 自查项目;5. 安全自查要点;6. 备注。

## 示例分析

### 示例 1:幼儿园班级安全自查表(表 3-1)

幼儿园班级安全自查表

幼儿园:_______ 班别:_______ 班主任:_______ ______年___月___日

| 项目 | 安全要点 | 检查结果是否符合安全规定 | | 备注 |
|---|---|---|---|---|
| | | 是 | 否 | |
| 入园环节 | 入园时观察学生的情绪及身体健康状况是否良好 | | | |
| | 向家长了解学生的情绪及身体健康情况 | | | |
| 安全教育 | 每月开展一次以安全为主题的教育活动 | | | |
| | 每次活动前后对学生进行安全提示,培养学生的安全及自我保护意识 | | | |
| 班级设施 | 学生课桌椅、玩具柜光滑、平整、无尖锐棱角 | | | |
| | 室内开关、插座、电源线无裸露、漏电现象 | | | |
| | 检查班级房屋是否有裂缝、墙皮脱落、门窗变形、玻璃不牢靠等现象,发现要及时上报 | | | |
| | 学生玩教具应无毒、无异味,玩具表面无尖利的棱角 | | | |
| 环境安全 | 室内外环境应干净整洁,按照一周清扫消毒制度完成当日工作,通风良好 | | | |
| 厕所与盥洗室安全 | 厕所地面保持清洁、干爽、无积水、无异味 | | | |
| | 盥洗间的洗脸池边缘光滑、平整、无棱角,龙头无生锈 | | | |
| | 盥洗间毛巾架挂钩无尖角 | | | |
| | 学生饮水杯柜四周平滑、无尖角 | | | |
| | 安全防护栏的间距不大于 11 厘米 | | | |
| 物品安全 | 电源开关、开水和火远离学生 | | | |
| | 水果刀等不安全物品要远离学生 | | | |
| | 教师使用的不安全的物品远离学生 | | | |
| | 教育学生掌握剪刀、铅笔、画笔的正确使用方法 | | | |
| | 不让学生乱食花、草、种子、药物、食品 | | | |
| | 不让学生把小物件衔在口中 | | | |
| | 不让学生放脏东西和危险品在口袋里 | | | |
| | 禁止学生留长指甲 | | | |
| | 禁止学生戴项链、饰物入园 | | | |
| 带班安全 | 带班时间不得与人聊天,不接电话和会见客人,不得离开学生 | | | |
| 进餐安全 | 刚煮沸的汤和水要加盖放在学生碰不着的地方 | | | |
| | 开饭时,饭菜、汤不烫手才能让学生端 | | | |
| | 饭、菜、汤不能从学生头上过 | | | |
| | 不随便倒开水 | | | |
| | 学生进食时不得谈笑,不得含饭在口中就去做其他事,班级应配有专用的分餐桌 | | | |
| 药品安全 | 学生带药要妥善保管好,写清姓名,用量,服用时间,吃药时仔细核对。由保健医生统一保管和喂服 | | | |
| | 药品都不能放在外面 | | | |
| | 消毒粉、洗衣粉和洗厕精要写好品名放置学生拿不到的地方 | | | |
| | 学生在园临时用药应征得家长的口头同意 | | | |

续 表

| 项目 | 安全要点 | 检查结果是否符合安全规定 | | 备注 |
|---|---|---|---|---|
| | | 是 | 否 | |
| 午睡安全 | 值班教师按时照顾本班学生睡下及起床 | | | |
| | 学生午睡必须排队进出，不准互相推搡 | | | |
| | 值班教师及时进入午睡室，维护好学生纪律，不能做与午睡管理无关的事情 | | | |
| | 午睡时要注意打开窗户，管理人员要保持午睡室的干净、通风、无臭气、霉味 | | | |
| | 午睡管理人员必须保持午睡室的安静，任何人不得因任何事在午睡室喧哗，更不能凑堆闲聊 | | | |
| | 教会学生正确的穿脱衣物的方法及顺序，有效防止学生感冒 | | | |
| | 午睡室要勤于打扫，学生被褥勤换洗并定期晾晒消毒，做好清洁卫生工作 | | | |
| | 值班教师要对本班学生午睡情况做好记录，注意发现并消除午睡室的安全隐患 | | | |
| 接送安全 | 建立接送制度，同家长签订学生接送协议书 | | | |
| | 家长接送学生需持接送卡接送学生 | | | |
| | 留园学生应登记家长的电话号码，执行接送签名制度 | | | |
| 下班环节 | 做好交接班记录 | | | |
| | 下班前关好门窗；关掉电器、开关；锁好贵重物品 | | | |
| | 下班前要仔细核对学生人数 | | | |

**分析**

小组讨论，分析以上班级安全自查表，谈谈值得借鉴的地方，补充不足之处。

# 任务2　一日教育活动安全管理

## 任务概述

保护幼儿的生命和加强幼儿的安全教育是幼儿园教职工的重要职责，教师是幼儿园安全教育的主要实施者和幼儿安全的守护者。教师要把安全工作放在各项工作的首位，树立安全意识，为幼儿创设安全、和谐、温馨的心理环境，使幼儿得到身体及心理上的安全，给幼儿一个安全舒适的环境和全面成长的空间。

幼儿的认知水平较低、缺乏自我保护意识，且他们活泼好动，极易发生意外的伤害事故。这就要求幼教工作者将幼儿安全教育纳入幼儿园的教育教学计划中，将安全教育活动融入幼儿游戏及一日教育活动的各个环节中，通过形式多样的教育教学活动让幼儿学会自我保护的简单知识和方法，提高自我保护意识和自我保护能力。

## 相关知识

### 知识点1　幼儿教育活动常见的安全问题

**1. 集体教学活动**

上课开始前要清点幼儿人数，对于没有来的幼儿做好考勤记录，并打电话了解缺勤的原因。考勤登记是非常重要的一项安全检查，它有助于生病幼儿的时间记录，也有助于杜绝幼儿走失的安全隐患。

集体教学活动的安全问题首先是活动秩序混乱。不论是哪一领域的教学活动，都要保证幼儿有良好的活动常规，否则活动就会进行不下去，还会发生意外。其次是活动场地过于狭小。活动室场地狭小，若干幼儿挤在一张桌子上，容易造成幼儿在操作时互相碰撞；幼儿园集体教学活动一般是动静交替，幼儿在学习时，教师经常会鼓励幼儿创编一些动作，活动空间狭小，幼儿腿脚伸不开，容易拥挤。第三，操作材料不足。教师要准备足量的材料，防止幼儿因哄抢发生安全问题。第四是忽视个别幼儿。集体活动中教师往往关注大部分认真听讲的幼儿，个别幼儿会自己玩身上的扣子、拉链、衣帽带子，或者与旁边幼儿打闹，这样也会发生安全问题。

### 2. 区角活动

区角活动是幼儿自主游戏活动的主要形式，喜欢游戏是幼儿的天性，幼儿在游戏中学习是幼儿园教育的特色。区角活动开展之前教师需要根据幼儿的年龄特点及发展水平，对不同区角的摆放位置、空间大小做合理划分，比如小班幼儿喜欢娃娃家，教师在划分时娃娃家所占的位置需要较大一些，以免发生拥挤的安全问题。其次，教师要投放足量、适宜的操作材料，比如小班要以情境性的材料为主，中、大班逐渐增多操作性的材料；最后，教师要对每个区角以图标的形式制作规则，包括限制人数、要求及注意事项。教师在活动开始前，告知幼儿每个区角进行的游戏是什么，可以几人进入，同时加强常规，培养幼儿规则意识。

区角活动中，班级中的主班教师与配班教师要一同合作，参与幼儿游戏活动。要善于观察，及时劝导产生分歧的幼儿；要善于指导，及时引导不遵守规则的幼儿；要善于参与，及时帮助幼儿解决在游戏中遇到的问题。

### 3. 户外活动

户外活动最易引发幼儿安全事故。正常情况下，户外活动时间不得少于 2 小时，其中，体育或体能活动时间不少于 1 小时；室内室外的自由游戏和自主活动时间不少于 1 小时。教师在开展户外活动之前，要检查幼儿衣服是否穿戴整齐，鞋子是否穿上，有鞋带的还要检查鞋带是否松散；是否携带尖锐物品，比如女孩头上的发箍要取下；还要检查户外场地是否开阔，场地有无安全隐患，比如正在维修的地面等等；同时检查体育器械是否安全，有无松动等等；最后告知幼儿户外活动的要求和注意的事项，并在离开活动室时清点幼儿人数。

组织户外活动时，首先要有热身活动，帮助幼儿做好活动前准备；其次，有秩序地组织幼儿进行活动，注意观察幼儿有无异常，时刻提醒幼儿注意自我保护，对体弱、能力较差的幼儿应给予适当的照顾。活动要保证动静交替，以免活动量太大造成幼儿肌肉的损伤。活动结束后，做放松活动，并且总结活动中幼儿的表现。在进入活动室之前，再次清点人数，防止幼儿走丢。总之，户外活动时班级教师一定要眼不离幼儿，有序开展活动。

国外幼儿园的安全教育

**思考** 教育活动常见的安全隐患有哪些？

## 知识点 2　教育活动中教师的自身安全保护

幼儿教师在工作中需要剪、画、跳、唱，这是其职业的特殊性，一些教师即使四五十岁也依然要带操跳舞，个别教师就有了脚伤、腰伤；做环境创设时，会发生裁纸刀、剪刀划伤手的情况；给幼儿盛饭时，有些幼儿园需要教师自己去食堂提饭，一些年轻女教师没有经验、年龄小，提不动，导致汤桶掉到地上，发生脚大面积烫伤的事故。此外大部分教师都有咽炎等嗓子损伤的问题，这与幼儿教师面对幼儿时刻用嗓有关。幼儿园要切实保证教师的自身安全，幼儿教师服装以轻便为主，不能穿高跟鞋、裙子等衣物工作，幼儿园可以为幼儿教师配备扩音器，由食堂的工作人员进行送饭，幼儿园还要为教师买意外伤害险，受伤的教师第一时间送医处理，保证幼儿教师的合法权益和人身保障。

**思考** 教育活动中幼儿教师容易发生哪些人身伤害？应如何保护自身安全？

**幼儿教师常见职业病**

1. 咽喉炎

护理建议：

教师在早期发现声音嘶哑时就要重视起来，贯彻“轻声”教育。在幼儿面前无论是教学活动还是娱乐活动都要放低音量，让幼儿适应教师的说话声音。

相关链接

保养建议：

(1) 修正讲话的方式，胸式呼吸改为腹式呼吸，避免用嗓过度或大声喊叫。

(2) 找到适合的教学方式培养幼儿常规，采用儿歌、游戏等方式，而不是纯靠喊。

(3) 将金银花、野菊花、生干草、玄参、麦门冬、胖大海等，用保温杯开水冲泡代茶饮，每日不定时饮用，以刺激唾液分泌，润滑喉咙。

(4) 多摄取一些清肺养阴、化痰散结的食物，可常吃新鲜水果和蔬菜，饮食清淡，少食辣椒等刺激性较强的食物以及巧克力等糖分过高的食物。

(5) 保持居室内空气湿润清洁，室内不吸烟，不把有刺激气味的物品放在室内。当感觉空气干燥时，可使用加湿器，以保持空气湿润。

(6) 适量参加体育锻炼，增强体质与抗病能力。

2. 腰椎、颈椎不好

护理建议：

(1) 选择舒适的鞋子，幼儿教师在上课时要穿能支撑住脚弓的矮跟或中跟鞋。

(2) 随时改变站立姿势，身体重心交替由一只脚移到另一只脚上，始终保持一只脚处在休息状态，每隔一段时间使背、颈部和腹部的肌肉绷紧30～40秒，以使背直、肩平、收腹，保持良好的体态。

(3) 可以去户外做一些简单的伸展运动，这样不仅能让你经常呼吸户外新鲜空气，消除脑部疲劳，而且可有效地防止颈椎、腰椎病等教师职业病的发生。

3. 心理压力大

护理建议：

(1) 在日常教学中，注重对幼儿自我保护意识的培养，多向幼儿教授一些简单的自我保护方法。提前检查用品，预防可能发生的意外。

(2) 提升自我技能，从繁重的工作中寻找规律，简化工作，但你熟悉并上手之后，工作就会变得轻松很多。

(3) 多与有经验的同事学习，多培养与人交际的能力，找出与家长沟通的法门，有技巧性地回答家长的问题或婉拒家长的不合理要求。

(4) 注意分配休息时间，听听音乐喝杯茶，或到户外呼吸新鲜空气，活动一下筋骨，做些自己喜欢的事情，舒缓精神压力，让大脑得到保护性休息。

(5) 在饮食上注意摄取合理的营养，以保证大脑正常功能所需要的物质基础。可适当进食一些牛奶、鸡蛋、肉松、瘦肉、豆制品、稀饭及新鲜蔬菜，也可以吃些大枣、葡萄干、花生、桂圆、核桃等干果。

相关链接

## 指导要点

### 一、集体教学活动及使用学具的安全管理要点

1. 教师对于教育教学活动的安全系数要有预见性，时刻关注幼儿的安全状况。

2. 随时注意课上的安全教育，如需幼儿操作必须讲明操作要领，以免发生意外伤害。

3. 指导幼儿正确使用小剪刀。两个手指分别伸进剪刀把的圈中，手不能摸刀刃部位，递给别人剪刀时，将剪刀合好，手拿剪刀片部位递过去，剪刀用完后轻轻放回盒中。

4. 为幼儿购买无毒画笔，提醒幼儿不能到处乱画，不能口含画笔，画完后要洗手。

5. 在发放纸和新书时引导幼儿轻拿轻放，避免纸划伤幼儿。

6. 玩教具摆放要合理，不要太高，高低错落稳固，便于幼儿取放。

7. 定期检查和保养室内外的玩具，做到及时修补。

## 二、音乐、舞蹈课的安全管理要点

1. 让幼儿在指定地点换衣服和鞋。
2. 上课前检查地板是否有异物，避免扭伤脚或刺伤身体。
3. 授课前要做热身运动，以免拉伤或扭到脚。
4. 上课中，要随时观察幼儿，发现拉伤等异常情况，及时处理。
5. 如果课间有需要入厕所的幼儿，要有老师带领。
6. 提醒幼儿不打闹，不乱跑。
7. 保持音乐室和舞蹈室的卫生，及时打扫和消毒。

## 三、绘画课的安全管理要点

1. 注意各种操作材料的正确使用方法，教育幼儿不要将颜料放进嘴里。
2. 提醒幼儿不能拿画板打闹，不能拿笔尖对着其他小朋友，避免误伤他人。
3. 提醒幼儿绘画结束后要洗手。
4. 绘画结束后及时打扫好教室卫生。

## 四、早操和课间操的安全管理要点

1. 做操之前教师一定要提醒幼儿如厕，检查幼儿的鞋带是否系好，衣服适量并穿戴整齐。
2. 在组织幼儿下楼的时候，必须一前一后，有两位教师护送叮嘱幼儿。
3. 遵守下楼梯的规则，下楼后迅速清点人数，以免丢失幼儿。
4. 教师在带领幼儿做器械操之前，帮助他们调整彼此的距离，检查器械的安全性，防止在做操的过程中相互碰撞、器械滑落给幼儿带来伤害。
5. 在幼儿的活动前后、穿脱衣服环节中，教师要提醒幼儿不打闹，不攀登衣柜。
6. 课间操或户外活动后，教师一定要排查幼儿手中是否有捡来的异物。
7. 回活动室前后要清点人数，以免丢失幼儿。
8. 课间操或户外活动后，提醒幼儿擦汗和有序喝水。
9. 身体不舒服的幼儿可以不出操。

## 五、户外游戏和体育活动的安全管理要点

1. 教师在组织幼儿户外活动时，必须做好准备活动，说明安全要求和注意事项。
2. 时刻关注幼儿的活动情况，让每名幼儿都在教师的视线中。
3. 保证幼儿运动过程的安全，户外游戏时教师要随时清点人数，活动范围不要太分散。
4. 尽量组织幼儿分组进行游戏，用不同方式对待不同的器械，尽量做到人手一份器械，增加安全系数。
5. 在组织幼儿玩滑梯或者其他大型器械时，首先要检查是否有安全隐患。
6. 在活动中教育幼儿礼貌相让，使用正确的玩法，遵守游戏规则，密切配合，安全游戏。
7. 在组织幼儿跑步时，教师要提醒幼儿在拐角处减速，不拥挤，学会躲闪前面突然停下的人或物，教育幼儿在跑步过程中不做任何危险动作。
8. 在户外活动时，还要注意幼儿园中的花坛、旗杆、栏杆等地方，让幼儿远离这些地方，避免碰伤、划伤、砸伤或被蚊虫咬伤。
9. 告诉幼儿一旦出现事故，第一时间报告老师并大声地求救。
10. 活动结束后带领幼儿做放松运动。

## 六、社会实践活动的安全管理要点

1. 要清楚幼儿园外出实践活动的安全协议内容，遵守幼儿园社会实践活动的申请审批流程，遵守幼

儿园外出实践活动的安全协议，将职责逐层落实到人。

2. 拟定好每次实践活动的家长注意事项，并与家长签订安全协议书。

3. 活动前，向幼儿进行活动说明和安全教育；活动过程中，保证所有幼儿都在教师视线范围内；活动结束后，及时清点幼儿人数，观察幼儿的体征是否正常。

4. 组织家长来园活动时，必须提前向幼儿园请示，幼儿园批准后方可进行。

5. 提前与幼儿园门卫沟通，把好门口，做到安全第一。

6. 教师对来参加活动的家长全面了解，若有陌生面孔一定要细问情况，排除一切安全隐患。

7. 家长集体聚会活动，注意散场时分组退场，教师亲临现场指导，避免踩踏等意外事故。

8. 外出活动提前考察路线，做好计划，组织家长参与，时刻注意幼儿安全。

### 七、跟班指导教育活动安全情况记录表包含的几个基本要素

1. 项目名称；2. 班级教师；3. 指导人；4. 日期；5. 一日活动环节；6. 班级安全情况；7. 指导意见。

## 示例分析

示例1：跟班指导教育活动安全情况记录表(表3-2)

跟班指导教育活动安全情况记录表

班级教师：　　　　指导人：　　　　日期：

| 时间 | 一日活动环节 | 班级安全情况 | 指导意见 |
|---|---|---|---|
| 7:50—8:05 | 晨间谈话 | | |
| 8:10—8:50 | 晨间活动 | | |
| 8:55—9:25 | 教学活动一 | | |
| 9:30—10:10 | 早操、早点 | | |
| 10:10—10:50 | 区域活动 | | |
| 10:50—11:00 | 午餐前准备 | | |
| 11:00—11:40 | 午餐 | | |
| 11:40—12:00 | 餐后安静活动 | | |
| 12:00—14:30 | 午睡 | | |
| 14:40—15:00 | 起床整理、点心 | | |
| 15:05—15:30 | 教学活动二 | | |
| 15:30—15:50 | 户外体育活动 | | |
| 16:00—16:30 | 离园活动 | | |
| 备　注 | | | |

**分析**

小组讨论，分析以上教育活动安全情况记录表，谈谈值得借鉴的地方，补充不足之处。

## 反思探究

### (一) 案例反思

**“虐童”问题**

幼儿教师一般工资较低，但工作压力大，业务考核多，尤其在孩子多幼儿园少的现实情况下，幼儿园几乎都是大班额班级，有的班更是每班有50～60个孩子，但是多数幼儿园每班人员配班都是2名至

3 名教师，幼儿教师要管理如此庞大的班级已经不易，还要参加培训、考核、接待参观等，往往疲惫不堪。在这种情况下，个别教师工作时精力不足，对幼儿独自离开教室都不过问。有时忙于应付自己的事，放任幼儿自己玩玩具，或者在幼儿午睡时，自己也同幼儿一起睡，视线脱离幼儿，更有甚者，将自己的不满情绪发泄到幼儿身上，发生“虐童”事件。体罚，是教师对学生肉体实施惩罚并使其受到伤害的行为，包括殴打、罚站、下蹲、超过身体极限的运动、刮脸、打撕嘴巴等行为。变相体罚，是指对学生肉体和精神实施惩戒并使其受到伤害的间接行为，比如劳动惩罚、抄过量作业、讽刺挖苦、谩骂、烈日下暴晒等行为。近年来，教师体罚或变相体罚幼儿的事件频频发生，大多是无证教师、无证幼儿园，如 2017 年 11 月某托管亲子园教师殴打孩子、强喂幼儿疑似芥末物等等，这些体罚或变相体罚对幼儿产生身体和心理上的严重创伤。

**思考** 虐童事件发生的原因是什么？如何才能有效减少虐童事件的发生？

### （二）问题反思

1. 一日生活安全管理中幼儿常见的问题有哪些？应如何应对？
2. 一日教育活动安全管理中幼儿常见的问题有哪些？应如何应对？
3. 教育活动中教师应如何开展自身的安全保护？

### （三）方案设计

1. 结合教育见习，设计一份幼儿园班级安全自查表，并模拟开展相关检查。
2. 设计一份跟班指导教育活动安全情况记录表，并提出相关建议。
3. 设计一份幼儿户外活动记录表，并开展相关的观察记录。

## 拓展阅读

“安吉游戏”的安全思考

1. 饶淑园. 幼儿教师的安全压力及其管理对策[J]，教育导刊(下半月)，2012(7)：59—62

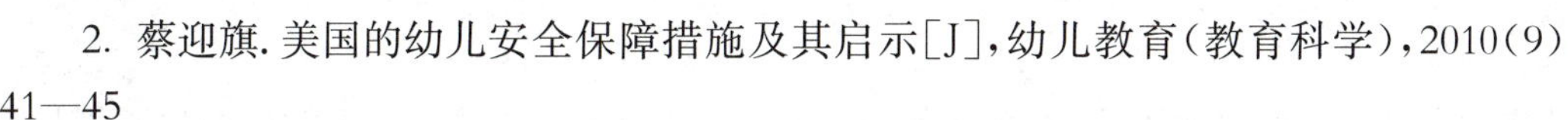

2. 蔡迎旗. 美国的幼儿安全保障措施及其启示[J]，幼儿教育(教育科学)，2010(9)：41—45

# 学习情境 2　班级突发事件管理

## 学习目标

**知识目标**

1. 了解班级突发事件安全管理的意义，掌握突发事件管理、危机管理等概念。
2. 掌握幼儿园班级突发事件管理的基本知识。

**能力目标**

1. 能够针对幼儿园班级突发事件提出相应解决方案。
2. 能够制定幼儿园班级突发事件登记表及突发事件应急预案。

**素质目标**

1. 具备防范在前、应对在后的危机应对意识。
2. 养成严格、认真、细致的工作作风。

突发事件是指受某种因素的影响而突然发生的具有消极影响的，且需要立即处理的事件。突发事件从诱发因素的角度可以分为自然灾害性质的突发事件(即天灾)和社会灾害性质的突发事件(即人祸)。这里谈的幼儿园班级突发事件是指在幼儿园班级管理中，在没有预知的情况下，由于各种因素所导致的对幼儿人身安全伤害的安全事件。按照幼儿园班级突发事件的属性，可以将其分为自然性突发事件和社会性突发事件。

## 任务 1　社会性突发事件安全管理

### 任务概述

幼儿园社会性突发事件是指由人为因素(有意或无意)造成的对幼儿园人员、财产等造成严重威胁或伤害和损失的突发事件。如有人闯入幼儿园伤害幼儿，幼儿园校车司机违规驾驶而造成的交通事故，因教师或保育员在教育保育幼儿的过程中的行为失误而造成的突发事件，不法分子硬闯幼儿园并给幼儿造成人身伤害的突发事件，等等。幼儿园这些让人措手不及突然发生的意外伤害事件严重威胁着幼儿的健康和安全。

### 相关知识

**知识点 1　突发事件管理**

突发事件管理是指组织单位或个人从总体上对突发事件各个发展阶段的管理，具体包括突发事件形成前的预防和预警，以及突发事件发生后的应对和善后处理等一系列应对和管理工作。幼儿园突发事件所造成的危机状态构成了对幼儿教学、管理和师幼生活秩序的威胁，严重的突发事件则会对幼儿的健康造成重大的损失，威胁幼儿的生命安全，如果不及时处理或者处理不当会导致严重后果。鉴于突发事件对幼儿园正常秩序和幼儿的消极影响，构建一个全面、合理的突发事件管理机制是十分必要的。

**思考**　突发事件对幼儿容易造成哪些伤害？应如何避免？

## 知识点2　突发事件的构成要素

突发事件通常包含如下要素：

**1. 难以预料**

难以预料是突发事件由潜在事件发展成为显性事件的必要条件。人们无法准确预测突发事件发生的具体时间、具体地点、具体事件、发展态势和影响深度等。当突发事件爆发后，由于人们完全没有思想准备，遇到突发事件时会惊恐万分，不知所措。

**2. 突然爆发**

突然爆发是突发事件的特性，它显示了突发事件在爆发时间上的瞬时性、爆发过程上的短促性，以及应对和处理上的紧迫性。突然爆发是突发事件由酝酿阶段向爆发阶段转变的必要条件之一，突发事件的爆发往往具有“迅雷不及掩耳”之势，出乎人们的意料。

**3. 必然诱因**

有果必有因，任何一个突发事件的发生都是由一定的原因引起的。通过全面分析突发事件发生发展的整个过程，不难发现在这种偶然性、意料之外的背后，总会隐藏着或多或少的必然诱因发挥着推动作用。由此可见，只要全面控制住突发事件的必然诱因，就能对突发事件进行预防和控制。

**4. 负面影响**

负面影响是指任何一个突发事件都会给组织或个人造成或大或小的伤害和损失，它彰显出突发事件的危害性特征，这也是突发事件的本质所在。由于突发事件具有负面影响，人们都不希望它发生，因此可以同时采取多种措施预防，尽量加以避免。

**5. 急需处理**

突发事件具有负面影响，重大的突发事件还可能产生严重后果，因此，需要及时采取合理有效的措施进行应对和处理。当突发事件爆发后，需要把握好“黄金救援时间”，及时采取合理有效的措施对其进行处理，使突发事件处于人们的可控范围之内，将损失减少到最低。

**思考**　突发事件的构成要素有哪些？

### 幼儿园常见的突发事件处理方法

1. 咬伤的处理方法

视伤口严重程度而定：

A. 伤口不严重：(1)用清水清洗伤口；(2)用湿毛巾按压伤口(冷敷)，与此同时，安抚幼儿情绪；(3)涂药，汇报园长；(4)在家长下午来接时告诉家长相关情况以及老师的处理方法，让家长不要担心。

B. 伤口很严重：(1)汇报园长，看是否需要马上送往医院，并及时通知家长；(2)在家长来之前，帮幼儿清洗伤口、冷敷、涂药，安抚幼儿情绪；(3)晚上及时电访，询问幼儿情况，若情况严重则需找时间家访。

2. 摔伤的处理方法

视伤口严重程度而定：

A. 伤口不严重：(1)问明摔伤原因(自伤还是他伤)；(2)用湿毛巾擦拭伤口周围的尘渍；(3)用湿毛巾按压伤口(冷敷)；(4)初步的包扎：用红药水涂在周围的皮肤上，让幼儿不要乱跑，防止伤口感染；(5)汇报园长；(6)下午家长来接时告诉家长相关情况以及老师的处理方法，让家长不要担心。

B. 伤口很严重：(1)汇报园长，看是否需要马上送往医院，并及时通知家长；(2)在家长来之前，帮幼儿擦拭尘渍、冷敷、涂红药水，安抚幼儿情绪；(3)让幼儿坐下来休息，不要再到处乱跑，以免伤口感染；(4)晚上及时电访，询问幼儿情况，情况严重则需找时间家访。

相关链接

3. 抓伤的处理方法

(1) 看伤势是否非常严重，并告诉园长；(2)用干净的湿毛巾擦拭伤口周围的皮肤，冷敷片刻，与此同时安抚幼儿情绪；(3)在伤口周围擦上治疗抓伤、消肿止痛的药；(4)让幼儿减少运动，以免伤口感染；(5)下午家长来接时告诉家长相关情况以及老师的处理方法，让家长不要担心；(6)晚上及时电访，了解幼儿情况，表示老师的关心。

相关链接

## 指导要点

### 一、社会性突发事件的安全管理指导要点

1. 加强幼儿园安全管理和安全知识教育宣传，按照《中华人民共和国治安管理处罚条例》，结合幼儿年龄特点，将安全教育融入幼儿园一日生活教育中，定期开展保教人员安全专题培训，进一步提高师生的健康安全意识和自我保护能力。

2. 利用家长会、告家长书和家园联系栏向家长宣传幼儿园安全工作规章制度及要求，取得家长的理解、支持和配合。

3. 严格门卫制度，加强门卫值守和管理，做好来客来访人员的接待，及时掌握流动人员信息。

(1) 幼儿园保安必须严格执行门卫规章制度，掌握基本的防护知识，幼儿园要配备基本的防暴设备；

(2) 严格执行来访人、受访人出入登记制度；

(3) 认真执行幼儿接送卡刷卡制度，家长进入班级后，在教师和幼儿都认可后，才可以把幼儿接走，对不固定接送人的家庭，要有家长签字的委托书并检查相关证件，经和家长通话确认后才可以接走幼儿；

(4) 幼儿园要与家长签订“幼儿园家长安全管理责任书”，告知家长需配合的事项。

4. 建立幼儿园安全工作信息网络：门卫——分管园长——园长；园长为最高级网络第一责任人。

5. 建立问题人员信息档案，随时掌握其动态，发动一切力量，做好问题人员的思想工作。

6. 做好预警联动，在做好日常预警预防工作的同时，与社区、应急指挥中心、教育局、派出所、交警、消防、医院等建立联动机制，保持信息畅通。

### 二、幼儿园班级突发事件登记表包含的几个要素

1. 项目名称；2. 日期；3. 班别；4. 幼儿姓名和年龄；5. 意外情况及事故经过；6. 保健人员处理意见；7. 园长意见；8. 相关人员签名。

## 示例分析

**示例1：幼儿园班级突发事件登记表(表3-3)**

幼儿园班级突发事件登记表

| 日期 | 班别 | 姓名 | 年龄 | 意外情况及事故经过 | 保健人员处理意见 | 园长意见 |
|---|---|---|---|---|---|---|
| | | | | 当班教师签名： | 签名： | 签名： |
| | | | | 当班教师签名： | 签名： | 签名： |

**分析**

小组讨论，分析以上班级突发事件登记表，谈谈值得借鉴的地方，补充不足之处。

# 任务2 自然性突发事件安全管理

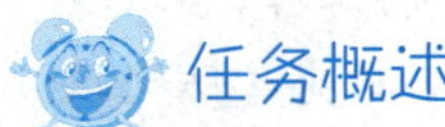

## 任务概述

幼儿园自然性突发事件是指由自然现象引起的且对幼儿园人员、财产等造成严重威胁或严重损失和伤害的气象灾害、洪涝灾害、地质灾害、地震灾害、海洋灾害、森林草原火灾等自然灾害事故，以及由灾害诱发的各种次生灾害事故。

3～6岁幼儿由于年龄小、活泼好动、自理能力差、防护意识薄弱，极易发生食物中毒、感染传染病等突发事件。虽然国家相关安全管理法规对幼儿园儿童的人身安全保护做出了规定，但是当前只有部分幼儿园制定了应急预案，且有的应急预案尚不够科学与完善，从而导致在突发事件发生时，有的幼儿园不能快速有效地进行应急响应。为此，十分有必要提高广大幼教工作者对应急预案的认识，提高其制定应急预案的能力。

## 相关知识

### 知识点1 危机管理

危机管理是指社会组织（如政府、企业、学校等）根据危机的状态（危机爆发前、危机过程中、危机消除后）在第一时间内依据自己制定的一系列具有针对性的管理方案而做出的种种管理行为的总称，其目的是为了预防、规避、控制危机的爆发，减小乃至消除危机可能带来的危害和损失。

**思考** 危机管理有什么意义？

### 知识点2 幼儿园突发事件应急预案

幼儿园突发事件应急预案是指突发事件发生之前预先准备好的应对可能发生事件的方案。幼儿园突发事件应急预案制定的目的在于预防或阻止某种突发事件的发生，或在某种事件发生后能够进行及时有效的处理。

基于对突发事件预防要具有有效性和可行性的考虑，在制定幼儿园突发事件应急预案时就要遵循以下原则。

1. 预见性。幼儿园突发事件应急预案不可能预见到突发事件爆发的具体时间、地点、规模、伤害程度等，但是预案必须在如下方面体现出它的预见性，以有利于幼儿园的有效处理：第一，幼儿园不同种类突发事件的性质和大概诱发原因；第二，突发事件可能发展的方向；第三，不同类型和级别的突发事件可能动用的资源；第四，可采取的措施等。

2. 科学性。预案的指导思想、生成程序、预案结构、实施措施等都应是科学的。如预案的指导思想不应是防御性思想，而应是进攻性思想，即通过预案的制定和培训演练，主动发现突发事件的诱发因子并及时制止或消除。

3. 可操作性。预案必须具有可操作性，如预案中的文字简单易懂、操作程序清晰明了、图文并茂，预案中的实施措施应是教师所掌握的技能等等。

4. 动态性。突发事件往往都是复杂多变的，任何详尽的预案都不可能全部囊括各种突发事件。因此，预案并不是一旦形成就一成不变的，必须具有动态性和可调整性，及时将幼儿园突发事件的新类型补充到原有的预案之中，不断完善预案的内容。

**思考** 制定幼儿园突发事件应急预案时要遵循哪些原则？

**幼儿园突发事件应急预案注意事项**

1. 防火预案

不得组织幼儿灭火，各幼儿园后勤人员组成灭火行动组，积极协助专业灭火人员的工作；各班教师、保育员负责疏散引导幼儿；保健医生协助医疗人员负责救护工作。要定期检查、不断完善防火设施，绿色通道标志明显，每班配有紧急疏散图；应急灯能正常使用；工作人员做到会使用灭火器；要结合教育内容进行防火演习；使幼儿掌握紧急情况下的逃生技能。

发现火灾后，必须立即拨打119报警；不得组织幼儿灭火。

2. 防食物中毒预案

食堂人员禁止一人单独在食堂；除调料外，所有食品全部由食堂加工制作，不购买现成的食品；原材料的贮存要分类、分架、离墙、离地；食品的存放、加工、分发要生熟分开；已加工完的饭菜盛桶后要及时加盖、离地，做好防蝇防尘工作；饭菜按量制作与分发，不得存放剩饭菜；饭菜实行24小时留样并做好详细记录；非食堂人员严禁进入食堂。

就餐后，当幼儿出现呕吐、腹泻等现象时，带班教师要立即向园长汇报并将幼儿送往医院；食堂人员负责保留好饭样及餐具，并送往卫生防疫部门进行检验。其间，严禁无关人员进入食堂；组织由保健医生、后勤副园长、骨干教师组成的陪护队伍，具体负责陪护事宜；稳定幼儿情绪，做好家长工作，保证幼儿园正常的生活秩序和工作秩序。

发现中毒后，必须立即拨打120和110报警。

3. 重大治安事件应急预案

大门保持上锁关闭状态；幼儿入园、离园时，保安人员要在大门口巡视，幼儿入园、离园后及时关闭大门，防止无关人员进入幼儿园；幼儿园大门保持上锁关闭状态，有外人进入时，必须查明身份，做好记录后方可入内。

突发事件当事人立刻通过电话报告园长；园长、保健医生等相关人员迅速赶到现场，按照职责进行工作；外来因素造成的突发事件要报告主办单位领导。

发生重大治安事件后，必须立即拨打110报警。

## 指导要点

### 一、自然性突发事件的安全管理要点

1. 组建幼儿园安全管理领导小组，建立健全安全工作责任制，完善幼儿园安全管理制度。各个岗位签订安全责任书，责任到人，层层落实。

2. 制定可行的各类应急预案，做到有安全工作计划、有具体工作部署、有平时检查分析、有学期安全工作总结。

3. 强化全园安全意识，开展各类教育宣传活动，通过给家长发放安全手册，提高家长对幼儿园安全工作的参与意识。

4. 定期邀请消防员、交通警察、社区民警为幼儿、家长和教师进行有关安全方面的现场讲座，让幼儿初步了解一些简单的自我保护知识，使教师和家长能够掌握基本的救护方法。

5. 每个学期至少开展两次不同内容预案的演练，做到有方案、有过程、有反思，并根据演练的情况不断修正预案的有效性。

6. 根据年龄特点分别制订各年龄段幼儿安全教育活动计划，日常生活中向幼儿渗透安全常识，开展一些安全知识竞赛及有主题的谈话活动，逐步提高幼儿的自卫能力和应变能力。

## 二、幼儿园应急预案的基本要素

1. 成立应急救援的指挥机构；2. 明确应急救援小组的名单和各个小组的职责和要求；3. 明确报警的程序；4. 应急救援的分级管理；5. 应急处置措施。

## 示例分析

### 示例 1：幼儿园突发事件应急预案

**某幼儿园地震应急预案**

为了保证发生地震时，幼儿园能快速、有序、安全地应急疏散师生，保护师生的生命安全，最大限度地减轻地震灾害造成的损失，结合幼儿园实际，特制定地震应急预案。

一、应急机构的组成及职责

幼儿园抗震领导小组：

组　长：李老师，组织实施抗震预案，及时上报灾情；全面负责地震疏散、安全指挥工作。

副组长：张老师，赵老师，组织实施地震抢救行动，组织师生安全疏散。

成员：陈老师、孙老师，王老师，吴老师，负责幼儿安全抢救疏散工作，做好家长联系协调各种工作及宣传工作。

抢险救助组：各班班主任在发生地震时，抢险救助成员第一时间赶到现场，分别至一、二楼帮助疏散幼儿。

二、应急措施

（一）如发生轻度地震，处理如下：

1. 地震时如果幼儿在教室，当班教师教育幼儿不能慌张、哭闹或随意乱跑，要听从教师的指挥，马上组织幼儿有序疏散，疏散路线如下：

大班、中班：幼儿从教室门跑步到操场。（张老师负责）

小班：依次按顺序下楼，跑步到操场。（李老师负责）

2. 如发生地震时在室外，立即组织全部幼儿蹲下，并注意避开电线、大树等危险物品。

（二）如发生震动较大破坏性地震，处理如下：

1. 如果幼儿在室内，不要试图跑出楼外，因为震动较大，时间上来不及。最安全、最有效的方法是：立即组织幼儿躲到两个承重墙之间最小的房间，如洗手间、厕所等；也可以躲在桌子、柜子等下面以及教室内侧的墙角，并且注意保护好头部；趴下时，头靠墙，使鼻子上方双眼之间凹部枕在横着的双臂上面，闭上眼和嘴，用鼻子呼吸；千万不要去窗下躲避；待地震减轻时，立即按疏散路线将全部幼儿疏散到一楼操场。

2. 地震时如果幼儿正在睡觉，要立即叫醒幼儿，在震动激烈时，有序组织幼儿趴在午睡室通道上、躲在桌子下或墙脚下，待震动减轻时立即组织幼儿疏散到一楼操场，疏散路线及要求同上。

3. 如果正在室外活动，教师马上将幼儿集中到操场中间空旷场地蹲下，注意避开高大物体或建筑物，视机疏散幼儿到安全地方。

4. 如果地震发生后因不能迅速撤离而困于室内，或被建筑物挤压等，千万不要惊慌，要就近检查幼儿身体状况，并尽量为幼儿找到饮食，同时不能盲目采取措施，要懂得发生报险信号，等待救援。

5. 时刻与幼儿在一起减轻幼儿的恐惧心理。

6. 做好地震后房舍安全检查及加固维修、环境物品消毒等复课准备工作。

三、震后行动方案

1. 地震发生后，各班及时清点幼儿人数，班主任负责做好家长的联系和幼儿交接工作；门卫把好人员进出关，防止幼儿因惊吓恐慌而走失，或私自出园甚至被他人（不法分子）冒充家长等错接事故的发生。

2. 待事态稳定后，园长及时上报灾情，如通讯中断，园长应立即向上级报告房屋损坏及人员伤亡情况。

3. 及时求救，立即联系医疗部门对受伤师生实施抢救工作。

4. 应急疏散工作中做出突出贡献的人员要给予表彰奖励。

5. 幼儿园内实行 24 小时值班制度；加强观察，发现异常及时上报。

6. 幼儿园在地震应急期内停止上课。

**分析**

小组讨论，分析以上地震应急预案的优缺点并补充完整。

## 反思探究

### （一）案例反思

**幼儿园突发事件应急处置与反思**

1. 事件回放

一天中午，幼儿园分管后勤的园长正在组织召开每周例会，突然某中班老师急匆匆地跑来，焦急地说："快！快！我们班有个小孩全身抽搐，样子非常可怕。"园长和校医等人立刻冲到班上，只见躺在床上的丽丽两眼向上斜视，脸色发白，全身抽搐，枕边及上半身全是呕吐物，情况非常紧急。

2. 应急处理

校医立刻进行了应急处置，先将丽丽移出寝室，并采用掐人中、呼唤等方式试图让她清醒过来；为防止丽丽被呕吐物阻塞呼吸道导致窒息，校医又将她嘴里的呕吐物清理了出来，并及时拨打 120 急救电话。随后，丽丽被送往县中医院进行救治。同时，幼儿园电话通知家长，并向县教育局汇报相关情况。

在县中医院，医生经过一番抢救，暂时缓解了丽丽的病情，但家长仍不放心，医生建议送往省儿童医院救治。在园方及家长共同陪同下，经省儿童医院专家门诊医生的诊断，丽丽的症状为癫痫发作。

此次突发事件充分考验了幼儿园的突发事故应急处理机制和能力。幼儿园的午睡巡查、日常管理制度、应急处置等工作落实到位，值守老师的坚守岗位和及时巡查起到了非常关键的作用，幼儿园对突发事件前后的处置，反应迅速，处理得当，及时挽救了丽丽的生命。

**思考** 案例中的幼儿园的做法有什么值得反思的地方呢？如何才能有效减少幼儿园突发事件的发生？

### （二）问题反思

1. 幼儿园班级常见的突发事件有哪些？应如何应对？
2. 幼儿园突发事件善后处理中教师应如何保护幼儿和自身的合法权益？

### （三）方案设计

1. 设计一份幼儿园班级突发事件登记表。
2. 设计一份幼儿园班级防火预案。

## 拓展阅读

1. 武祥海. 幼儿伤害事故中，幼儿园担责的法律依据与赔偿范围[J]，山东教育，2017（7）：33—35

2. 冯宝安. 幼儿园突发事件生成机理与预警实践途径研究[J]，教育导刊（下半月），2012（8）：58—61

幼儿园事故处理的法律依据

# 学习单元四
# 班级环境管理

## 引言

幼儿园的环境是指幼儿园内幼儿身心发展所必须具备的一切物质条件和精神条件的总和。其中，物质环境包括场地的面积、布局，活动区域的划分，墙壁的布置，座椅的形态、数量和位置，各类柜子、活动材料等。心理环境则是指在班级物质环境中，幼儿、教师及家长在互动和交流过程中所形成的心理氛围。班级中的物质环境和心理环境是相互影响、相互关联的。

环境是重要的教育资源，就像是一位不会说话的老师。幼儿园的班级环境创设更是作为一种"隐性课程"，在开发幼儿智力、促进幼儿个性发展等方面具有不可低估的教育作用。

## 相关理论

蒙台梭利教育理论中的环境观。蒙台梭利认为幼儿具有伟大的潜能和惊人的吸收性心智，应为幼儿准备一个像家一样温馨、自由、爱、营养、快乐与便利的供幼儿练习的真实环境。蒙台梭利认为，0～6岁幼儿的心智属于"吸收性心智"，包括无意识、潜意识和意识三个部分，吸收性心智可以分为无意识期（0～3岁）和意识期（3～6岁），意识期的幼儿能在有意识的状态下轻松地从周围的环境之中进行吸收、学习和活动。因此，蒙台梭利认为给幼儿提供的环境是能够为幼儿面对未来世界提供方法和手段的"有准备的环境"。它需要满足以下几个要素：第一，生活环境是有规律和有秩序的；第二，给予环境是幼儿能自由选择的；第三，环境要真实且自然；第四，营造美与温馨的环境。用六个词组概括这个环境，即"自由的观念、结构与秩序、真实与自然、美感与气氛、适合社会性发展、蒙台梭利教具"，这在蒙台梭利创办的"儿童之家"的环境布置中充分地体现出来。

瑞吉欧教育理论中的环境观。瑞吉欧教育模式中的环境是基于它的教育价值取向而创设的，认为教育的目标就是要为幼儿创造一个和谐的环境，使身处于这个环境中的每一个幼儿、教师都感到自在、愉悦和生活幸福。在瑞吉欧教育模式的环境中，环境本身是一种课程。例如瑞吉欧的课程把杜威的教育哲学观点即"行动处于观念的中心"以及维果斯基的"支架式教学"等理论和方法引入到幼儿园的环境创设中来，认为环境是幼儿与同伴、成人与物之间沟通的关键性桥梁。瑞吉欧的学校都会把幼儿的作品及生活展示到空闲的墙壁、长廊等空间，让幼儿切身体验他们成长的经历和过程，因此他们的学校有会说话的长廊，有能随时随地诞生新的想法和点子的户外场地，有让幼儿自己用双手创造他们世界的地方（工作坊）。

# 学习情境1 班级物质环境管理

知识目标

1. 了解班级物质环境管理的意义，掌握班级物质环境的概念。
2. 掌握班级墙面环境和区角环境的布置原则和内容。

能力目标

1. 能够有效管理班级墙面环境和区角环境。
2. 能够制订班级环境创设方案和班级环境创设评分表。

素质目标

1. 具备文化育人、环境育人的观念。
2. 提升自我修养，具备良好的审美意识。

物质环境作为一种重要的教育资源，对儿童的身心发展具有积极作用。幼儿园物质环境主要包括幼儿园的空间布置与材料运用等方面。良好的环境创设可以起到潜移默化的影响作用，苏霍姆林斯基说过："要让学校的每一面墙壁都会说话"。幼儿园的墙面是幼儿园文化教育的重要载体，同时也是幼儿园文化精神的外在反映，幼儿园教师要通过创设合理的幼儿园物质环境来促进幼儿的社会性发展。

## 教室墙面环境管理

### 任务概述

幼儿园班级是幼儿除家庭之外接触最多的地方，而大片的墙面环境最能体现班级特色，蕴含着教育信息。幼儿园教室墙面环境是指影响幼儿发展或受幼儿发展影响的任何教室墙面条件或事件。教室墙面环境主要分为动态和静态方面，其中动态方面包括教室墙面环境创设中幼儿的主体性参与及操作兴趣性等；而静态方面包括教室墙面环境创设的内容、形式、空间、材料、色彩、安全、高度等。

墙面环境作为"无声教材"，可以通过其创设过程和物理特征对幼儿的行为及其发展产生潜移默化的影响，是一种隐性的课程教育资源。《纲要》明确要求，"幼儿园应为幼儿提供健康、丰富的生活和活动环境，满足他们多方面发展的需求，使他们在快乐的童年生活中获得有益于身心发展的经验"。幼儿园教室墙面环境不仅具有美化环境及展示作品等"装饰"功能，还具有教育功能的多元指向，与幼儿行为密切相关，是促进幼儿发展的感知器，会潜移默化地对幼儿产生影响，进而影响教学效果，因此，科学创设幼儿园教室墙面环境非常必要。

**知识点1 班级墙面环境布置的基本原则**

1. 实用美观基本原则：

(1) 高度适宜：幼儿视线的高度为环境创设的黄金高度，从这个高度向上向下延伸，一般为1.5米。

(2) 视觉美观：班级墙面环境设计颜色时要注意主色彩，主色彩占62%。善用变化的形状组合设计，"三分画，七分裱"，装裱很重要。注重构图，将文字、图片、色彩等进行点、线、面合理的布局，使墙面、板块达到一个意新、形美的最佳展现。

(3) 先功能后美观：班级墙面环境的布置不仅要整洁、有序、美观，更重要的是发挥环境在教育教学中的作用。特别是班级主题墙的布置，给幼儿亲手参与环境布置的机会，让他们通过观察、构思、动手，在获得了新知识的同时使其动手能力和创造性也得到很好的发展。

2. 文化折射原则：班级墙面环境的布置应该在办园理念的引领下，呈现班本化课程特点，自成系列。

3. 年龄和发展原则：对于不同年龄的幼儿，环境创设的具体要求有所不同，要尽量符合幼儿年龄特征和发展需要。

4. 评估更新原则：班级墙面环境不是固定不变的，需要定期评估和修改。应根据不同的季节特征，结合幼儿园课程进展不断更新环境布置，让环境发挥最大的作用。

**思考** 班级墙面环境布置时要遵循哪些原则？

**教室环境的色彩搭配**

对于刚刚接触自然和社会的幼儿来说，对色彩环境更加青睐于亮丽和谐的颜色，这些颜色符合幼儿成长过程中生理和心理发育的需求。因此，幼儿园作为幼儿生活学习的主要空间环境，在设计教室环境过程当中应当符合儿童的特点。

在色彩学上，高明度、高饱和度的颜色，暖色，高对比性的色彩处理，可以使人产生欢快、明朗、兴奋的心情；而低明度、低饱和度的色，冷色，低对比性的色彩处理，则使人有安静、幽雅、阴郁的心情。在装修中，采用莓红、豆黄、湖蓝及紫藤等颜色，在大门、园墙、围栏和主要家具上以不同比例反复出现，形成主色调。这几种颜色颇具感情和自然气息，互相对比搭配可以形成欢快、亲切、活泼的色彩氛围。

选用暖色还是冷色系还需要根据幼儿园的课程体系来进行设计，要充分考虑色彩搭配的和谐，体现高雅、理性，与幼儿天性相融合的色彩理念。在装修中尽量保留建筑原有的白墙面，主要家具也以较多白色块面来协调艳丽色块，形成亮丽、活泼、雅致的色彩效果。

幼儿园教室装修布置要环保，装修色一定要合理划分，避免色彩处理不当引起幼儿厌烦。幼儿园从室外到室内，用色彩营造出和谐自然的氛围，既体现环保与时尚，显示幼儿园生动、活泼的环境特点，也符合人类与生俱来的审美情趣。

相关链接

## 知识点2　班级墙面环境布置的内容

班级教室墙面环境通常包括：主题墙面环境、区域墙面环境、记录墙面环境（家长园地、班级之星、值日、奖励、班级工作安排、提示和天气栏等）。

### 1. 主题墙

主题墙是指在主题活动背景下，围绕主题内容，以教室墙面为主，采用多种方式呈现的，可供幼儿、教师等互动的教育环境创设。主题性墙饰应随着主题教育活动的产生而产生，随着主题教育活动的发展而发展，它展现的应该是孩子们共同关注的问题、是一个主题活动中的关键过程和阶段性成果，有助于提升幼儿的关键经验。

主题墙应着眼于丰富幼儿的知识，增长幼儿的能力，努力营造出具有造型美、色彩美、艺术美和富有童趣的美的氛围来感染幼儿。注重幼儿的参与性，动态地展示幼儿参与主题教育活动的过程，让幼儿与环境“对话”。幼儿可以多种方式来参与环境创设，体验成功的感觉，真正成为环境的主人。

**班级主题墙布置常见问题**

1. 费时费力、应付任务

每当有上级检查、外来参观、家长开放等重大活动时，教师没有思考如何创设，而是以完成任务为主要目的，在主题墙上张贴各种收集来的图片、资料，把墙面贴满。

相关链接

2. 主题墙创设不能为主题服务

在创设主题墙中，教师没有真正从幼儿的兴趣、需要来考虑问题，只是随意选择内容，然后凭自己的主观判断和臆测去随意布置，具有一定的盲目性。

3. 强化装饰性功能，弱化教育价值

在创设主题墙环境中，教师为了达到充分展示的目的，一味地追求美感而忽略了它的真正价值，将收集来的主题资料、剪、贴、画等幼儿作品、动物照片等通通往墙上贴，达到了它的美化功能，但它的教育引导功能十分薄弱，并没有学习的价值。

4. 大包大揽，忽视幼儿

在创设主题墙环境中，对于刚入学的幼儿来说，由于年龄特点的关系，不会争取参与环境布置的机会，教师为了方便起见，利用自身的各种美术技能，布置出绚丽多彩、精巧别致的主题墙，尽可能让主题墙达到完美效果。

相关链接

2. 区域墙面

区域墙面是配合班级美术区、阅读区、表演区、建构区、数学区、益智区等区域设置而布置的墙面。在区域墙面装饰中应体现幼儿认知特点，色彩上以艳丽的纯色为主；造型以稚拙、简洁为主要表现手法；内容与各区域的主题一致，以幼儿熟悉的东西为主。一定要具有知识性，根据不同年龄段的幼儿展现出不同的情景，让幼儿有一定的发挥余地，也可采取适当的留白，使幼儿和墙面互动，方便教师进行指导，充分调动幼儿积极性。区域墙面的设计要以幼儿为主，注意根据各年龄班幼儿的不同心理特点来设计墙面布置，突出主题，和幼儿实际生活相结合，并以图文并茂的方式呈现幼儿进区规则。

**幼儿园区域规则**

**语言区规则**

1. 轻声说话，不影响小朋友看书；2. 爱惜书籍；3. 听到音乐马上将书放回原处，记住摆放整齐。

**美工区规则**

1. 保持正确的坐姿；2. 使用时要注意安全；3. 不浪费材料和纸张；4. 听到音乐马上将用品放回原处，记住摆放整齐。

**科学区规则**

1. 轻声说话；2. 爱惜玩具；3. 遇到问题要动脑筋解决；4. 听到音乐马上将东西放回原处。

**益智区规则**

1. 轻声说话，不影响小朋友活动；2. 爱惜玩具，遇到问题动脑筋解决；3. 听到音乐马上将东西放回原处。

**建构区规则**

1. 多动手多动脑；2. 保持安静；3. 爱护玩具；4. 听到音乐马上将东西放回原位。

**角色区规则**

1. 进区前要选择角色和道具；2. 和小朋友友好相处；3. 爱惜玩具，遇到问题要动脑解决；4. 听到音乐把东西放回原处。

**自然角规则**

1. 认真观察；2. 轻声说话；3. 不影响小朋友游戏；4. 爱惜植物，遇到问题要动脑筋解决；4. 听到音乐马上把拿的东西放回原处。

**娃娃家规则**

1. 进区要先选择角色和道具；2. 与小朋友友好相处；3. 爱惜玩具，遇到问题要动脑筋解决；4. 听到音乐马上将东西放回原处，记住摆放整齐。

相关链接

**爱心医院规则**

1. 进区前先要选择好不同的角色;2. 爱惜玩具;3. 排队挂号、取药;4. 使用礼貌语言;5. 听到音乐马上将用品放回,记住摆放整齐。

**数学区规则**

1. 要轻声说话;2. 爱惜玩具;3. 遇到问题要动脑筋解决;4. 听到音乐马上将东西放回原处。

**理发区规则**

1. 进区前先要选择角色;2. 爱惜玩具;3. 理发流程要记熟;4. 选择发型,理发,付钱;5. 使用礼貌用语;5. 听到音乐马上将用品放回原处。

**超市区规则**

1. 进区前要先选择角色;2. 和小朋友友好相处;3. 爱惜玩具;4. 遇到问题要动脑筋解决;5 听到音乐马上将东西放回原处,记住摆放整齐。

**小书屋规则**

1. 进区前先要确认角色;2. 轻声说话,不影响小朋友看书,3. 爱惜书籍,4. 听到音乐马上将书放回原位,记住摆放整齐。

**美味餐厅规则**

1. 本区限人数3人;2. 进区要先选择角色;3. 和小朋友友好相处;4. 爱惜玩具,遇到问题要动脑筋解决;5. 听到音乐马上放回原位,记住摆放整齐。

**秘密小屋规则**

1. 进区先要确认人数;2. 脱鞋进入;3. 轻声说话;4. 离开前请将屋内物品整理好。

相关链接

3. 家长园地

家长园地又称家园联系栏,是家园合作的重要形式之一,是幼儿园与家庭联系的纽带、教师与家长沟通的桥梁,担负着科学育儿和提高家长育儿水平的职责,目的在于及时向家长传递班级教育情况,使家长明白如何与幼儿园配合,形成教育合力,促进幼儿全面和谐发展。

家长园地以宣传班级教育教学活动和家园互动为主要内容,内容包括:幼儿园活动介绍、幼儿园教育计划(一周或一月)、家庭教育指导、经验交流、家园互动等方面。家长园地布置要有艺术性,符合班级特点,能根据教学计划随时进行调整。同时有利于家长了解幼儿学习和生活情况,为家园共育提供平台。

博客式家长园地

 班级墙面环境布置的内容有哪些?

## 指导要点

### 一、班级主题墙面环境的管理要点

1. 班级主题墙创设统一规划,每个班级上位墙饰主要设置评价栏、主题介绍、作品等内容,主要以欣赏为主;下位墙饰以师幼互动为主,创设探索墙、互助墙、区域墙等,让幼儿操作。

2. 必须有明确的要求,在主题墙创设中渗透五大领域,同时要不断地变化,具有阶段性。

3. 把幼儿感兴趣的事物放入主题墙的创设中,让幼儿以主人的身份参与环境的创设,把自己的所思、所想和真实情感融入到墙饰中。

4. 伴随课程的开展而变化,逐步展现幼儿的作品,布置互动墙等,也可根据主题的内容预留空白,有时可以考虑采用主题墙背景不变、主题内容常变的策略。

5. 引导幼儿参与环境创设,共同构想环境创设的设计,共同参与环境创设的布置,共同参与主体环境的互动,共同进行环境创设的反思。

6. 引导家长参与互动，让家长了解主题，邀请家长共同收集材料，共同参与环境创设，一起进行调查评析，协助做好主题活动的延伸。

7. 加强培训和检查，通过教学研讨、专家讲座、环境检查评比等培训形式提高教师的环境创设水平，要求在上墙之前通过环评小组同意，定期进行检查指导。

## 二、区域墙面环境的管理要点

1. 要突出主题和区域的功能，配合主题活动和结合区域特点布置墙面，突出幼儿在区域活动中的体验和感受，形成知识板块。

2. 墙面的设计应该以幼儿为主体，突出主题和幼儿实际生活相结合，贴近幼儿的实际生活，不能单纯地追求观赏。

3. 充分利用幼儿的作品装饰墙面，教师不能一贴了之，而是要充分发挥自己的聪明才智，进行修饰、再加工，使之成为独特的、带有幼儿年龄特点的、具有审美价值的作品。

4. 要具有知识性，根据不同年龄段的幼儿展现出不同的情景，让幼儿有一定的发挥空间。

5. 采取适当的留白，使幼儿和墙面互动，教师进行指导，给予幼儿鼓励，充分调动幼儿积极性。

## 三、家长园地墙面环境的管理要点

1. 加强家长园地对家庭教育的指导性，除了向家长展示幼儿园教育与活动外，应更多地增加指导家庭教育的内容，提高家庭教育指导区的更换频率。

2. 着重针对本班幼儿不同时期普遍存在的问题进行指导，也可以针对不同的家长群进行指导，或针对家长需求进行指导。

3. 在版面设计上，应依据幼儿年龄特点，选取相宜的版面设计。栏目的设计应丰富而有创意，但并不是栏目越多越好，应根据各年级实际情况，进行选择、调整。

4. 应图文并茂。幼儿家长的文化程度普遍较高，则宜采用文字的形式进行指导。若多为文化程度较低的家长或祖辈家长，则宜以图为主，辅之以文字。

5. 给家长提供参与的机会，设置“信息沟通栏”“经验交流区”，鼓励本班的家长投稿，尽量发表本班或本园家长的文章，给那些有成功教育经验的家长一个展示的空间。

6. 向家长介绍近期幼儿园教育活动的安排，并提出需要家长配合的地方，或向家长征求最佳的教育方案。

## 四、幼儿园班级墙面设计方案包含的几个要素

1. 项目名称；2. 主题名称；3. 活动目标；4. 活动准备；5. 活动过程；6. 活动反思。

## 示例分析

### 示例 1：班级主题墙环境设计方案

**走进春的畅想**

——班级主题墙环境创设

1. 目标的确定

认知目标：让幼儿直接了解春天的季节特征。

能力目标：培养幼儿之间、幼儿与教师之间的合作能力，让幼儿自己独立完成一项活动任务。

情感目标：激发幼儿热爱春天，保护春天里刚刚萌生的万物的积极情感。

2. 材料的准备与选择

本次主题环境创设选取的材料有废旧的水果篮、各种颜色的皱纹纸、废旧 A4 纸、绿色卡纸、白线、勾线笔、剪刀胶水、棒棒胶。

3. 创作过程

(1) 设计主题

根据春季的特征进行创作，可以突出季节的色彩。

(2) 教师示范具体操作步骤

教师选择在皱纹纸上画上花瓣、树叶，并示范给幼儿怎样剪、贴。

(3) 幼儿制作过程

据幼儿剪、贴、搓能力差异，分为三组，分别制作花瓣、树叶及树枝。

4. 作品的展示

教师将幼儿们制作的花瓣、树叶、树枝组合在一起，做成了一个漂亮的大花篮，并将这个美丽的大花篮悬挂在主题墙前面的天花板上，让小朋友们每天入园时，感受春天到来的气息。

**分析**

小组讨论，分析以上主题墙的设计方案，谈谈值得借鉴的地方，补充不足之处。

## 任务2　教室区角环境管理

### 任务概述

区角，指充分利用幼儿园班级内的各个空间角落，并在各个空间角落中为幼儿提供多种多样可操作的材料，是幼儿开展自主学习和游戏的主要场所。在区角游戏中，教师可以根据不同的教育教学目的和幼儿身心发展水平的差异，有目的地创设区角环境、提供不同层次的活动材料，使幼儿能够依据现有能力，进行操作、探索的自主性活动。在这样的一个区角中，幼儿可以根据自己的兴趣爱好来选择适合自己的游戏活动。

《规程》和《纲要》中有关于"幼儿教育应该以游戏为基本活动"的规定，应尊重幼儿身心发展的规律和学习特点，以游戏为基本活动，保教并重，关注个别差异，促进每个幼儿富有个性的发展。因此，需要给幼儿提供自由、开放的区角环境。

### 相关知识

#### 知识点1　班级区角环境布置的基本原则

**1. 坚持适应性与有效性相结合**

在区角环境创设时，尤其是材料和主题的选择中，既要和幼儿的生活相联系，又要恰当地提高主题的深入性。在区角环境创设中适应儿童的心理发展水平至关重要，体现了适应性原则。例如，小班的幼儿生活经验少，我们在观察时，就要更多地关注区角环境的创设是否选择了色彩鲜明、生动形象的材料来吸引幼儿的注意；大班幼儿已经具备了相对丰富的知识和经验，他们喜欢探索思考性更强的区角，如：科学区、益智区等。区角环境创设坚持与幼儿身心发展特点相适应，这样才能吸引幼儿进入区角，进行游戏活动。

**2. 坚持开放性与层次性相平衡**

开放性是指区角的创设可以让幼儿根据自己的想法自由发挥、自主创造。积极主动的学习要比被动学习效果显著许多，对于幼儿来说也是如此，因此，区角不应该是展示台，而是操作台，不一定要有精致的工具，而是要有可以满足幼儿探究的各种材料，让幼儿根据自己的想法，在教师的指导下进行操作从而获得发展。

层次性是指区角的创设可以给幼儿提供选择的余地，为不同能力水平和不同兴趣爱好的幼儿提供不同难度的可操作性材料。在区角环境的创设中，特别是材料的选择中，要坚持高结构与低结构材料相结合，简单操作材料和复杂操作材料相结合，幼儿不同阶段对于材料的解读不同，他们在操作、利用不同材料中能够得到多种程度的发展。

3. 坚持参与性与安全性相结合

由于幼儿认知水平的限制，决定了其在区角游戏中离不开教师的指导，参与性也是区角环境创设的因素之一，因此参与性不仅仅是指幼儿的参与，更是教师在区角游戏中的有效指导、引导幼儿深入探究。在各个区角游戏中，需要适当地设置难点，为教师的参与提供机会，为给幼儿更高层次的探究留下空间。

安全性是区角环境创设的根本，区角环境创设中我们会要求区角游戏场地的地面不能凹凸不平、坑坑洼洼；区角的上方空间不能悬挂易碎物品；区角的墙面无显露在外的电源插孔。另外，区角中投放的玩具材料要保证安全，室内外玩具都不能有危险性；材料的选择要保证无毒；在选购玩具时要注意，避免选购表面有锋利部分、易划伤幼儿的危险玩具，室外的大型玩具边角都应圆滑。

思考 班级区角环境布置应遵循哪些基本原则？

## 知识点2 班级区角环境布置的内容

班级区角环境布置通常包括五种类型：区域环境布置、自然角布置、走廊过道及吊饰布置、盥洗室环境布置和午睡室布置。

1. 区域环境布置

为使幼儿园的每一块墙壁、每一个角落都与幼儿产生交流作用，要求每班提供的活动区至少 4 个以上。环境和准备投放材料时，要有效地利用环境促进幼儿的发展，引导幼儿与环境相互作用，区域的选择上便于幼儿活动，材料的提供上利废利旧，便于幼儿取放，让幼儿在一个相对自由的空间里有机会和条件按照自己的意愿和兴趣通过具体的操作、体验去获得经验，发展认知能力，探索创造的无限空间。

2. 自然角布置

放置一些小动物和植物，便于幼儿轮流照顾、观察，掌握有关动、植物的知识。要求班级有自己的特色，归类摆放有层次感，动、植物良好生长，中大班实验区和记录有实效，发挥教育作用。

3. 走廊过道及吊饰布置

走廊与过道属于公共区域，它既是班级活动的空间，又是最让别人直观感受到班级特色的地方，布置时要体现班级特色，还要让幼儿感到亲切、有趣，并产生安全感、亲切感、归属感。悬挂的吊饰要符合班级幼儿年龄特点，并且要安全美观，有趣味性和一定的教育意义。

4. 盥洗室环境创设

盥洗室环境创设要考虑卫生和整洁，墙面上布置一些儿童卫生行为习惯养成的教育图片，让幼儿去观察、感受、检查自己，这有利于培养幼儿从小讲卫生、守公德的良好行为和习惯。

5. 午睡室布置

午睡室的色彩宜用蓝色系，蓝色给人以宁静、安详的感觉，有助于减少瞳孔放大的次数，易于稳定幼儿情绪，为幼儿营造一个便于入睡的良好环境。

幼儿园自然角创设案例

思考 班级区角环境布置的内容有哪些？

**安静区的设置**

班级区域设置常见的有音乐区、手工区、图书区、娃娃家、益智区、理发店、医院、超市、数学角、表演角等，但基本上没有幼儿园会设置安静区。其实，人都有一种天然的自我保护功能，烦躁的时候需要安静，疲劳的时候需要休息，厌倦的时候需要退避，其实孩子也一样，对安静有迫切的需要。而我们更习惯孩子在教师的眼皮之下，让孩子想安静片刻都不可能，所以才有了“幼儿乐意待在卫生间”的情况。

相关链接

在德国很多幼儿园都设置了安静区，有的称心理调节室，也有的叫休息区。安静区的设施比较简单，有小沙发、软垫和简单的玩具，诸如布娃娃和绒毛动物，设在比较僻静的地方，有的为单独一小室，有的则辟一块相对封闭的区角，这里与忙碌的活动区完全不同，营造了家庭般的氛围，让人有归属感和安全感。如果有人玩累了、玩腻了，或不开心、不想玩了，要找个地方“躲”起来独处一会，他就会选择安静区静静地独自玩上一会，或抱着娃娃躺上一会。难怪在他们那里，连孩子统一午睡的时间也没有，身体疲劳的恢复，神经疲劳的缓解，早已在孩子们的自我调整中实现了。

相关链接

## 指导要点

### 一、班级区域环境的管理要点

1. 根据幼儿年龄特点选择幼儿在生活中看得见、摸得着、感兴趣的内容，合理设置生活区、美工区、科学区、阅读区、益智区、环保体验区、建构区等区域。

2. 区角环境的设置以主题为背景来创设，并随主题活动的开展不断变化，还可以与季节变化、节日活动等幼儿身边熟悉的事物相结合，定期更新区角环境。

3. 在区角空间设置时将相关程度高、容易产生互动的区角邻近设置，增加区角活动之间的相互联系性，并将区角改为开放式，增加平行区，满足幼儿的需求，

4. 各区域虽然经常会以矮柜、隔离栏或桌子等相隔，但有时幼儿玩同一主题的游戏时，要随时根据需要拆除不同区角的“隔离物”，对区域进行灵活的拆分或合并。

5. 观察幼儿的游戏动态，合理调整区角空间设置，充分考虑区角类型的“动与静”，合理安排，避免相互干扰；也可以在安静的区角中，利用低矮的玩具橱柜等进行隔断，设置成“包厢式”“家庭式”，与其他区角相对分隔开，以减少外部的干扰。

6. 材料讲究美观耐用，同时关注到活动内容和材料本身的系统性，即科学知识结构本身的逻辑性、层次性，材料的投放应当是有序递进的。

7. 要根据幼儿的活动需要，适时地更新和补充原有材料，通过逐步添加新材料，递增区角活动的难度和吸引力，也可有计划地暂时删减一些与教育目标无关的材料。

8. 利用园里潜在的空间资源（走廊、大厅等）设置公共区角，拓展本班幼儿的区角活动空间，提高空间资源的利用率。

9. 培养幼儿的环保意识，变废为宝，让幼儿发挥想象，以制作、剪纸、绘画、粘贴等形式来创设区角环境。

10. 为幼儿创设一个自由、宽松、安全的心理环境，幼儿可以充分自由地选择游戏内容、游戏方式、游戏时间。

### 二、自然角环境的管理要点

1. 自然角可按照八大区域进行创设：水培区、水发区、土培区、观赏区、饲养区、呵护区、果实区、工具区。

2. 摆放时应遵循“安全至上”“高低结合”“同类归置”原则：将有刺的植物放置于角落并竖立警示牌；高低错落的摆放既有利于植物的生长，遵循其规律，又提升了自然角的美感；植物应当根据其科目进行分类摆放。

3. 自然角色调应选择绿色、白色等浅色调，材质以木质、陶土为主，也可以增加瓦片、玻璃，将生活中易得的材料进行自然投放。

4. 自然角物品的陈列不在于多和杂，而在于精和细。可以投放关于自然现象的小实验，动、植物的不同模型等，丰富自然角的科学性。

5. 教师可以每月更新一次自然角的观察主题，如本月的观察重点是多肉植物，下个月的观察重点是绿叶植物，形式的不同也有助于幼儿兴趣度的提高。

6. 针对不同年龄班，自然角中材料的种类和呈现方式应具有连续性、相关性、变化性和渐进性，既具有统一性又避免雷同性，即应当体现出一定的层次性。

7. 尽可能投入一些可供幼儿自己操作实验的材料，留下空间让幼儿自己种植和饲养。

8. 教师应带领幼儿先深入调查各动、植物的习性，鼓励幼儿参与选择和收集材料，制作成简易的标牌，既方便幼儿日常照料，也便于提升家长对自然角的了解。

9. 自然角外部环境的打造要与班级整体环境一致，延续班本特色，进行系列延伸。

### 三、过道走廊、吊饰环境的管理要点

1. 过道走廊、吊饰环境的布置不仅仅要简洁美观大方，更重要的是要符合幼儿身心发展的特点，具有趣味性和教育性。

2. 注重安全性与实用性，选用的材料要卫生健康环保，摆放的绿色植物要容易存活且无毒无害，环创的颜料也要注重其质量，悬挂的物品要牢固，以避免对幼儿身体和健康带来伤害。

3. 走廊、吊饰中摆设的各种饰品，要利于清洁，结实耐用，防止因幼儿接触、碰撞而造成安全卫生问题。

4. 彰显班级特色和发展理念，使家长接送幼儿时能通过走廊、吊饰环境布置直观地了解到班级的理念与特色。

5. 既强调走廊、吊饰的美化装饰，也要重视育人功能，将走廊、吊饰变成了一个教育场所，把幼儿在走廊玩耍的时间变为一个教育时机。

6. 鼓励幼儿参与走廊、吊饰文化建设，突出幼儿的主体性。幼儿的参与既充实了幼儿园教学活动的内容，又有利于发展幼儿的动手能力，使走廊变得温馨、可爱、充满童趣。

### 四、盥洗室环境的管理要点

1. 张贴和装饰美观又富有童趣的洗手步骤图片，结合绿色环保、节约用水的理念，张贴相关图标，培养幼儿低碳环保的意识。

2. 在洗手间墙面张贴“餐后约定”“我是值日生”及“正确擦嘴、擦手”等提示图片，提示幼儿值日生工作应做什么、如何做。

3. 教师在盥洗室地面张贴不同图案，提示幼儿学会排队等待，从而帮助幼儿养成有序如厕的习惯，避免发生安全隐患。

4. 张贴图示，鼓励幼儿多喝水，让幼儿初步了解自己的身体状况，了解健康与个人卫生、是否挑食、适量运动等多方面有关系。

5. 贴上男、女洗手间标识，让幼儿了解生活中出现的其他男、女洗手间标识所代表的意义。

6. 张贴安全标记，利用图像、文字、标志等，引导幼儿理解规则、遵守规则、制定规则。

### 五、午睡室环境的管理要点

1. 在睡眠室的四周墙面上装饰“漂亮的夜空”“熟睡的乖宝宝”等画面，为幼儿营造一个宁静温馨的睡眠气氛。

2. 在幼儿可以看到的地方设置文字区域，如“钻被子”“自己睡”“降低分贝”等文字标志提醒幼儿快速入睡。

3. 在一个静谧的睡室环境中，太过于花哨会引起幼儿的注意力分散、过于兴奋，不利于幼儿入睡；太过冷清则会让幼儿在情绪上感到不安，缺乏一种安全感。

4. 室内保持安静，温度适宜，适当拉好窗帘，保持适宜的光线。

5. 在午睡前打开门窗交换新鲜空气，减少幼儿受细菌感染的机会。

## 六、幼儿园班级环境创设评分表包含的几个基本要素

1. 项目名称；2. 班别；3. 评分人；4. 日期；5. 评分项目名称；6. 评分标准及权重；7. 各项目得分及总分。

## 示例分析

### 示例1：幼儿园班级环境创设评分表（表4-1）

幼儿园班级环境创设评分表

班级：　　　　日期：　　　　评分人：

| 项目 | 评分标准 | 权重 | 得分 | 备注 |
|---|---|---|---|---|
| 主题墙<br>20分 | 1. 空间布局合理、有适用性，能根据不同的季节特征和课程进度情况调整变化。 | 6 | | |
| | 2. 内容选择突出主题，有创造性、变化性、童趣性，富有美感，作品呈现方式多样、实用，能根据实际展示平面和立体的作品，并符合本班教育目标、内容要求及幼儿的需要。 | 3 | | |
| | 3. 材料丰富，渗透环保理念，色彩运用美观、协调。 | 3 | | |
| | 4. 幼儿能参与主题墙的创设，能让幼儿与主题墙产生对话。 | 5 | | |
| | 5. 主题墙的创设蕴含着教育价值，有利于幼儿获得与主题相关知识，扩展视野，能体现师幼间的互动。 | 3 | | |
| 区域创设<br>15分 | 1. 充分利用园舍空间和各种资源，区域环境与游戏内容协调一致，体现环境对幼儿的暗示作用，以及展示幼儿区域作品的作用。 | 5 | | |
| | 2. 区域布局合理，材料的选择与投放符合幼儿年龄特点，区域材料摆放有序，便于幼儿取放。 | 5 | | |
| | 3. 材料丰富多样，有充足的半成品和幼儿使用的工具与材料，满足幼儿的需要，玩具材料具有多功能性。 | 3 | | |
| | 4. 区域材料整洁美观，安全卫生，无毒无害。 | 2 | | |
| 自然角<br>15分 | 1. 充分利用不同季节的资源，调动幼儿与家长参与的积极性，自然角摆放有序，便于幼儿观察、记录。 | 5 | | |
| | 2. 自然角种类丰富，有多元化特点，如盆景、花卉、种植、干果种子、水果、小动物等。分类整齐，如种植区、饲养区、植物种子区、果实展示区等。 | 5 | | |
| | 3. 各类物品标签统一。 | 2 | | |
| | 4. 自然角整体布置美观，布局有自己的特色。 | 3 | | |
| 幼儿评比栏10分 | 1. 布局设计合理，富有童趣性，能进行二次布置。 | 5 | | |
| | 2. 日常利用率高。达到评比栏设置的目的。 | 5 | | |
| 家园<br>联系栏<br>10分 | 1. 在固定形式的家园联系栏上附加设计，富有独特性。 | 3 | | |
| | 2. 栏目美观，标题醒目，内容齐全。如周计划、育儿知识、请你配合、小任务等。 | 4 | | |
| | 3. 联系内容、选材适当，字迹工整、纸张齐全。 | 3 | | |
| 吊饰、走廊<br>10分 | 1. 设计主题鲜明、有特色。 | 5 | | |
| | 2. 物品摆放整齐、实用性强、利用率高。 | 5 | | |
| 整体环境（睡室、盥洗室）20分 | 1. 班级各类物品摆放整齐有序，整洁干净，有统一归类。 | 5 | | |
| | 2. 整体环境符合班级幼儿年龄特点。 | 5 | | |
| | 3. 布置新颖，体现教师细心、用心独特的匠心。 | 5 | | |
| | 4. 卫生环境好，无卫生死角。 | 5 | | |
| 总分 | | 100 | | |

**分析**

小组讨论，分析以上幼儿园班级环境创设评分表的优缺点，提出补充建议。

## 反思探究

### （一）案例反思

**区角活动的空间设置与材料投放**

区角观察实录1：区角活动中，我观察到“甜心书吧”几乎没有幼儿前往，而附近的“琳凌美食街”中，幼儿玩得热火朝天，只能容纳6个人的空间却挤进了10个人，而且，有几个幼儿每次只去“琳凌美食街”进行美食制作或画餐盘游戏，对其他区角游戏一点都不感兴趣。于是我过去问他们：“你们的食物做得这么棒，为什么不去别的区角表现更多才能呢？”“我们喜欢这里。”“你们去别的区角，说不定有更好玩的游戏呢！瞧，附近的甜心书吧有很多书，去多认识一些字宝宝，让自己变得更棒，好吗？”“那里太小太吵了，而且那里的书我们都看过，没意思啊！”。

区角观察实录2：区角活动中设有“银行”，每个幼儿都有自己的存折。靠近“银行”的是益智区“奇思妙想创意 SHOW”。区角活动开始一段时间后，不和谐的声音出现了。大贝摸着自己的手臂喊道：“老师，小毛取钱插队！还推我！”小毛说：“我没有插队，你自己刚才走开了，现在不应该排那里的！”“银行”出现的小插曲也干扰到邻近的“奇思妙想创意 SHOW”，正在专心下跳棋的几个幼儿被一旁的争吵打扰了，洋洋皱起眉头，欣欣嘟着小嘴说：“你们这些取钱的小朋友好吵啊，打扰我们玩跳棋呢！”

**思考** 案例中的区角活动的空间设置与材料投放有什么值得反思的地方呢？如何改进？

### （二）问题反思

1. 班级墙面环境布置中常见的问题有哪些？应如何应对？
2. 班级区角环境布置中常见的问题有哪些？应如何应对？
3. 谈谈蒙台梭利和瑞吉欧教育理论中的环境观给你的启示？

### （三）方案设计

1. 结合教育见习，设计一份班级主题墙环境创设方案。
2. 设计一份幼儿园班级环境创设评分表，并模拟对班级环境评分。
3. 设计一份幼儿园班级环境创设评比活动方案。

## 拓展阅读

1. 邹萍. 立体风景精彩生活——幼儿园室内区角环境的创设[J]，早期教育（教师版），2015(5)：36—43

2. 高芹. 基于生态学视角的幼儿园环境创设[J]，教育导刊（下半月），2017(8)：23—25

某幼儿园环境创设评比活动方案

# 学习情境2 班级心理环境管理

## 学习目标

**知识目标**

1. 了解班级心理环境管理的意义，掌握班级师幼关系、幼儿同伴关系和教师关系的概念。
2. 掌握班级心理环境管理的内容。

**能力目标**

1. 具有建立良好师幼关系、幼儿同伴关系和教师关系的能力。
2. 能够制订班级师幼互动观察记录表、幼儿行为观察记录表和教师工作考核表。

**素质目标**

1. 具备文化育人、环境育人的观念。
2. 提升自我修养，具备良好的心理素质。

心理环境对幼儿的成长，特别是对幼儿情绪、情感、社会性以及个性品质的发展具有十分重要的作用。良好的心理环境，能促使幼儿积极向上，推动幼儿发展；相反，压抑的心理环境，会导致不良性格的形成，制约幼儿发展。

班级心理环境管理内容主要包括师幼关系的管理、幼儿关系的管理和教师关系的管理。

## 任务1 师幼关系管理

### 任务概述

师幼关系是指教师在教育教学和与儿童交往过程中形成的比较稳定的人际关系。幼儿每天在园和教师朝夕相处，与教师在一起的时间比和父母在一起还要长，因此，师幼关系是幼儿发展最直接的影响因素。“教师是幼儿学习活动的支持者、合作者、引导者”，良好的师幼关系应该是教师尊重幼儿的年龄特点，接纳个体差异，尊重幼儿选择的权利和“试错”的权利。真正的“平等和尊重”，是要从根本上肯定幼儿生命存在的价值，感受到其内在的真正需求，尊重他们的成长规律和思维方式，以“润物细无声”的方式陪伴他们成长，而不是控制和压迫。

### 相关知识

**知识点1 师幼关系的理论基础**

马斯洛需要层次理论认为，人的需要是有五种层次和顺序的，第一层次是生理需要，第二层次是安全需要，第三层次是归属与爱的需要，第四层次是尊重需要，第五层次是自我实现需要，在低层次需要得到切实满足之后，会不自觉地向高层次需要努力。针对幼儿而言，他们的生理需要和安全需要都要得到满足，也希望得到教师的关心爱护，得到幼儿的尊重和认可，以实现个人价值。教师如何协调被关心和关心、被尊重和尊重的关系，是当前实际的教育教学工作必须面对的问题，也是构建和谐师生关系的一个重要组成部分。

罗杰斯关于人本主义的教育思想强调教学的目标是教师要促进学生进行有意义的学习，这里“有意义的学习”是在好奇心的驱使下自觉学习自己感兴趣的东西，以学生的经验增长为中心，给幼儿提供学习的动力，其中人际关系的发展程度和情感、情绪等在幼儿的人格养成上有着不可忽视的作用。建立起良好师生关系，可以有效地促进教育教学效果的稳步提高。

思考 人本主义教育思想对师幼关系的建立有什么作用？

## 知识点2 建立师幼关系的原则

建立师幼关系的原则包括接纳、赞赏、关爱、时间和权威。接纳是建立良好师生关系的基础，赞赏是方法，关爱是途径，时间是保障，权威是成果。

### 1. 接纳

接纳分为无条件接纳和有条件接纳。无条件接纳着重于幼儿本身具有的无限价值，即幼儿无论表现如何，教师都要接纳幼儿，尊重幼儿的人格。有条件接纳是指幼儿表现好，教师就接纳；幼儿表现不好，教师可以生气、发脾气甚至批评。只有用爱心无条件接纳孩子，才能够走进孩子的生活；只有走进孩子的生活，孩子才会喜欢你；只有孩子喜欢你，他才会向你敞开自己；只有敞开了自己，你才会了解他；只有了解他，你才知道怎样帮助他。

### 2. 赞赏

赞赏是建立幼儿自信心的关键。每个幼儿都是富有个性特点的个体，要尊重幼儿的个性特点，挖掘、培养、塑造每一个幼儿。除了语言，拥抱、抚摸、赞赏的眼神、微笑等都可以用来表示赞赏。

### 3. 关爱

教师首先要把最美的微笑送给幼儿，因为微笑不仅是一个人情绪的表达，也是一种爱的传递。微笑可以拉近教师与幼儿之间的距离，微笑可以给幼儿安全感，微笑也是爱的信号。其次是语言，语言包括爱的语言和肢体语言。教师与幼儿说话时，语气一定要温柔，节奏要慢些，语言一定要符合幼儿的年龄特点。

### 4. 时间

要想成为幼儿的朋友，教师就要花时间与幼儿相处。只有长时间与幼儿相处才能够了解幼儿的生活，了解幼儿的兴趣爱好及年龄特点；只有长时间与幼儿相处，幼儿才能感受到你的接纳和关爱，接受你成为他的朋友。

### 5. 权威

幼儿教师的权威不是靠严厉的态度，而是用爱来建立。要想让幼儿听你的话，首先要与幼儿建立良好的师生关系，然后再给幼儿建立规则，那样他们才容易接受。只有爱而没有约束会导致许多问题，同样，只有约束而没有爱则会导致恐惧。关系型的权威对幼儿学习品格的养成、辨别正确和错误的能力具有决定性的意义。

思考 师幼关系建立应遵循哪些基本原则？

**师幼互动应遵循的原则**

1. 民主性原则：教师应在尊重幼儿的基础上与其沟通，必须尽可能地蹲下来同幼儿讲话，建立人格的平等关系，而非居高临下。

2. 接纳性原则：教师在与幼儿沟通中，对幼儿的情绪及发生的行为问题，不急于作出判断，而是站在幼儿的角度，在充分理解幼儿的基础上，采取宽容的方式表示接纳。

3. 主体性原则：根据幼儿的需要、兴趣和能力，提供更多的选择，发挥幼儿在学习与发展中的自主性和积极性。

4. 激励性原则：教师不仅要及时激励幼儿的进步，使幼儿变得更加自信，而且对幼儿的新兴趣、新设想要给予积极的鼓励，从物质和精神上积极支持幼儿进行大胆、充分地探索和实践。

5. 差异性原则：面对一种情景允许幼儿自己有不同于他人的观念、兴趣、学习方式和表达方式，即教师尊重、接纳个体差异。

6. 反思性原则：教师要不断提高对幼儿行为的领悟能力及对自身行为的反思能力，促进幼儿发展。

相关链接

## 指导要点

### 一、师幼关系的管理要点

1. 教师对幼儿要时刻保持爱的情感、和蔼可亲的姿态，给幼儿营造亲切、友善、融洽、欢乐的气氛，激发幼儿愉快的情绪和饱满的热情。

2. 教师必须树立赏识观念，尊重幼儿的自尊心，积极评价幼儿的能力与行为，捕捉幼儿的闪光点，多给予鼓励性的评价，要特别注意挖掘他的长处与优点，使其扬长避短。

3. 以与幼儿平等的心态、伙伴的角色参与幼儿的各种活动，平等相处，为幼儿创造一个具有心理安全感和自由发挥感的空间。

4. 站在幼儿的角度去看问题，理解幼儿的真实感受和情绪，积极地面对幼儿的各种问题。

5. 接纳每个幼儿的一切，包括他的生活习惯、爱好、优缺点等，既接纳幼儿积极、阳光、成功的一面，也接纳他们消极、灰暗、失败的一面。

6. 时刻注意培养良好的情绪，积极调整自己的言行，严与爱结合，形成真诚、和谐、友爱、宽松的师幼关系。

7. 建立师幼互动对话，学会倾听，师幼共同成长。

### 二、师幼互动观察记录包含的几个基本要素

1. 项目名称；2. 观察时间、地点和班级；3. 记录人；4. 发生背景；5. 互动对象；6. 互动过程；7. 互动反思；8. 调整策略。

## 示例分析

#### 示例 1：师幼互动观察记录表（表 4－2）

师幼互动观察记录表

观察时间：　　观察地点：　　观察班级：　　记录人：

<table>
<tr><td>发生背景</td><td colspan="3"></td></tr>
<tr><td>互动对象</td><td colspan="3"></td></tr>
<tr><td rowspan="2">互动过程</td><td>教师</td><td>幼儿</td><td>分析</td></tr>
<tr><td></td><td></td><td></td></tr>
<tr><td>互动反思</td><td colspan="3"></td></tr>
<tr><td>调整策略</td><td colspan="3"></td></tr>
</table>

小组讨论，分析以上师幼互动观察记录表，谈谈值得借鉴的地方，补充不足之处。

# 任务2 幼儿关系管理

## 任务概述

幼儿的大部分时间，是在幼儿园与同伴的共同游戏中度过的，当幼儿适应幼儿园的生活后，社交需求开始成为其行为的主导动机。美国心理学家哈瑞斯认为，对儿童个性留下明显长远影响的环境是他们与同伴的共享环境，同伴群体对儿童的成长非常重要。良好的同伴关系可以使幼儿学会"共情"，尝试从别人的角度看待问题，促进社交发展。《指南》在社会领域中也明确指出："幼儿社会领域的学习与发展过程是其社会性不断完成并奠定健全人格基础的过程"。幼儿在与成人和同伴交往的过程中，不仅学习如何与人友好相处，也在学习如何看待自己、对待他人，不断发展适应社会生活的能力。

## 相关知识

### 知识点1 幼儿同伴交往

同伴交往指的是同伴之间通过接触而产生的相互影响的过程。同伴交往能力是指幼儿在与自己年龄相同或相近的人的交往过程中感受、适应、协调和处理同伴关系能力的总和。

幼儿时期的同伴交往对于幼儿发展十分重要，不仅关系到幼儿身体和心理的成长，更对其日后的发展产生重大的影响。幼儿只有在该时期建立起良好的同伴关系，友善交往，才能促进其更好地适应社会。

**思考** 幼儿同伴关系对幼儿成长有什么作用？

**幼儿同伴交往中协商策略**

大班幼儿在交往过程中主要使用了以下协商策略。

解释说明。通过各种途径，比如陈述自己的理由、澄清事实、阐明自己的立场和观点等使对方接受或认可自己的建议。如：欣欣搬小椅子过来了，可是放不进去，因为空隙太窄了，于是她对旁边的毛毛说："我的椅子放不进去，你把椅子往那边移一下，行不行？"

以己服人。这种策略包括两种情况。一种是用行动、示范等非语言符号增强自己协商的力度；另一种是利用自己的特长、优势取得他人的佩服与认可。如琪琪对欣欣说："我和你一起看吧，我认识很多字，可以念给你听。"

求助他人。当一方在协商中难以实现自己的愿望，不能与对方有效沟通以达成共识时，幼儿会让他人介入协商的过程，请求调停和仲裁，帮助他们达成协议。如：琪琪跑到可欣那儿请求援助："我请琼宇给我几片红色的雪花插片，他就是不给，他把所有的红色都放在自己面前。"

询问请求。与他人协商时，幼儿会主动征求他人的意见，在征得同意和许可的情况下，再采取行动。如：晴雨一来到娃娃家，就轻声地问新月："新月，我当二姐姐，好不好啊？"

劝说。在与他人讨论的过程中，用友善的语气尝试说服对方。如：子诺在娃娃家那儿站了会儿了，于是甜甜对她说："娃娃家已经满了，你去对面的面店吧，那里很好玩哦。"

肯定对方。对同伴的行为、意见积极地表示赞同、认可。如：心扬对真琪说："我也很喜欢下象棋，我们开始吧！"

威胁。当幼儿感到自己力量较弱，在协商中处于劣势时，幼儿会用语言或动作吓唬对方，以改变对方的立场。如：天斤从正庭那儿拿了一个轮子，正庭立刻把轮子抢回去了，于是天斤说："你不给我，我不想和你做好朋友了。"

相关链接

拒绝。在感到对方的行动对自己的利益有严重的伤害时，果断地否定对方的建议和要求。如：伟豪为了把自己的椅子放进去，就把旁边袁熙的椅子搬出来，袁熙用双手扶住椅子，坚决不让他搬："你不能把我的椅子搬出来。"

服从。为了引起他人的注意、争取他人的认可和博得他人的好感而努力与他人的愿望、行动保持一致。琪琪很想和欣欣一起玩，欣欣要她把娃娃给小小玩，她就把娃娃给小小了（平时她是不怎么会谦让的）。

补偿。在与他人共同活动时，不小心损害了他人的利益，幼儿会主动补偿，以赢得对方的原谅。如：袁熙不小心踩到了小小的脚，小小尖叫了一声"唉呦"，袁熙主动对小小说："对不起，小小，待会让你当妈妈好吗？"（小小个子比较小，一般是当宝宝。）

寻求新选择。双方在意见相左的时候，提出一种新的意见，希望双方能够达成一致。如：思思和可人都想当大姐姐，互不相让，争执了一会儿，可人说："我当正的大姐姐，你当副的大姐姐，好吗？我们都是大姐姐。"

分享交换。在争取利益的时候，幼儿建议双方同时或轮流使用某物或者利用某一空间。如：思思、小亮来到了开心网吧，思思对小亮说："你先玩会儿，你玩过了我玩，行不行？"

延迟满足。幼儿采取一些迂回的手段，经过一定时间的等待，试图实现自己的最初意愿。子诺想玩思思带来的小恐龙，她请求思思让自己玩一玩小恐龙未得到许可，在接下来的角色游戏中她娇滴滴地对思思说："思思，我想抱抱恐龙宝宝，就一会儿。"

相关链接

## 知识点 2　幼儿同伴冲突

幼儿的同伴冲突一般是指同伴间由于立场观点、要求愿望等的不同而产生的矛盾。同伴间的冲突一直被认为是"攻击性行为"。幼儿的攻击性行为不但会对他人或集体造成危害，对其个体的健康发展也是很不利的。因此，幼教工作者更应加强这方面的认识，及早加强对幼儿攻击性行为的控制与矫治，促使他们健康地发展。

**思考**　幼儿同伴冲突对幼儿成长有什么积极和消极的影响？

### 幼儿同伴冲突类型的归类与分析

1. 资源占有引发的同伴冲突

（1）游戏材料使用引发的同伴冲突

这类冲突主要分为如下两类：一是由于教师提供的游戏材料不能满足幼儿同时使用的需要；二是因为幼儿的认知水平有限，会争抢他人的材料。

（2）加入游戏方式引发的同伴冲突

当幼儿采取口头要求、直接询问、协助同伴、模仿同伴行为这四种策略时往往有较好的结果，而那些交往能力较差、采取策略较为负面的幼儿往往无法加入他人游戏，而且会引起同伴间的冲突行为。

（3）游戏角色引发的同伴冲突

幼儿在分配游戏角色的时候通常会采取两种方式：一是幼儿自由选择自己喜欢的角色；二是由同伴中的一人给每个幼儿分配角色。但是有的幼儿对自己扮演的角色不满意，或者认为同伴的扮演效果不如自己来扮演该角色，或者自己没有表现出期待的效果，就会引发冲突。

（4）争夺"友谊"引发的同伴冲突

幼儿在一日生活中时常会因为同伴友谊的争夺而引发冲突，一旦其他幼儿主动跟"好朋友"玩或者"好朋友"主动去跟其他幼儿玩，而自己感觉受到冷落时，就会引发争夺同伴的冲突。

相关链接

(5) 空间位置引发的同伴冲突

主要表现为幼儿在一日生活中由于空间、位置等原因与同伴发生的冲突行为，如排队或自己的座位被同伴占据等情况。

2. 规则维护或意见分歧引发的同伴冲突

以下规则，一旦周围有同伴“破坏”、不遵守规则，幼儿会“挺身而出”进行维护。

(1) 游戏规则维护引发的同伴冲突

游戏规则主要包含三个方面：一是游戏本身所既定的游戏规则；二是教师在游戏开始前设定的游戏规则；三是幼儿在游戏活动中与同伴商讨制定的游戏规则。

(2) 班级生活常规维护引发的同伴冲突

班级生活常规是指幼儿园制定的相关规程、教师针对各班的具体情况制定的班级管理规则、教师针对具体情况临时提出的口头规定等。

(3) 教育教学规则维护引发的同伴冲突

教育教学规则是指教师根据不同课程的情况，为保证课程可以有序良好地进行而制定的相应规定。

(4) 意见分歧引发的同伴冲突

由于年龄的增长、社会认知的不断增加，幼儿开始对周围的环境、事物和现象等提出质疑并通过相应的实验进行思考和研究，从而得出自己的结论，同伴冲突会伴随着幼儿的意见不同而引发。

3. 肢体动作引发的同伴冲突

(1) 动作意图误解引发的冲突

幼儿语言表达能力有限，更多时候动作和肢体语言是他们表达想法和情感的途径，但在通过手势或肢体动作进行表达的时候可能会让其他幼儿觉得过激，幼儿会误解这种行为并认为这是对方在诱发冲突。

(2) 动作幅度过大引发的同伴冲突

主要表现为幼儿在游戏等活动中发生身体上的碰触行为，只有在同伴动作幅度大、没有遵循公平原则的情况下他们才会还击，甚至引发攻击行为。

(3) 不经意碰触动作引发的冲突

在这种冲突中如果一方及时向同伴道歉，冲突会立即解决并且不会引发进一步的冲突。而有意碰触动作引发的冲突仅仅存在于那些有意侵犯他人的极少数幼儿的行为中。

相关链接

## 指导要点

### 一、幼儿关系的管理要点

1. 利用好教育契机，引导幼儿遵循社会规则，学会掌握一定的人际交往技能。

2. 教师要多组织幼儿进行角色扮演游戏，使幼儿通过游戏中的社会角色建立真实的同伴关系。

3. 多给幼儿创设相互交往的平台，开展跨班、跨年龄段的混龄游戏，让不同能力水平、不同性格类型的幼儿相互交往，在同伴中树立榜样，帮助幼儿建立良好的同伴关系。

4. 教给幼儿一些避免和解决冲突的基本技巧，如倾听别人说话，向别人道谢和道歉，向别人提出要求，表达自己的愿望，展开话题等等。

5. 对于班内社交能力较弱的幼儿，要采用适宜的策略进行支持，引导其和其他幼儿良好互动，满足友爱和归属的需要。

6. 重新认识幼儿交往冲突的价值，在交往冲突中引导幼儿思考，想办法解决问题，掌握必要的交往策略。

(1) 冷静接近幼儿，阻止伤害性行为，并表达对幼儿情感的理解；

(2) 让冲突中的每一个幼儿都充分表达自己的想法，收集有效的信息；

(3) 教师重述问题，帮助幼儿梳理过程，找出引发冲突的原因；

(4) 引导幼儿思考解决冲突的方法，如果没有构成危险和伤害，应该积极地引导幼儿自主解决冲突。

(5) 共同选择一个最佳的解决方案，教师给予进一步支持。

## 二、幼儿行为观察记录包含的几个基本要素

1. 项目名称；2. 观察时间、地点和班级；3. 记录人；4. 观察对象；5. 观察内容；6. 观察持续时间；7. 观察结果；8. 观察说明。

## 示例分析

### 示例 1：幼儿行为观察记录表(表 4－3)

**幼儿行为观察记录表**

操作定义

捣乱行为：指幼儿发生粗鲁行为、跪的行为，侵犯他人、扰乱别人、说话、叫嚷、噪声、转方向或者其他不良行为。

1. 粗鲁行为：离开位子、站起来、走动、跑动、跳绳、摇动椅子。
2. 跪的行为：跪在椅子上、坐在脚上、横躺在课桌上。
3. 侵犯别人：投掷、推、撞、拧、拍、戳及用东西打其他同学。
4. 扰乱别人：抢夺他人东西、破坏其他同伴所有物。
5. 说话：和其他同伴讲话、喊叫老师、唱歌。
6. 叫嚷：哭闹、尖叫、咳嗽、吹口哨。
7. 噪声：敲打桌面或玩具、发出怪声。
8. 转方向：不面向教师、转来转去。

表 1 行为有无

| 行为 / 代号 | 行为有无 | 具体行为有无 | | | | | | | | |
|---|---|---|---|---|---|---|---|---|---|---|
| | | 粗鲁行为 | 跪 | 侵犯别人 | 扰乱别人 | 说话 | 叫嚷 | 噪声 | 转方向 | 做其他事 |
| 1号 | Y | N | N | N | N | Y | N | N | Y | Y |
| 2号 | Y | N | N | N | N | N | N | N | N | Y |

注：1. 有用 Y 表示，无用 N 表示；2. 单位时间为 1 分钟，每位儿童观察 1 分钟。

表 2 频数与持续时间

| 行为 | 儿童代号 | 行为类型 | | | | | | | | |
|---|---|---|---|---|---|---|---|---|---|---|
| | | 粗鲁行为 | 跪 | 侵犯别人 | 扰乱别人 | 说话 | 叫嚷 | 噪声 | 转方向 | 做其他事 |
| 频数/次数 | 1号 | | | | | | | | 4 | 7 |
| | 2号 | | | 1 | 1 | | | | 5 | 2 |
| 持续时间 | 1号 | | | | | 18 s | | | 3 s | 19 s |
| | 2号 | | | | 2s | | | | | |

注：1 号、2 号儿童观察 3 分钟，用数字多少来表示频数，并记录持续时间(s＝秒)。

表 3 1 号儿童的观察记录表

| 行为 / 时间 | 1 号儿童的活动类型 | | | | | | | | |
|---|---|---|---|---|---|---|---|---|---|
| | 粗鲁行为 | 跪 | 侵犯别人 | 扰乱别人 | 说话 | 叫嚷 | 噪声 | 转方向 | 做其他事 |
| 0～1.5 | | | | | 4 | | | 4 | |
| 2～3.5 | | | | | 3 | | | 2 | |
| 4～5.5 | | | | | 4 | | | 2 | 1 |
| 6～7.5 | | | | | 2 | | | 1 | 2 |
| 8～9.5 | | | | | 2 | 1 | | 3 | 1 |
| 10～11.5 | | | | | | | | 1 | 3 |

注：1. 单位时间 1.5 分钟里用数字的多少来表示频数；2. 每次观察 1.5 分钟，0.5 分钟休息。

**分 析**

小组讨论，分析以上幼儿行为观察记录表，谈谈值得借鉴的地方，补充不足之处。

## 任务3 教师关系管理

### 任务概述

教师关系是指教师在教育教学过程中结成的相互关系，包括彼此所处的地位、作用和相互对待的态度等。它是一种特殊的社会关系和人际关系，是教师团队为实现教育目标，在教育教学活动中形成的关系体系。一个和谐的氛围能让教师从中获得一份积极的情绪、开阔的思路，使教师能够理智地看待问题，正确地分析问题，妥善地处理问题，心情舒畅，有利于顺利地开展工作，迅速进入工作状态，提高工作效率。

由于教师在学校中的角色与责任的特殊性，教师之间的交往不仅构成教师自身生活的组成部分，也是教师教育活动的组成部分，良好的教师关系是顺利完成教育教学任务的重要前提，因此，教师必须处理好学校中的同事关系。

### 相关知识

#### 知识点1 班级教师的团队精神

团队精神，就是团队中每一个成员都具有的、为了一个共同目标的实现而团结合作、共同努力的心理取向形式。简单说来，就是大局意识、协作精神。团队精神的基础是尊重成员兴趣，发挥个体特长，其核心是成员之间协同合作和凝聚向心，目标是个体利益和整体利益的最大限度的统一。

幼儿园多数实行“两教一保”的班级配班制度，每班配备三名保教人员。三位教师之间应和睦相处，形成有效的班级团队管理力量，建设一个宽松、和谐的班集体，为幼儿营造一种宽容、理解、尊重、合作的良好人文环境，从而促进幼儿身心的健康发展。这对幼儿园班级里的三位教师就提出了更高的要求。

“合作、体谅、补位”是班级教师团队精神的具体体现。三名教师每天相处的时间比较长，要搞好幼儿园班级各种鸡毛蒜皮的小事，三位教师之间就必须坦诚相待、相互尊重，建立一种宽松、自主、温馨的班级工作氛围，确保幼儿园各项工作顺利开展。主班教师在做好自己工作的同时，要关心配班教师，在处理班级问题时，可以多多听取配班教师和保育教师的意见。

当然，三名教师合作愉快的基础就是明确分工，在完成好自己工作的前提下，才能进行合作项目。教师之间既要明确分工，又要密切配合。也就是我们通常说的“小分工，大合作”。这样才能形成一定的秩序，避免不必要的紊乱而导致工作的无序。只有三位教师的“合作愉快”，才能给孩子们营造一种良好的人文环境，孩子们在这样的环境下，才能更好地成长。

**思 考** 如何营造班级教师的团队精神？

**幼儿园教师专业标准（试行）（节选）**

| 维度 | 领域 | 基本要求 |
| --- | --- | --- |
| 专业理念与师德 | （一）职业理解与认识 | 1. 贯彻党和国家教育方针政策，遵守教育法律法规。<br>2. 理解幼儿保教工作的意义，热爱学前教育事业，具有职业理想和敬业精神。<br>3. 认同幼儿园教师的专业性和独特性，注重自身专业发展。<br>4. 具有良好职业道德修养，为人师表。<br>5. 具有团队合作精神，积极开展协作与交流。 |

相关链接

（续表）

| 维度 | 领域 | 基本要求 |
|---|---|---|
| 专业理念与师德 | （二）对幼儿的态度与行为 | 6. 关爱幼儿，重视幼儿身心健康，将保护幼儿生命安全放在首位。<br>7. 尊重幼儿人格，维护幼儿合法权益，平等对待每一个幼儿。不讽刺、挖苦、歧视幼儿，不体罚或变相体罚幼儿。<br>8. 信任幼儿，尊重个体差异，主动了解和满足有益于幼儿身心发展的不同需求。<br>9. 重视生活对幼儿健康成长的重要价值，积极创造条件，让幼儿拥有快乐的幼儿园生活。 |
| | （三）幼儿保育和教育的态度与行为 | 10. 注重保教结合，培育幼儿良好的意志品质，帮助幼儿形成良好的行为习惯。<br>11. 注重保护幼儿的好奇心，培养幼儿的想象力，发掘幼儿的兴趣爱好。<br>12. 重视环境和游戏对幼儿发展的独特作用，创设富有教育意义的环境氛围，将游戏作为幼儿的主要活动。<br>13. 重视丰富幼儿多方面的直接经验，将探索、交往等实践活动作为幼儿最重要的学习方式。<br>14. 重视自身日常态度言行对幼儿发展的重要影响与作用。<br>15. 重视幼儿园、家庭和社区的合作，综合利用各种资源。 |
| | （四）个人修养与行为 | 16. 富有爱心、责任心、耐心和细心。<br>17. 乐观向上、热情开朗，有亲和力。<br>18. 善于自我调节情绪，保持平和心态。<br>19. 勤于学习，不断进取。<br>20. 衣着整洁得体，语言规范健康，举止文明礼貌。 |

相关链接

## 知识点2 教师冲突及成因

教师冲突是教师之间由于教育观念、教育行为、性格气质等方面的差异，以及缺乏有效的沟通而产生的直接或间接的对立、分歧或互相干扰的活动，并伴有明显的消极情绪反应。

教师冲突通常是由教育观念、教育行为、性格气质等方面的差异而造成的。

1. 教育观念的差异。由于彼此间教育观念不能协调一致，常会存在着多种形式的分歧或对立，从而导致冲突的发生。

2. 教育行为的差异。教师的教育行为也是在其自身教育观念的支配和指导下进行的。教师教育理念的差异性必然导致他们在教育行为上出现分歧和冲突。

3. 性格气质的差异。由于教师间都存在着一定的性格差异，如果任由自己的性格行事，不顾他人的感受，也会产生冲突。

当然，教师间年龄和经历上的差异性也是产生冲突的重要原因。

另外，由于人们对人对事的态度、观点和信念的不同以及沟通机制的不完善常常造成沟通的障碍，也是引发冲突的主要原因。

**思考** 幼儿教师冲突通常是由什么原因引起的？

**幼儿教师心理健康问题**

一项幼儿教师的心理健康研究显示，幼儿教师心理健康问题检出率为23.6%，具体表现在：

1. 躯体化症状明显。研究中发现，该地区幼儿教师躯体化的阳性症状表现达到15.3%。躯体化症状主要反映人的身体不适，包括心血管、胃肠道、呼吸和其他系统等躯体表现。

2. 人格缺陷或异常。在调查中发现，该地区幼儿教师强迫、偏执的阳性症状表现达到15.3%和12.5%，这些都属于人格方面的问题。人格缺陷是介于正常人格与障碍之间的问题人格，是一种人格

相关链接

发展的不良倾向。幼儿教师中常见的人格缺陷主要有：自卑、孤僻、多疑、嫉妒等。人格异常是指人格结构和人格特征偏离正常，对环境适应不良，明显影响其职业和社会功能，是在无认知障碍和智力障碍的情况下出现异常的情绪反映。

3. 不良情绪反应突出。在调查中发现，该地区幼儿教师中敌对、抑郁、焦虑的阳性症状依次为18.1%、12.5%、12.5%，这些情绪长期存在会直接危害教师的身心健康。敌对主要从思想、感情以及行为三个方面反映出来，包括时常有厌恶的感觉、摔物、喜欢与人争议直到不可控制的脾气爆发；抑郁主要是心境苦闷、生活兴趣减退、动力缺乏、活力丧失、悲观、失望、对自己失去信心、有罪恶感；焦虑主要指烦躁、坐立不安、神经过敏、紧张等主观焦虑体验以及由此产生的躯体特征，如气促、出汗、失眠等。

相关链接

## 指导要点

### 一、教师关系的管理要点

1. 应该有高度的责任感，把班级当作自己的家，把关心教育幼儿作为自己义不容辞的责任。

2. 要做到以诚待人、坦诚相待，取他人之长，补自己之短，共同进步、共同发展。

3. 树立整体教育观念，每个人都应承担起自己在班级中的一份责任，既要分工明确，又要配合默契，形成一定的秩序，避免不必要的紊乱而导致工作的无序。

4. 尊重和接纳他人意见，应给予他人充分的空间去表达自己，以宽容的心态对待他人的不同和不足。

5. 有效沟通，减少误会，避免冲突，对于原则、立场等重大问题上的意见分析，要注意采取恰当的态度和表达的方法协商解决。

6. 在交往中维护自身合法利益的同时，也要尊重他人利益，为他人的成功提供帮助，尊重对方的劳动成果，增进彼此间的理解和信任。

7. 正确看待竞争与合作，学会与他人分享，不嫉妒，不拆台，自己成长的同时也要乐于看到别人的进步，在竞争、磨合中共同发展。

8. 要保持开放的心态，保持自身的心理健康，克服自我封闭意识，以乐观的状态投入班级工作。

### 二、教师月工作考核表包含的几个基本要素

1. 项目名称；2. 考核教师姓名和班别；3. 考核时间；4. 考核内容；5. 评分标准；6. 自评、组评和园评；7. 合计总分；8. 反馈意见；9. 评价人签名。

## 示例分析

#### 示例1：教师月工作考核表(表4-4)

教师月工作考核表

考核教师姓名：　　班级：　　考核日期：

| 项目 | 内　容 | 要　求 | 分值 | 自评 | 组评 | 园评 |
|---|---|---|---|---|---|---|
| 师德10分 | 为人师表 | 1. 着装适宜，符合教师形象，语言文明，同事之间团结友好。 | 1 | | | |
| | 政治态度 | 1. 积极参与各种活动，认真做好笔记并严格落实。 | 3 | | | |
| | | 2. 拒收家长馈赠和宴请，维护幼儿园的声誉。 | 3 | | | |
| | 遵守纪律 | 1. 自觉遵守园内各项规章制度，服从上级安排。 | 1 | | | |
| | 教态亲切 | 1. 教育幼儿耐心细致，不训斥或推拉幼儿，不体罚或变相体罚幼儿。 | 2 | | | |

（续表）

| 项目 | 内容 | 要求 | 分值 | 自评 | 组评 | 园评 |
|---|---|---|---|---|---|---|
| 教育教学工作50分 | 计划与实施30分 | 1. 按时制定各类计划，格式正确，目标适宜，措施得当，体现递进性。 | 5 | | | |
| | | 2. 文档资料规范有效，体现班级实际情况。 | 5 | | | |
| | | 3. 集体教学活动教、学具准备充分，环节清晰，目标达成度高。 | 6 | | | |
| | | 4. 各环节安排科学、合理、有序，内容、形式、材料丰富多样。 | 7 | | | |
| | | 5. 严格遵守一日作息时间和教师操作手册，按计划组织各类活动。 | 7 | | | |
| | 环境创设10分 | 1. 能与幼儿共同创设，体现幼儿的主体性。 | 2 | | | |
| | | 2. 根据课程内容及时更换主题墙和调整班级环境。 | 2 | | | |
| | | 3. 主题墙能呈现当前主题和已开展的主题，有效落实主题核心价值。 | 2 | | | |
| | | 4. 自然角内容丰富，管理有序。 | 1 | | | |
| | | 5. 主题和非主题区域配比合理，材料丰富，符合幼儿年龄特点和发展目标。 | 2 | | | |
| | | 6. 物品摆放整洁，有各种提示标志，有利于幼儿认知、习惯、能力的发展。 | 1 | | | |
| | 班级工作10分 | 1. 中班幼儿月出勤≥92%，大班幼儿月出勤≥95%，托小班幼儿月出勤≥90%，缺勤幼儿及时做好联系工作。 | 3 | | | |
| | | 2. 认真详细填写班级各类表格，坚持每天向组长汇报班级工作。 | 2 | | | |
| | | 3. 保管好班级物品，有遗失损坏酌情赔偿。 | 2 | | | |
| | | 4. 按时召开班务会议，有重点有措施地安排好班级工作。 | 1 | | | |
| | | 5. 幼儿有良好的常规，能自主、有序地参加各类活动。 | 2 | | | |
| 保健保育工作26分 | 生活活动9分 | 1. 观察指导有效，能关注幼儿良好生活习惯的养成。 | 3 | | | |
| | | 2. 做好幼儿膳食护理工作，无明显剩菜剩饭现象。 | 3 | | | |
| | | 3. 幼儿有良好午睡习惯，入睡率达到98%，每15分钟巡视一次。 | 3 | | | |
| | 体锻活动9分 | 1. 保证幼儿户外活动时间，教师站位合理，能关注到全体幼儿，有安全意识。 | 2 | | | |
| | | 2. 认真做好准备工作和整理工作，教师和幼儿着装便于运动。 | 2 | | | |
| | | 3. 能关注幼儿动作、情感、态度的培养，做好指导者、玩伴、护理者的角色。 | 2 | | | |
| | | 4. 充分利用活动场地，提供数量足、种类多的活动器械，促进幼儿动作发展。 | 2 | | | |
| | | 5. 教师早操动作规范到位，幼儿情绪愉悦，活动积极，队列队形整齐有序。 | 1 | | | |
| | 安全工作8分 | 1. 教师站位合理，能关注到全体幼儿，有情况及时处理并做好记录。 | 1 | | | |
| | | 2. 根据班级实际，有效地进行安全教育活动，并做好相关的记录。 | 2 | | | |
| | | 3. 能关注幼儿安全，使幼儿养成良好的行为习惯，提高安全防范的意识。 | 2 | | | |
| | | 4. 每天认真发放、整理幼儿接送卡，严格执行接送制度。 | 1 | | | |
| | | 5. 严防安全责任事故，如有安全责任事故，责任人赔偿相关费用。 | 2 | | | |
| 家长工作10分 | 家园栏 | 1. 按时更换家园联系栏内容，张贴整齐美观。 | 2 | | | |
| | | 2. 内容科学、规范、合理，家教理念正确，符合实际情况。 | 3 | | | |
| | 家园联系 | 1. 采用多种形式及时与家长沟通交流幼儿的发展情况，能得到家长的认可。 | 3 | | | |
| | 家长反馈 | 1. 有家长投诉(包括向教育政府部门)，经查属实，扣除家长工作项目总分。 | 2 | | | |
| 其他4分 | 网站建设 | 1. 按时上交各类网站资料，内容齐全，质量高，理念正确，教育随笔为原创。 | 2 | | | |
| | 临时任务 | 1. 完成幼儿园安排的其他工作。 | 2 | | | |
| 合计 | | 总分值100分 | 100 | | | |
| 反馈 | | 评价人签字： | | | | |

**分析**

小组讨论，分析以上教师月工作考核表，谈谈值得借鉴的地方，补充不足之处。

## 反思探究

### （一）案例反思

**关注幼儿之间的冲突**

区域活动时，小朋友在各自分区玩耍。忽然听到“哇”的一声，教师连忙过去，只见菲菲的小手上有一道被指甲抓过的划痕。旁边的小朋友七嘴八舌地告状说：“是小宇！”小宇红着脸，很委屈地说：“我想当爸爸，可菲菲就是不让，也不给我娃娃和帽子（头饰），我才抓她的。”

在幼儿园里，因争抢玩具而引起冲突，是幼儿一日活动中最常见的情况。一方面，现在的孩子多是独生子女，家里的玩具应有尽有，不存在争抢的现象，养成了孩子在玩玩具时都以自我为中心的性格；另一方面，由于幼儿的认知水平较低，又缺乏交往技能，遇到矛盾冲突不能用协商、谦让的方法来解决。所以，当教师提供的玩具材料不够充分、数量不足或教师没有留意观察时，就会引发幼儿间的种种冲突。

**思考** 案例中的幼儿之间的冲突有什么值得反思的地方呢？如何改进？

### （二）问题反思

1. 建立师幼关系的原则有哪些？应如何有效解决师幼的冲突？
2. 建立幼儿同伴关系的意义有哪些？应如何帮助幼儿建立良好的同伴关系？
3. 谈谈你对幼儿教师团队精神的理解。应如何建立良好的班级教师人际关系？

### （三）方案设计

1. 结合教育见习，设计一份班级师幼互动观察记录表。
2. 设计一份幼儿行为观察记录表，并模拟开展观察记录。
3. 设计一份教师月工作考核表。

## 拓展阅读

1. 王卫国. 基于专业标准的幼儿教师情绪管理对策探析[J]，教育探索，2015(1)：37—40

2. 范海霞，卢清. 基于师幼平等视角下的师幼互动[J]，幼儿教育，2010(2)：34—37

教师对幼儿的情绪的积极回应

# 学习单元五
# 班级主题活动管理

## 引言

儿童的世界中接触到的大部分都是自然事物，这些事物通常包含了多个学科领域。从幼儿的角度来说，他们希望对这些事物能有一个较为整体、全面、生活化的认识，而不是很精深但却被分割的知识。幼儿园班级主题活动正是注重知识的横向联系，很好地满足了幼儿的需求，所以目前很多幼儿园都选择了主题活动这样一种教育活动模式。

班级主题活动是在一段时间内围绕一个中心内容来组织的班级教育教学活动。班级主题活动是一个综合性的活动，能够促使幼儿开动脑筋，将所学到的知识全部发挥出来，实现主题任务的要求。它跨越了学科的界限，能够实现理论和实际的完美结合，具有较强的整体性，整个主题活动的设计过程都紧紧围绕着设定的主题进行，以主题为中心有序展开。

班级主题活动取材立足于幼儿的知识水平和生活实际，接近幼儿的最近发展区，充分重视了幼儿的主体作用的发挥，这有利于培养幼儿的团队精神和沟通能力。主题活动中有涉及适合幼儿发展的各个领域的各种知识；主题的展开形式也是多种多样，非常注重幼儿在亲身体验中获得经验。与主题有关的不同活动能反映出不同的课程方向和不同幼儿的参与模式，每名幼儿都有不止一次用多种方法接触同一内容的机会，由此可见，主题活动的开展非常适合 3～6 岁儿童的感知发展需要。

## 相关理论

陈鹤琴的单元教学理论。陈鹤琴主张的单元教学强调围绕某一教材，选择同一题材的儿歌、故事、绘画、手工制作、音乐舞蹈等活动。他批判幼儿园的分科教学“是模仿大学的，大学生的程度高、知识深，非分科教学不可的，但……幼稚教育则不然，教师尽管可以用整个教材去教他，不必分科的。”“整个教学法就是把儿童应该学的东西整个地、有系统地去教儿童，这种教学法是把各科功课打成一片，所学的功课是无规定时间的，所用的教材是以故事或自然为中心的，或是做出发点。”陈鹤琴的单元教学思想影响了人们的教学思路，给幼儿园教师设计组织主题活动指出了方向。所以幼儿园主题活动，实际上是陈鹤琴单元教学思想的发展。

新皮亚杰理论。新皮亚杰理论是将主题活动和数学活动、体育活动分离的依据，也是主题活动设计、组织的重要理论源泉。新皮亚杰理论认为，儿童许多知识概念，不必进行有组织的教学，因为它们在儿童成长过程中会自发建构起来，这主要是指一些社会生活常识及某些自然常识。但有些概念，如果不教学就不能得到保证，如数的概念。

# 学习情境 1 班级主题活动计划管理

## 学习目标

**知识目标**

1. 了解班级主题活动计划管理的意义，了解班级主题活动整体规划的概念。
2. 掌握主题活动的概念和选题的基本原则。

**能力目标**

1. 具备班级主题活动整体规划能力。
2. 具备班级主题活动网络图的设计能力。

**素质目标**

1. 树立以人为本、活动育人的观念。
2. 养成细致和耐心的心理品质。

“主题”指课程的某一单元、某个时段所要讨论的中心话题。

幼儿园班级主题活动是指围绕某个中心(如话题、问题、事物、事件或现象等)开展的跨领域、多学科的系列教育教学活动。主题活动是在丰富、温馨的教育环境中，围绕一个主题，通过教学活动、区域活动、游戏、环境设计、生活活动、家园联系等方式展开，突出活动的生活性、整合性、开放性和幼儿的主体性。

班级主题活动计划的管理是指教师在思考“如何将幼儿兴趣、需要与幼儿园教育目标有机结合，以及如何通过教育活动利用和扩展幼儿的生活经验”的基础上，整体规划班级主题活动，以及合理选题的过程。教师既需要在活动实施前进行预先设计，也需在活动开展中根据幼儿活动情况适时进行现场调整，更需要根据实施效果对活动过程进行反思，提出修订方案，为下一次活动的实施做准备。

## 任务 1 主题活动整体规划

### 任务概述

规划是个人或组织制定的比较全面长远的发展计划，是对未来整体性、长期性、基本性问题的思考和考量，是对未来整套行动方案的设计。

班级主题活动的整体规划是指幼儿教师在管理的班级范围内，根据幼儿年龄阶段发展目标和幼儿园的教育教学要求，结合本班学生的特点，对所开展的班级主题活动所做的总体安排和布局。

班级主题活动的整体规划是教师创造性地开展工作的过程。现今的幼儿园将综合课程园本化，教师又将园本课程班本化，根据幼儿的年龄特征、发展差异、自身喜好以及与幼儿的互动等，设计个性化的整体规划。

### 相关知识

**知识点 1 活动主题的类型**

根据主题活动的内容归属领域来分，活动主题的类型包括：

1. 健康领域：主要是保证身体健康，在集体生活中情绪安定、愉快；养成良好的生活、卫生习惯，有基本的生活自理能力；知道必要的安全保健常识，学习保护自己；喜欢参加体育活动，动作协调、灵活。

2. 语言领域：主要是教育幼儿乐意与人交谈，讲话有礼貌；注意倾听对方讲话，能理解日常用语；能清楚地说出自己想说的事；喜欢听故事、看图书，阅读有关的汉字；能听懂和会说普通话。

3. 社会领域：主要是教育幼儿能主动地参与各项活动，有自信心；乐意与人交往，学习互助、合作和分享，有同情心；理解并遵守日常生活中基本的社会行为规则；能努力做好力所能及的事，不怕困难，有初步的责任感；爱父母长辈、老师和同伴，爱集体、爱家乡、爱祖国。

4. 科学领域：主要是教育幼儿对周围的事物、现象感兴趣，有好奇心和求知欲；能运用各种感官动手动脑，探究问题；能用适当的方式表达、交流探索的过程和结果；能从生活和游戏中感受事物的数量关系并体验到数学的重要和有趣；爱护动、植物，关心周围环境，亲近大自然，珍惜自然资源，有初步的环保意识。

5. 艺术领域：主要是教育幼儿能初步感受并喜欢环境、生活和艺术中的美；喜欢参加艺术活动，并能大胆地表现自己的情感和体验；能用自己喜欢的方式进行艺术表现活动。

**思考** 活动主题的类型包括哪几个方面？

**活动主题的来源**

1. 整合多种教育课程确定主题

在新课程实施中，教师以现行的主题活动指导为主，以领域课程、建构式课程为辅，采取“三结合”的方式，使课程更具广阔的背景和多元观点的支持。如小班上册的“甜甜蜜蜜”这一主题，经过仔细分析与整合，教师对原有主题内容进行了删选：保留了“开心跳跳糖”“甜蜜蜜的聚会”“糖果家”“咕噜噜”等，以期达到预计的主题教育活动效果。

2. 抓住幼儿的兴趣点确定主题

兴趣是积极探索某种事物或进行活动的倾向，是发展智力的重要条件。教师要善于观察幼儿的举动，聆听幼儿的声音，了解幼儿的兴趣，关注幼儿的需要，捕捉有价值的信息并衍生出有意义的主题。如：“夏天真乐”的主题活动，包括说说“你知道的夏天”，品味“戏水池中玩水的乐趣”，撑上小花伞“踩踩雨”，学学荷叶上“蹦跳的小青蛙”，尝尝“美味的西瓜”，动脑筋想想“变凉快的方法”，哼一曲“美妙的夏天”，聊聊“大家吃过的冷饮”，展望“夏天过了，我也该上中班了”等等，所有活动围绕夏天的乐事、趣事展开，孩子们对夏天有了更丰富的认识。

3. 结合节日、季节的变换确定主题

“春游”“秋游”“节日教育”都是幼儿园的常规教育主题，教师应深入挖掘这些活动的教育价值。如组织秋天的采摘活动时，教师不仅把目标定位在让幼儿欣赏秋天、感受秋天收获的喜悦、体验劳动的快乐，还应进一步拓展它的教育价值：城市里的孩子对农作物是陌生的，让他们猜想白薯长在什么地方，然后再在采摘活动中去验证，极大地激发了幼儿参与活动的热情，更引发了他们对农作物生长环境的延伸探究活动。开展新年、中秋活动时，教师更要围绕中国传统文化的特色大做文章，引导幼儿过有中国特色的节日。

相关链接

## 知识点2　主题活动选题的基本原则

**1. 本土化原则**

要充分重视当地的特点，充分挖掘可利用的本土资源，丰富主题活动的内容，使主题活动符合当地的幼儿生活实际，注重本土资源的充分挖掘和运用。

**2. 生活性原则**

教师要善于从幼儿生活的常见事物中，挖掘幼儿教育的素材，捕捉教育契机，积极引导，使活动内容渗透于一日生活各环节，潜移默化地促进幼儿发展。

**3. 探索性原则**

教师要重视激发并呵护幼儿探索的欲望，要成为幼儿探索活动的支持者、合作者、引导者，创造条件让幼儿运用多种感官，通过自身的探索实践去发现、感知、体验，从中获得有益经验，在实践——论证——再实践的过程中体验探索的乐趣和成功的快乐。

**4. 主体性原则**

注重发展幼儿的主动性、独立性和创造性，把探索型主题活动作为一种学习方法，引导幼儿主动积极参与，要尊重幼儿、了解幼儿，把幼儿看作真正的主体，让幼儿有时间、有空间进行自主学习、自主探索。

**5. 整合性原则**

开展的主题活动应与幼儿园教育的五大领域、一日活动的教育资源等有机整合，并充分考虑本土的教育资源。应注重教育目标、教育手段、教育形式的整合，使主题活动的开展符合幼儿的认知特点，促进幼儿综合性能力的提高。

**思考** 主题活动选题的基本原则有哪些？

**主题活动的命名**

领域活动的活动计划，要先说明该活动属于哪个领域，最好直接以《纲要》五大领域（健康、社会、语言、科学和艺术）来命名。但在幼儿园教育实际中，我们发现存在以下几个问题：

一是教师还是比较习惯沿用以前的“六科教学法”来命名，如将活动直接命名为体育活动、语言活动、科学活动、数学活动、音乐活动、美术活动。

二是命名不规范：如将社会领域的活动命名为“社会性活动”，数学活动命名为“计算活动”。

三是命名非常零乱、多样，有的以内容类别来命名，如语言活动直接命名为“儿歌：……”“故事：……”；有的以活动类别来命名：如“听说活动：……”“看图讲述：……”“早期阅读活动：……”；美工活动直接命名为：“绘画活动：……”“泥工活动：……”；音乐活动直接命名为：“歌唱活动：……”“打击乐活动：……”等。下面列举几个案例进行对比：

◎案例 1

不适宜的取法——歌曲：《大树妈妈》；歌唱活动：大树妈妈；音乐活动：《大树妈妈》

适宜的取法——艺术活动：《大树妈妈》（歌曲）；艺术活动：《大树妈妈》（歌唱活动）

◎案例 2

不适宜的取法——故事：《春天的电话》

适宜的取法——语言活动：《春天的电话》（故事）

相关链接

## 指导要点

### 一、班级主题活动整体规划的指导要点

1. 重视开展班级主题活动整体规划。活动整体规划时间有长有短，可以是周计划、月计划、学期计划，也可以是从入园到离园的三年规划。

2. 开学前一周，就将一个学期的教学计划制定出来，通常以四五个主题活动为主，开学后便进入主题活动的实施阶段；到学期快结束时，主题活动实施结束，需要对幼儿进行测量评估。

3. 确定某个活动主题后，通过寻找与某一主题在名称或内容上看起来相似或有关联的素材（如儿歌、故事、歌曲），再将这些素材以学科的逻辑，建立主题网络图，从五大领域角度均衡地分布到主题网络图的二级子活动中。

4. 让幼儿参与主题网络图设计，预留经验生成空间，与幼儿讨论各种活动的可能性，并将这些记录补充到“主题活动网络图”中，为以后开展同类主题活动积累必要的经验。

5. 立足本班幼儿身心发展水平和个别差异，考虑到主题活动内容与实施过程的可操作性，使幼儿在德、智、体、美以及知识与技能、能力与习惯、情感等方面要各有特色地得到发展，既能面向全体，又能照顾个别差异。

## 二、班级主题活动计划表包含的几个基本要素

1. 项目名称；2. 一级主题名称；3. 一级主题活动目标；4. 二级主题名称；5. 二级主题活动目标。

## 示例分析

### 示例 1：班级主题活动月计划表(表 5－1)

小班九月份主题活动月计划表

| 内容 | 主题：我爱我家 | |
|---|---|---|
| 目标 | 1. 学会交流在假期中的生活情况；<br>2. 愿意高高兴兴上幼儿园，对老师产生信任与依赖，逐渐稳定幼儿入园情绪；<br>3. 了解家庭成员，感受家庭的幸福；<br>4. 积极参与各种收集活动，愿意表达对家、家人的认识与热爱，有良好的情绪体验。 | |
| | 活动名称 | 活 动 目 标 |
| 第一周 | 我的家 | 能初步了解家庭成员之间的关系；会说爸爸妈妈和自己的姓名及家庭住址 |
| | 扮家家 | 能根据歌曲创编表演动作 |
| | 图形找家 | 认识圆形、三角形、正方形；在分析图形特征的基础上，自己寻找分类标准进行分类 |
| | 蚂蚁找家 | 了解蚂蚁的生活习性 |
| | 小动物找家 | 练习走跑跳动作、提高走跑动作的协调性；学习在活动中保护自己 |
| | 摇小船 | 能安静地听乐曲，感受音乐的抒情旋律；乐意用动作、歌曲、表演，表达对外婆的喜爱之情 |
| 第二周 | 爸爸妈妈好 | 体验父母的关心 |
| | 营救小动物 | 探索用各种方法通过障碍；积累多种运动经验 |
| | 我家的照片 | 学习 3 以内的数量并了解数量之间的一一对应；感受家人在一起的愉快心情，喜欢自己的家人 |
| | 猜猜我有多爱你 | 在音乐活动中体验爸爸很爱我，并愿意尝试用歌声、动作等表达自己对爸爸的爱 |
| | 爸爸的领带<br>给妈妈串项链 | 体验用粘贴、剪等形式表达对爸爸、妈妈的爱 |
| 第三周 | 妈妈的小帮手 | 学习将成对的物品、相关的物品进行对应匹配；养成及时归位的习惯 |
| | 妈妈的生日 | 感受欢乐、融洽的家庭氛围；愿意为家人做力所能及的事 |
| | 爱意摇篮曲 | 感受摇篮曲柔和宁静的音乐氛围，并尝试用动作表达自己对音乐的理解 |
| | 我爱我家 | 继续学习按虚线折叠的技能；在教师的引导下学习对应粘贴门窗的技能，发展手眼的协调性 |
| | 嗯，有股香味儿 | 根据故事线索，了解莎子为妈妈生日做的事情，感受莎子对妈妈的爱 |
| 第四周 | 鸟儿的家 | 尝试运用多种材料为鸟儿做窝巢；爱护鸟、关心鸟 |
| | 全家福 | 学习手口一致地点数 5 以内的数量，并说出总数；知道不同的家庭中成员的数量会有差异 |
| | 快乐的跳跳糖 | 尝试用各种动作表现跳跳糖；体验快乐的情感 |
| | 我家有…… | 对谈话活动感兴趣，乐意与同伴、教师交流，会使用短句“××有……” |

**分析**

小组讨论，分析以上主题活动计划表，谈谈值得借鉴的地方，补充不足之处。

## 任务 2 主题活动网络图设计

### 任务概述

网络图是一种图解模型，形状如同网络，故称为网络图。近年来，网络图的概念被运用于学前教育领

域，称为主题网络图。幼儿教师在设定好教学主题后，将主题目标进行剖析和分解，找到次一级目标，根据目标寻找合适的教育内容，通过内容的展开构成一个有机联系的主题网络并用流程图的方式展现出来。

网络图是单元主题活动的图解。活动主题处于网络图的核心位置，网络图的二级分题源于主题，应有一定的综合性和扩展性，以便于设计三级分题。在整个网络图的设置中二级分题起着承上启下的作用。设计二级分题和三级分题时应覆盖幼儿园教学的多个领域，通过有步骤的活动开展促进幼儿全面发展；同时，设计二级分题和三级分题时还应注意体现幼儿的主体性发展、重视幼儿的生成活动、体现家庭社区幼儿园对幼儿的共育等方面。

## 相关知识

### 知识点1 主题活动网络图

主题活动网络图就是把某一项学习或者活动的项目、内容等按照时间、空间或者内在关系用网络形式表现出来。

下面是一个以春节为主题的活动网络图：

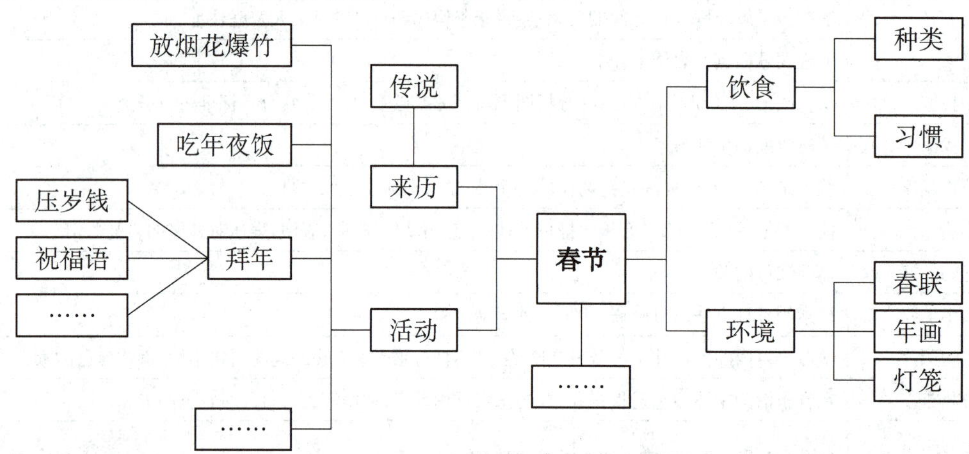


设计主题网络图前，必须通读五大领域的选用教材，因时因地因人制定。这里所说的“因时”是指因时间而定，如各种节日、纪念日；在安排活动内容时一定要注意时间的先后顺序；“因地”是指适应本地的特点特色，教材的内容如果不适合幼儿，可以适当增加和删减；“因人”是指因幼儿的情况而制定，如幼儿的知识经验、能力水平等等。

设计主题网络图时，将教材内容按照时间的顺序、相关联的内容、共性的目标等因素分成几大块，也就是几大主题，综合每个主题的所有内容给这个主题起个名称，也就是一级主题。一级主题下面再设立几个二级主题，这几个二级主题基本上就是一周一个，一个月基本上是四周。如果有的月份可能有五周，内容不够时，可以增加、生成适合的主题内容，二级主题下面又有若干个子主题，这些大大小小的主题都是围绕一级主题开展的。按内容划分主题后，将主题内容展示出来，也就是我们所说的主题活网络图。

**思考** 如何理解主题网络图设计中的“因时因地因人”？

## 指导要点

### 一、主题活动网络图设计的指导要点

1. 在绘制主题网络图时，以主题为中心，将各次级主题及其内容用直线呈放射状绘于纸上。

2. 网络图的绘制形式没有统一的规定，一般要求设置三级分题，绘制时要求呈现的三级分题清晰明了。

3. 在绘制主题网络图时，应清晰、美观、适用，可以设计一些简单的图案，但切记不要太花哨。一级主题用圆形绘制，二级主题用椭圆形绘制，子主题用多边形绘制，由中心向四周发散开来，这样一目了然、非常清晰。

4. 设计时应重视幼儿主动建构的过程，在主题网络图中可以留一些空的子主题，为主题留有生成的空间。

5. 网络图中主题的整体性和综合性应该是联系紧密、自然、水到渠成的，不应该是为联系而生硬拼凑的。

## 二、班级主题活动计划表包含的几个基本要素

1. 项目名称；2. 一级主题名称；3. 一级主题活动目标；4. 二级主题名称；5. 二级主题活动目标。

## 示例分析

### 示例 1：主题活动网络图(表 5－2)

大班主题活动网络图

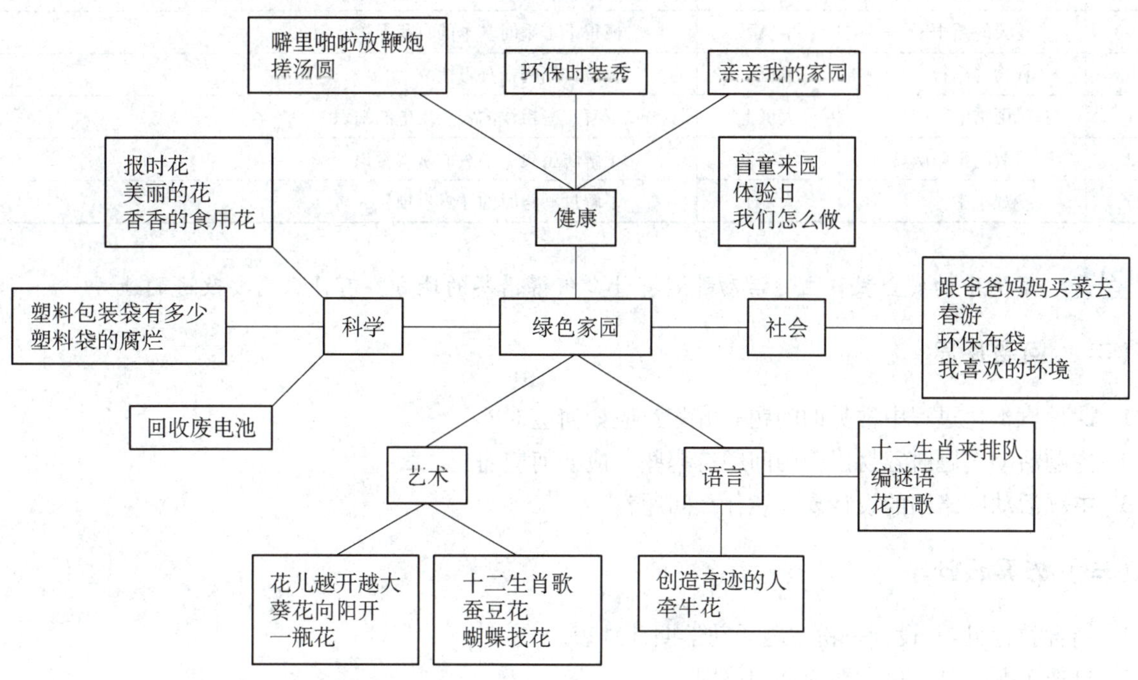


**分析**

小组讨论，分析以上主题网络图，谈谈值得借鉴的地方，补充不足之处。

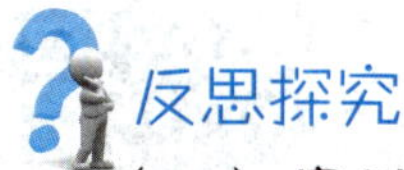

## 反思探究

### (一) 案例反思

幼儿园安全教育主题活动计划一览表

| 编号 | 安全教育主题名称 | 年龄段 | 主要目标 |
|---|---|---|---|
| 1 | 方便的自行车 | 小班上 | 懂得基本的坐车安全措施 |
| 2 | 小牙刷 | 小班上 | 知道保护口腔的方法 |
| 3 | 天冷我不怕 | 小班上 | 了解锻炼的好处，知道简单的防护措施 |
| 4 | 要放假了 | 小班上 | 懂得假期中的一些自我保护常识 |
| 5 | 我们去做客 | 小班下 | 知道在做客时不吃太多的食物 |
| 6 | 这是什么味道 | 小班下 | 知道不能挑食和少吃零食 |
| 7 | 电话响了 | 小班下 | 知道报警和急救电话的正确使用方法 |
| 8 | 儿童乐园 | 小班下 | 了解正确使用各种娱乐设施的方法 |

（续表）

| 编号 | 安全教育主题名称 | 年龄段 | 主 要 目 标 |
|---|---|---|---|
| 9 | 夏天来了 | 小班下 | 养成良好的生活卫生习惯 |
| 10 | 放暑假了 | 小班下 | 了解假期在家和外出的注意事项，学习一些基本的自我保护方法 |
| 11 | 小小运动会 | 中班上 | 讨论锻炼身体各部分的方法及运动时的注意事项 |
| 12 | 光脚漫步 | 中班上 | 了解保护脚的注意事项 |
| 13 | 拥有一双亮眼睛 | 中班上 | 知道保护眼睛的一般措施 |
| 14 | 冬季的取暖用具 | 中班上 | 了解冬季取暖的安全知识 |
| 15 | 迎新春 | 中班上 | 知道过年在安全方面的注意事项 |
| 16 | 快快乐乐玩游戏 | 中班下 | 能够遵守规则，安全愉快地开展游戏 |
| 17 | 消灭害虫 | 中班下 | 学习防止害虫叮咬的基本方法 |
| 18 | 炎热的夏季 | 中班下 | 了解夏季人们在饮食、衣着等方面的自我保护常识 |
| 19 | 夏天的雷雨 | 中班下 | 懂得下雷雨时基本的自我保护常识 |
| 20 | 食物的旅行 | 大班上 | 养成良好的饮食习惯 |
| 21 | 风雨雷电 | 大班上 | 了解一些粗浅的安全用电的知识 |
| 22 | 勇敢的消防队员 | 大班下 | 了解防患火灾事故的基本常识 |
| 23 | 参观小学 | 大班下 | 了解过马路时的注意事项 |

**思考** 案例中的安全教育主题活动计划有什么值得借鉴的地方？有什么需要改进的地方？

### （二）问题反思

1. 课程班本化过程中常见的问题有哪些？应如何应对？
2. 主题活动选题时容易出现的问题有哪些？应如何应对？
3. 主题活动网络图的设计要注意什么问题？

### （三）方案设计

1. 结合教育见习，设计一份主题活动学期计划表。
2. 自选主题设计一份主题活动网络图。

## 拓展阅读

1. 张兴利，朱建华. 幼儿园园本课程班本化实施的路径与反思——以“标志的世界”主题活动为例[J]，早期教育（教科研版），2018(1)
2. 王辉. 基于“儿童立场”的幼儿园主题活动设计[J]，江苏幼儿教育，2016(1)

绘本微主题活动的设计

# 学习情境 2　班级主题活动方案管理

## 学习目标

**知识目标**

1. 了解班级主题活动方案设计与实施管理的意义，掌握主题活动方案的概念。
2. 掌握主题活动目标、内容、形式和过程设计的方法。

**能力目标**

1. 具备班级主题活动方案的设计能力。
2. 具备评价班级主题活动的能力。

**素质目标**

1. 树立以人为本、统筹规划的观念。
2. 养成细致和耐心的心理品质。

活动方案指的是为某一次活动所指定的书面计划、具体行动实施办法细则、步骤等。对具体将要进行的活动进行书面的计划，对每个步骤的详细分析、研究，可以有效保障活动的顺利和圆满进行。

主题活动方案是针对一个具体的主题进行的开发工作，它对整个主题活动进行了分阶段的预设，明确了一个主题活动目标及各阶段幼儿活动的主要内容、活动过程、活动方式与方法、各个阶段指导和实施的要点以及活动评价等方面。设计与制定主题活动方案可以增强教师指导的计划性。主题活动设计方案一般由教师在主题活动实施前开发完成，并作为主题活动开展的实施指南。

## 任务 1　主题活动方案设计

### 任务概述

班级主题活动方案是指教师根据学期计划、月计划、周计划中的教学内容安排，依据幼儿的年龄特点而制定的具体的教学活动方案。它阐明在一定的活动时间内要做什么、怎么做、完成什么目标等。事先准备科学的班级主题活动方案，可以增强活动的目的性，引领活动的方向性，提高活动的针对性，是实现活动目标、提高活动质量的重要保证。

班级的任何一次活动要想成功举行，都不可能是天马行空、凭空想象的，而是在一个较为合理成熟的方案引领下，有计划、有准备、分步骤地加以实施，方可达到预期的教育效果。教师只有针对实际策划活动方案主题设计方案活动环节，在实施中优化完善方案，使主题活动的方案策划、目标确立、环节设计、实施效果更加优化创新，才能吸引幼儿、家长广泛参与，促进幼儿健康成长。可见，班级主题活动方案对于教学活动的有效进行具有极其重要的作用。

### 相关知识

**知识点 1　主题活动目标的制订**

主题活动目标是指幼儿参加某一阶段活动的方向和应达到的要求。目标设计在很大程度上反映出教师的教学水平，可以看出教师的教学理念、分析能力、逻辑思维。教师设计活动目标是为了把活动目标转化为可操作、具体化的行为目标，目标是整个主题活动方案的核心部分。活动目标的设计过程就是教师对材料的再理解、再创造的过程。为此，每个教师在思想上要充分认识活动目标设计在主题活动中的重要意义。

主题活动目标设计指的是按主题活动目标所涉及的幼儿发展的知识、能力、情感态度三个维度来进行的设计。

一是知识维度的目标。这主要指幼儿通过主题活动在对自然、社会、文化及自我等认识方面应达到的要求。它注重知识的创新性、综合性和广博性，以任务为中心，将知识学习融于完成任务的过程中，尽可能地综合运用知识，并在活动中体现幼儿自主获取新知识的欲望。

二是能力维度的目标。这主要是指幼儿亲身体验整个过程，在过程中解决问题等能力发展方面应达到的要求。这个目标的达成强调在活动过程中，并以直接经验的获得为主要目的。

三是情感、态度维度的目标。这主要是指幼儿通过主体活动在情感、态度、个性品质等方面应达到的要求。

目标要求对幼儿形成适度的挑战，才是有意义的。教师要把握几个方面：根据幼儿的经验有效地融入知识点，以各年龄段总目标作为设置挑战点的依据；根据幼儿的年龄特点参阅《纲要》《规程》和《指南》中幼儿发展的目标，形成适合的活动目标；情感和能力的培养也是有层次的，教师要善于分解这两个维度的目标，根据活动载体（内容）的特质有效地融入相关的情感与能力发展的目标；根据本班幼儿的需求、兴趣与发展水平，确定适合本班幼儿特点的目标，关键在于每个活动价值的定位及关键经验的挖掘。

**思考** 主题活动目标通常分为哪几个维度？

**活动目标的制定需注意的问题**

当前，幼儿教师在制定活动目标时都能考虑到目标的三维性，但活动目标的制定总体还存在在实际活动中，教育活动目标的制定容易出现笼统、抽象，手段性、途径性的多余表述等问题。

下面列举案例进行分析：

小班早期阅读活动《小海龟》

活动目标：

1. 通过讲述故事、阅读大书、做游戏等多种形式，加深幼儿对故事的理解，体验小海龟的情感世界。

2. 学习运用简单句式“××看见了××”进行完整表述。

3. 激发幼儿的想象力和大胆表达的愿望。

★分析：该活动目标存在三个问题：

一是活动目标的行为主体不统一，目标 1 和目标 3 以教师为行为主体，目标 2 以幼儿为行为主体，在同一个活动中，表述的方式不统一是不恰当的。

二是出现关于手段性、途径性的多余表述，如目标 1 的“通过讲述故事、阅读大书、做游戏等多种形式……”。

三是目标表述较为笼统抽象，如目标 3 的“激发幼儿的想象力……”

相关链接

## 知识点 2 主题活动内容的确定

《纲要》将幼儿园的教育内容相对划分为健康、语言、社会、科学、艺术等五个领域，同时也指出：“各领域的内容相互渗透，从不同的角度促进幼儿情感、态度、能力、知识、技能等方面的发展”。由此可见，幼儿园班级主题活动内容主要包括以下几大类：

（1）健康活动类。包括身体健康、生活卫生习惯、自我保护、体育锻炼等。

（2）语言活动类。包括听说、讲述、谈话、文学作品学习、早期阅读等。

（3）社会活动类。包括社会认知、自我意识和社会情感、社会行为等。

（4）科学活动类。包括人体与健康、动植物、生态环境、自然科学现象和科学技术等。

(5) 艺术活动类。包括画画、唱歌、跳舞、乐器、欣赏等。

思考 主题活动通常包括哪几个方面的内容?

**主题活动内容的选择**

1. 根据幼儿需求选择内容

《纲要》中指出:"儿童是活动的主人,儿童只有在自主活动的过程中,才能学得积极主动,才能体验自身的存在与价值。"可见,从儿童兴趣出发选择主题,可以较好地满足儿童的发展需求和探究兴趣,体现儿童的主体性。

(1) 根据幼儿的兴趣选择。兴趣是激发幼儿参与活动、主动探索的原动力。教师只有关注幼儿,了解幼儿的兴趣所在,把握幼儿活动过程中有价值的兴趣点,才能在最恰当的时机选择最适合的内容,并通过活动有效地推动幼儿的发展。

(2) 根据幼儿的生活经验选择。来自生活的内容是比较丰富,从自然界如风、雨、冰、雪、雷到生活中的飞机、轮船、汽车、楼房、电灯、煤气、自来水等,都可以发掘对幼儿发展有价值的内容,教师很容易利用这种资源组织丰富多彩的教育活动,引导幼儿学习运用感官感知日常生活中的事物和现象。

(3) 根据幼儿的发展需求选择。主题活动要以幼儿发展为本,在尊重幼儿的生活经验、兴趣和文化背景的同时,也应该为幼儿提供更多发展空间。教师尽可能提供条件,放手让幼儿自主探索,自由发展,通过幼儿可以理解、可以感受、可以操作的环境内容与材料,在活动中激发幼儿的探究兴趣,为发展幼儿的创新潜能服务。

2. 根据社会需求选择内容

(1) 根据幼儿关注的社会热点选择。要为幼儿多提供获取外界知识的机会,同时还要为幼儿创设宽松并留有一定探索空间的环境,让幼儿在探索的过程中获得新知识、新信息。

(2) 根据节日和季节的变换选择。节日、纪念日本身就为教育提供了极为丰富、有益的资源,是我们对幼儿进行各种教育的有利素材,教师应充分挖掘节日和季节里所隐含的教育价值,开展丰富多彩的主题活动。

当然,教师开展主题活动时要考虑自身情况,通过提升自身的能力使主题活动达到预期的目标。

相关链接

## 知识点3 主题活动形式的确定

幼儿园主题活动的基本形式一般有四种:集体活动、小组活动、个别活动和区角活动,每种活动形式各有其特点。

### 1. 集体活动

集体活动一般是由教师按照一定的教学目标,依据一定的原则选择教学内容,设计教学过程,面对全班幼儿实施的活动。其优点是有利于教师在短时间内向幼儿提供共同经验,效率高,易得到反馈并及时调整内容和方法,确保教育的条理性和连贯性,有利于幼儿自律、合作意识的培养。

### 2. 小组活动

小组活动是指根据幼儿发展水平、教育内容、教材的不同,将幼儿分成若干小组进行活动。其优点是为幼儿充分参与活动、教师充分了解幼儿提供了便利条件,有利于教师对个别幼儿的教育。在小组活动时幼儿可以主动积极地操作材料,教师和幼儿、幼儿和幼儿在小组里一起活动,讨论、发问、合作、钻研问题及总结。

### 3. 个别活动

个别活动即自由活动。此活动是根据每个幼儿的实际水平、兴趣、需要,提供多层次的、能满足各种不同水平幼儿的材料和活动内容,并结合个别指导的活动。其优点是有利于幼儿独立思考、解决问题和个性的充分发展,为教师有针对性地观察和个别辅导提供了便利条件。

#### 4. 区角活动

区角活动是指教育者以幼儿感兴趣的活动材料和活动类型为依据，将活动室的空间相对划分为不同区域，让幼儿自主选择活动区域，幼儿通过与同伴的充分互动获得学习与发展。区角活动主要是幼儿自己的活动，它不由教师精心设计和组织，也并非是教师完全不加影响、不加控制的"绝对"自由天地，只不过，这种影响和控制比较间接、隐蔽，是通过对环境的创设、尤其是活动材料的投放而实现的。

主题活动形式运用时需注意，四种基本活动形式运用要准确、灵活，可以采取一种教育形式，也可以选用多种形式，哪种形式易于调动幼儿积极参与，就采用哪种形式。同时，集体活动、小组活动、个别活动等教学形式要有机地结合起来，灵活运用，充分满足幼儿的需求，促进幼儿的发展。

主题活动形式的创新

思考 主题活动形式运用时需注意哪些问题？

### 知识点 4 主题活动过程的设计

在活动过程的设计中，要追求活动过程设计的有效性。教师要做到以下几点：

1. 要有"目标意识"，即过程要和目标一一对应，应考虑每一个环节实现了哪一个目标。只有完成所有活动目标的过程才算是完整的活动过程。如"有趣的石头"的目标：一是运用多种感官，了解石头的不同特点，知道石头的不同用途；二是初步掌握观察比较的方法，提高观察比较事物的能力。活动过程的第一环节为：请幼儿观察，摆弄收集到的各种石头(这里运用了多种感官，进行摸一摸、看一看、比一比、敲一敲、玩一玩等活动)；第二环节为：找一找、说一说，我们周围有什么东西是用石头做的？你还可以用石头做些什么？在这个案例中，第一环节实现了目标一中的"了解石头的不同特点"，第二环节实现了目标一中的"知道石头的不同用途"，而目标二的"观察方法"和"观察能力"是贯穿在整个活动过程中的。

2. 要有"材料意识"，即投放的活动材料应该在活动过程中体现和使用。有些教师在手工活动中准备了"儿歌……"，但是在活动过程中却用不上，纯粹是多余。

3. 要关注教和学。活动过程由相互依存的教和学两方面构成。活动环节中应说明教师主导幼儿做什么，幼儿在活动中学到了什么，充分体现师幼互动。在师幼互动的过程中，教师"预设的提问"非常重要，问题主要是封闭性与开放性相结合，并以开放性问题为主。而幼儿在活动中学到了什么主要通过幼儿的参与来体现，如幼儿自由分组练习，幼儿自由讨论等等。

4. 要注意活动各部分和各环节之间的逻辑关系。活动过程一般由导入部分、基本部分和结束部分三个大环节组成。在导入部分，教师要根据活动需要和幼儿的兴趣选择有效的导入策略，应避免追求"场面的热闹""方法的多样""活动的丰富"和"花样的翻新"等去设计一些与活动内容没有关联的导入环节，这样不仅费时费力，还影响了活动效果。在基本部分，每个大环节之间是层层递进的关系，每个大环节下的小环节应是对大环节的有效分解。如中班科学活动"有趣的石头"的第一大环节为：请幼儿观察，摆弄收集到的各种石头，其可分解为四个小环节，分别是：摸一摸、看一看；比一比、称一称；敲一敲、听一听；玩一玩。在结束部分，教师可以通过小结、自然结束等方式进行。

幼儿园主题活动过程中问题的设计

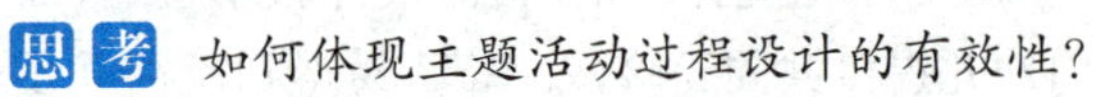
思考 如何体现主题活动过程设计的有效性？

## 指导要点

### 一、主题活动设计的流程指导要点

1. 选择与确定主题。列出主题名称、选择这一主题的理由和需要的时间(有助于帮助思考这一主题的选择是否非常适合)。

2. 拟定主题活动的总目标(将教育价值转写成活动目标，特别注意目标的全面性)。

3. 编制主题网络图。

4. 设计主题系列活动的内容(各个领域)，拟定主题活动纲要，主要考虑组成主题活动的系列活动具体有哪些，内容是什么，设计哪些活动领域，每个活动可能有助于达到哪些单元总目标。如果总目标中的某些条目没有对应的活动，就必须考虑增加相应的内容。

5. 逐一设计每个活动，包括活动的名称、目标、准备、内容、方法、过程等，创设与主题相关的环境。

6. 检查或评价方案。

## 二、班级主题活动设计方案应包含的几个基本要素

1. 活动主题（项目/课题名称）；2. 活动对象（年级/具体对象）；3. 活动背景分析（学情和资源分析）；4. 活动时长（总时长和每段时长等）；5. 活动目标（一般是总目标，主要包括情感/能力/认知三维目标）；6. 活动准备（教师和学生准备）；7. 活动过程（活动阶段幼儿的主要活动/教师指导重点/实施建议）；8. 活动成果的总结与交流；9. 预期的成果形式；10. 活动评价（反思）。

## 示例分析

### 示例 1：主题活动设计方案

#### 里面不许别人摸

**设计意图**

在我国，受传统观念的影响，一直回避着“性教育”这个话题，性教育的缺失造成越来越多猥亵幼童案件曝光。而大班幼儿已有初步的性别意识，对身体的秘密非常好奇，往往会出现一些不恰当的探索身体行为，对自己或他人造成伤害，加之缺乏正面、积极的引导，导致性保护意识非常薄弱。《指南》已经提出“告诉儿童不允许别人触摸自己的隐私部位”的教育建议。为此本人选取幼儿安全教育读本中《里面不许别人摸》的内容，设计了本次活动。

然而对于幼小的幼儿，很难理解什么叫做“隐私部位”，因此本次活动将保护身体的隐私部位说成是看好身体“洞洞”的大门，这个直观的形象说法非常符合幼儿的学习方式和特点。

**活动目标**

认知目标：了解身体的隐私部位，并有保护意识。

能力目标：学会保护隐私部位的方法，增强自我保护能力。

情感目标：乐于探索交流与分享，学会尊重他人。

**教学重点**

了解身体的隐私部位，知道不仅要保护自己的隐私部位，还要尊重他人，不触摸、不偷看他人隐私部位。

**教学难点**

掌握保护隐私部位的方法，增强自我保护能力。

**活动准备**

经验准备：

活动前，在图书角投放有关身体秘密的图书，如：绘本《身体上的“洞洞”》《可爱的身体》等。让幼儿初步了解身体的秘密备，并激发探究兴趣。

物质准备：

1. 多媒体课件：故事《不许摸》、儿歌《里面不许摸》（选自幼儿安全教育读本《幼儿安全早知道》）、幼儿安全自护等图片。

2. 操作材料：卡通人体图、油画棒、“小花”贴图、知识竞赛题卡。

**教学方法**

1. 观察法　2. 操作法　3. 游戏法　4. 讨论法　5. 体验法。

**活动过程**

一、“洞洞”大猜想——激发兴趣导入活动

1. 看图猜洞，激发兴趣。（教师依次出示“洞洞”图片）

幼儿从观察图片入手，结合自身生活经验进行猜测、想象、表达。

2. 揭示答案，了解生活中各种“洞洞”的不同用处。

3. 小结：生活中有各种各样的“洞洞”，每种“洞洞”的用处都不同，都很重要，如果不保护好，就会给我们生活带来不便。

（评析：通过猜生活中“洞洞”的游戏，调动幼儿探索“洞洞”的兴趣。从而引发幼儿对身体“洞洞”的探索。）

二、"洞洞"大探秘——了解身体的隐私部位

师：生活中有那么多重要的"洞洞"，我们身体上也有许多重要的"洞洞"，我们来找一找，然后把它画出来吧！

1. 找一找，画一画

幼儿在自己身上找一找，然后用自己喜欢的图案在人体卡通图片上标出身体上的"洞洞"。

2. 说一说，贴一贴

（1）说一说——哪些"洞洞"要露出来，哪些要藏起，为什么？

（评析：引导幼儿结合自己的已有经验，对身体里的"洞洞"是藏还是露进行分类，为幼儿理解什么叫隐私部位打下了基础。）

（2）贴一贴——小组合作，将隐私"洞洞"用小花贴好。

师：身体是属于我们自己的，藏起来的"洞洞"是不能露出来，不能让别人随便看随便摸，我们用"小花"把这些"洞洞"遮起来吧！

（评析：先讨论再操作，避免了幼儿操作的盲目性与随意性。幼儿贴"小花"的过程，就是帮助他们认识身体的隐私部位，并建立保护隐私部位概念的过程。）

3. 看一看，辨一辨

请个别幼儿展示操作结果，师幼共同观察、辨别、完善操作结果。

提问：遮对了吗？

幼儿回答后，教师借助课件演示结果，遮对了娃娃发出笑声，遮错了娃娃发出哭声，引出小结。

小结：图片中遮盖小花的"洞洞"所在部位，像胸、屁股、肚子、小便处，不能随便露出来，也不能让别人随便看随便摸，它们都是小朋友身体的隐私部位，所以我们要看好这些"洞洞"的大门。

三、看好"洞洞"大门——学会保护隐私部位的方法

师：小朋友都知道了哪些"洞洞"的所在部位是身体的隐私部位，那怎样保护好它们呢？

1. 播放课件《不许摸》，了解故事中小羊是如何保护隐私部位的。

师：如果是你，你会怎么办？

引导幼儿根据自己的已有经验大胆地发表看法。（引导幼儿学一学小羊大声拒绝的话）

2. 角色扮演——《不许摸》。鼓励幼儿大胆发挥自己想象力想保护自己的办法，并大胆演示出来。

最后，大家一起学一学。

3. 儿歌小结

师：小芭比也有许多好办法要告诉小朋友呢，我们来听听吧！

播放儿歌《里面不许别人摸》，幼儿听一听、读一读。

四、"洞洞"知识大比拼——拓展提升经验增强自我保护能力

1. 游戏：小小裁判员（判断图中小朋友的做法，丰富保护隐私部位的经验。）

（评析：让幼儿分辨出一些正确的保护隐私部位的方法和尊重别人隐私的行为，并利用课件的拖拉功能，给在图片上做得正确的小朋友送上"大拇指"，从而强化正面行为。）

师幼小结：我们不仅要保护好自己的隐私部位，不让别人摸，自己也不去摸，并讲卫生常清洗。同时还要学会尊重别人的隐私，如：在别人换衣服、上厕所时，我们不要去偷看。

2. 游戏："洞洞"知识大比拼

幼儿分为四队进行抢答，每答对一题，"红花榜"中得一朵红花。

（评析：这一环节中，针对大班幼儿的年龄特点设计知识抢答，帮助他们进一步巩固和提升保护隐私部位的经验。这样既增强了幼儿的自护意识，同时又培养了他们的团队合作和竞争意识。）

**活动延伸**

在区域活动中，引导幼儿将保护隐私部位的经验用自己的方法把它们记录下来，并制作《自我保护小画册》，和大家一起分享。

**总结**

整个教学活动内容和活动方式符合幼儿的兴趣和学习特点，贴近幼儿的生活。活动中幼儿自主、思辨、体验、探究、合作，教师耐心倾听，努力理解幼儿的想法与感受，支持、鼓励幼儿大胆探索与表达，让幼儿在玩中学、做中学。既满足了幼儿的好奇心，又提高了自我保护能力。使幼儿了解有隐私的身体、被尊重的身体，理解"隐私"的概念。这样的儿童性教育，不仅是简单的教幼儿知识，而是一种人性的教育、人际关系的教育。相信有了这种正面、积极的教育，孩子们一定能健康快乐成长！

## 分析

小组讨论，分析以上主题活动方案，谈谈值得借鉴的地方，补充不足之处。

## 任务2　主题活动方案实施和评价

### 任务概述

主题活动方案实施是指用实际行动去落实活动方案的过程。在班级主题活动的实施过程中，教师要做跟随者，让幼儿成为探路者，这是主题活动中所需要的新型师幼关系。在主题活动实施过程中，幼儿是主动性的个体，教师要让幼儿学会学习、学会思考、学会探究，让他们真正成为活动的主人，这才是实施主题活动的最终目的。

主题活动的评价是指从特定的目的出发，根据一定的标准，通过特定的程序，在对教师组织开展的主题活动进行观察、分析的基础上做出的评判过程。主题活动评价除了具备基本的检查、选拔和筛选功能以外，还具有反馈调节、展示激励、反思总结和积极导向功能。主题活动评价能使被评价者更清晰地了解自己的教育活动中存在的问题，并获得更好的教学建议，从而学会从多角度重新思考，检查、重构自己的设计思路、教学手段和方法，达到相互学习、相互促进、共同进步、推动幼儿发展目的。

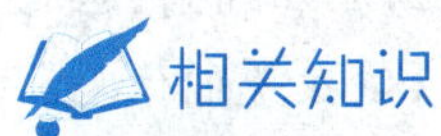

### 相关知识

#### 知识点1　主题活动的实施

**1. 征集意见，制定方案**

在活动初始，通常要召开教师会议，专题商讨并制定活动方案，使方案的制定能够适合不同年龄段幼儿的个性发展。

**2. 分工筹备，整合资源**

每次活动的开展，除了有教师的参与准备，还需要将家长配合列入计划中，通过适当的方式争取家长的理解和配合。

**3. 严密实施，关注细节**

在活动中，要注意观察记录，发现活动在组织或者其他方面有漏洞或者欠缺，要及时记录上报，以便在今后的工作中适当调整。

**4. 信息反馈，经验梳理**

每次活动结束，要印制相应的意见表，写上温馨的引导语，征求家长的意见。同时，要组织班级反思活动，提出一些合理化的意见。也要征集幼儿的意见，让幼儿把自己参加活动时的心情表达出来。

**5. 加强宣传，分享成果**

每次活动结束后，都要以图文并茂的形式编写公众号信息，在微信圈、QQ群里转发或上传，让家长转发、点赞；同时，要筛选有代表性的照片张贴在班级宣传栏内，让幼儿、家长及社会各界人士共享；适当的时机也要借助新闻媒体进行宣传，使得更多的家长和社会人士来了解班级幼儿生活，支持班级活动。

**思考**　主题活动的实施包括哪几个流程？

**主题活动的实施手段**

主题活动的实施手段主要包括上课（阅读、讲述、谈话、讨论、体验、操作等）、生活（参观）、游戏、娱乐（表演）等。

在主题活动的分享与展示活动中，资料收集、调查记录、区角活动、作品展示、表演游戏、家长参与是常用的方式。

相关链接

1. 资料展示

作为主题活动的前奏，收集资料是个至关重要的步骤。幼儿在收集图片、实物等活动中，对主题活动产生极大的兴趣，积极自主地投入到探索活动中，从而获得大量的先期感性经验。

当孩子们将自己收集来的物品汇聚一堂进行展示时，他们有着说不完的话题，每个人的经验在这里得到充分交流和分享。

2. 调查记录

调查是围绕需要进一步认识的问题，搜索和理清有关信息，教师引导幼儿采用口头、表格和图画等形式，创造性地运用自己的记录方式，整合获得的新经验，并使之与已有经验融为一体。

在调查记录的过程中，幼儿萌生了探究的兴趣和热情，学习大胆与别人交流，表达自己的观点，增强了解决问题的能力。

3. 区角活动

在主题活动进行过程中，幼儿常常会对主题中的某一个话题（或问题）产生深入、持续探究的愿望，这时一部分幼儿会因为共同的兴趣而进入同一个项目小组，某个区域就成为了幼儿的"实习场"。

4. 作品展示

在主题活动中，孩子们用各自喜欢和熟悉的技能表现自己的感受，虽然作品比较幼稚和粗糙，但是他们表现出来的热情让我们非常感动，我们将孩子们创作的作品艺术化地陈列展示，使孩子们体验到了成功的快乐。

5. 表演游戏、竞赛

在主题活动中，孩子们可以分组进行表演。不管表演质量如何，只要每个孩子积极地参与到其中，就能过一把表演瘾。另外，可以在主题活动中采用竞赛的方式，由孩子自报项目参赛，本着人人参与的原则，使每个孩子都体验到运动竞赛的紧张与快乐。

6. 家长助教

在开展主题活动的过程中，家长已成为了教师的合作者，大量信息资料、图片的收集提供，孩子先期经验的获得，这些都是家长在做工作。一些家长个人才能的展现也与主题活动有机结合了起来。

7. 亲子活动

在暖融融的亲情氛围中，孩子们和家长一起回顾主题活动的学习经历，一起分享成长的快乐，让这份快乐和感动在每一位家长和孩子的心中荡漾。

相关链接

## 知识点 2 主题活动的评价

主题活动评价的目的在于促进幼儿的发展，提高和改进教师的教学实践，把先进的教育思想、课程理念融入评价活动，并渗透到课程的各个环节，通过评价促进教学方式的转变和教师自身的不断发展。主题活动的评价主要有：

### 1. 目标评价

目标评价包括对终极目标、阶段目标和具体活动目标的评价。这里主要指具体活动目标的评价。一般从幼儿的身体、认知、社会性三个方面的发展情况搜集资料，作出个别的和整体的判断。

### 2. 内容评价

包括对语言主题活动、健康主题活动、科学主题活动、社会主题活动、艺术主题活动等的评价。这里是指对上述五个领域中的某一个领域或某一个具体主题活动内容的评价，分析它是否适合该年龄段幼儿的学习。

### 3. 过程和方法的评价

一般从是否积极调动幼儿、教师等方面因素及达到的实际效果等方面进行评价。

### 4. 环境和材料设备的评价

包括评价心理环境、物质环境、材料设备等方面的创设和选择。如是否和活动目标一致，是否适合活动内容及符合幼儿的实际特点，是否能激发幼儿积极参与活动的愿望，活动区的规划是否适宜，活动区内的各种材料是否可供幼儿自由选用，材料的摆放是否有利于幼儿拿取，材料的布置与收拾整理是否容易进行，是否让幼儿参与布置与收拾整理等。

**幼儿园主题活动评价的类型**

根据评价的功能和运行时间分类，评价的类型有以下几种。

1. 诊断性评价。诊断性评价是在教育活动之前进行的预测性评价或"事实评价"，目的在于了解幼儿的基础情况，包括对幼儿的智力、技能、行为、能力、个性、情感、态度等等，作出判断，为有效制订教育活动计划或解决某些实际问题提供依据。一般在教育活动开展前或在学期初进行。

2. 形成性评价。形成性评价是在教育过程中持续进行的，目的在于及时地做出反馈性调节，从而调整、修改、补充活动的计划、内容和方法，使教育活动更合理、更完善地开展，促进幼儿的发展。这类评价在教育过程中进行。

3. 终结性评价。终结性评价是在完成某个阶段教育活动之后进行的，目的在于全面了解该阶段教育的结果，对达成目标的程度作出终结性评价，为以后制定教育活动的计划、设计方案提供客观依据。如在进行一学期的教育活动后，对幼儿的发展情况就可通过终结性评价来判断教育活动是否达到预期目标，是否促进了幼儿的发展等，然后分析原因，制定以后的活动计划。终结性评价注重教育活动的结果，基本不涉及过程，是事后的评估。

相关链接

**思考**　主题活动的评价主要有哪几种类型？

## 指导要点

### 一、主题活动方案实施的指导要点

1. 确定活动主题与活动形式：主题要合理，积极向上，有教育性；活动形式要容易执行，容易实现，可以适当地创新，应考虑经费问题。

2. 拟写活动方案：方案尽量详细、完善；例如：活动的时间、地点、参会人员、活动内容等都应该在方案中阐述并且加以说明。

3. 时间地点的安排：尽量安排在合适的时间，减少和其他班级安排的活动冲突；地点根据人数和活动内容确定。

4. 工作的安排：自愿为主，安排为辅。安排好工作，使用好活动经费。

5. 活动前的调试工作要到位，音响、话筒、PPT、视频等需要在活动中使用的都需要提前进行调试，确保无误。

6. 活动现场的布置要到位，具体体现在现场布置、卫生、座位安排、横幅悬挂等方面。

7. 用到的东西需要提前备份。

8. 活动中要点名，点清人数。

9. 按照工作安排进行工作，随时应对各种突发情况。

10. 活动后整理活动场地，整理、清点物品；打扫卫生，还原场地的整洁。

11. 及时完成活动总结。

### 二、主题活动方案评价的指导要点

1. 做好评价前的准备工作。了解幼儿在智力、能力、个性、兴趣爱好等方面的基本情况，并对幼儿的社会性发展状况有一定了解。

2. 评价主题活动方案的主题活动网络图设计。主要评价主题活动网络图是否清晰、美观和适用，呈现的各级分题是否清晰明了，是否为主题留有生成的空间。

3. 评价主题活动方案的完整性。主要评价主题活动方案是否已经比较完整地呈现了活动主题、活动对象、活动背景分析、活动时间、活动目标、活动准备、活动过程、活动总结、活动延伸和活动反思等基本环节。

4. 评价主题活动方案的目标设计。重点评价目标的年龄适宜性、可落实性，以及目标与所选取内容的关联度，并预测目标的可达成度。

5. 评价主题活动方案的内容选取。主要分析所选内容的年龄适宜性、与设定目标的一致性，以及内容是否科学、准确和生活化，能否最大限度地支持幼儿的探索、操作和交往活动。

6. 评价主题活动方案的活动过程设计。注重评价活动过程的设计能否有效调动幼儿和教师的积极性，尤其是能否活跃幼儿的思维、调动幼儿积极性和创造性，能否为幼儿创造合作学习和分享成果的机会。

7. 评价环境布置和材料设备的利用。主要评价环境的布置和材料设备的利用是否与活动目标一致，是否符合幼儿的年龄特点，能否为主题活动的顺利开展提供有效保障。

## 三、主题活动评价指标表包含的几个基本要素

1. 项目名称；2. 幼儿园和班级名称；3. 地点和时间；4. 被评人姓名；5. 评价人姓名；6. 活动主题和活动内容；7. 评价指标；8. 具体评价要素及评分；9. 活动评价简述；10. 备注。

## 示例分析

### 示例 1：主题活动评价指标表（表 5－3）

主题活动评价指标表

| 幼儿园 | | 班级 | | 时间 | |
|---|---|---|---|---|---|
| 地点 | | 被评人 | | 评价人 | |
| 主题 | | 活动内容 | | | |
| 评价指标 | 评 价 要 素 | ☆☆☆ | ☆☆ | ☆ | 活动评价 |
| 1. 目的性 | 目标的适应性（适应幼儿） | | | | |
| | 活动过程的目标性 | | | | |
| | 内容选择的目标性 | | | | |
| 2. 整合性 | 各领域内容的整合 | | | | |
| | 目标的整合 | | | | |
| | 方法、形式的整合 | | | | |
| 3. 挑战性 | 内容的挑战性 | | | | |
| | 教师提问的挑战性 | | | | |
| | 环境、材料的挑战性 | | | | |
| 4. 灵活性 | 灵活引导探索 | | | | |
| | 灵活解决问题 | | | | |
| | 灵活使用方法手段 | | | | |
| 5. 开放性 | 教师的提问的开放性 | | | | |
| | 活动内容的开放性 | | | | |
| | 活动空间的开放性 | | | | |
| | 活动时间的开放性 | | | | |
| 6. 主导性 | 提供建议 | | | | |
| | 关心、支持 | | | | |

（续表）

| 评价指标 | 评 价 要 素 | ☆☆☆ | ☆☆ | ☆ | 活动评价 |
|---|---|---|---|---|---|
| | 观察、倾听 | | | | |
| | 提升经验 | | | | |
| 7. 主体性 | 积极参与活动 | | | | |
| | 乐意表达、表现 | | | | |
| | 自主解决问题 | | | | |
| | 主动探索、合作研究 | | | | |
| 8. 互动性 | 幼儿与环境材料的互动 | | | | |
| | 幼儿与幼儿的互动 | | | | |
| | 幼儿与教师的互动 | | | | |
| | 教师、幼儿与家长的互动 | | | | |
| 9. 发展性 | 前后小主题的发展 | | | | |
| | 活动探索的发展 | | | | |
| | 幼儿经验、能力等的发展 | | | | |
| 10. 教育特色 | | | | | |
| 备注 | | | | | |

**分析**

小组讨论，分析以上主题活动评价指标表，谈谈值得借鉴的地方，补充不足之处。

主题活动评价指标表说明

## 反思探究

### （一）案例反思

**指印杯子**

**教学目标：**

1. 通过观察，了解指印的特点，培养幼儿的观察能力。
2. 学会指印技巧，初步学会运用指印画的形式表现生活中的事物。
3. 学会用色彩和造型，自由表达自己的情感和幻想，开发想象力。
4. 知道以安全和适当的方式使用材料和工具。
5. 培养幼儿对自己或他人的美术作品的欣赏、评价能力，能讲述自己的观点。
6. 鼓励幼儿发现生活中的美，培养幼儿对美术的热爱之情。

**教学准备：**

自制指印画、白纸、幼儿绘画用品人手一套、纸制杯侧面若干、透明一次性胶杯若干

**教学重点难点：**

1. 学会指印技巧，初步学会运用指印画的形式表现生活中的事物。
2. 学会用色彩和造型，自由表达自己的情感和幻想，开发想象力。

**面向班级：**大班

**授课时间：**25 分钟

**教学形式：**教师演示法

**教学过程：**（略）

**思考** 案例中的主题活动方案存在哪些问题？请分析和修改完善。

### （二）问题反思

1. 主题活动目标的制定需注意哪些问题？应如何设计主题活动目标？
2. 主题活动的内容和形式应如何选择？实施手段有哪些？
3. 主题活动的实施需要做好哪些工作？

### （三）方案设计

1. 结合教育见习，设计一份主题活动方案。
2. 结合教育实习，设计一份幼儿园主题活动评价表。

## 拓展阅读

1. 杨伟鹏等，幼儿园主题活动质量提升研究——以L园为例.[J]，幼儿教育（教育科学），2015(7)：14—18

2. 何媛.幼儿园主题活动的基本视角：儿童的经验[J]，学前教育研究，2012(7)：35—38

主题活动安排表

# 学习单元六
# 班级人员管理

## 引言

幼儿园班级管理的主要对象是3～6岁的孩子，由于幼儿心智等各方面的发展还不成熟，因此，班级管理与其他管理相比有其特殊性。班级人员管理的内容多种多样，对幼儿管理而言，主要涉及幼儿的生活习惯、学习课程、班级环境、幼儿的合作交往与人相处的能力等方面。班级幼儿管理不是对幼儿的批评训斥，而是耐心的引导和平时潜移默化的影响。而对于班级教师管理而言，就是引导教师运用自己的管理智慧和各种科学方法让幼儿养成良好的行为习惯；教师不只是让幼儿学习基础的文化知识，更主要的是让幼儿学习每天的生活习惯和行为习惯，把不同家庭背景、不同生活习惯的幼儿培养成热爱学习、有良好的自律能力、身心健康、与人为善、遵守规则、行为习惯良好而又不失童真的孩子。

## 相关理论

马斯洛需求层次理论。马斯洛需求层次理论是人本主义科学的理论之一，由美国心理学家马斯洛在1943年在《人类激励理论》论文中所提出。马斯洛理论把需求分成生理需求、安全需求、爱和归属感、尊重和自我实现五类，依次由较低层次到较高层次排列。在自我实现需求之后，还有自我超越需求，但通常不作为马斯洛需求层次理论中必要的层次，大多数会将自我超越合并至自我实现需求当中。

期望理论。期望理论是由北美著名心理学家和行为科学家维克托·弗鲁姆于1964年在《工作与激励》中提出来的激励理论。这个理论可以公式表示为：奖励力量＝期望值×效价。这个理论的公式说明，人的积极性被调动的大小取决于期望值与效价的乘积。也就是说，一个人对目标的把握越大，估计达到目标的概率越高，激发起的动力越强烈，积极性也就越大。

心理控制理论。美国心理学家马克斯威尔·马尔兹提出的心理控制理论认为，一个人为达到某一目标，大脑和神经系统都在有目的的状态下运动。从功能上说，大脑和神经系统组成一个极为复杂的“追求目标的机器”，当我们在潜意识中为自己确立了成功的自我意象后，就能按这个指定朝“成功”的目标行动；反之，如果潜意识中确立了失败的自我意象，它同样也会按这个指定朝“失败”的目标行动。而自我意象的形成，决定于过去的体验，成功的体验越多，“成功”的自我意象就越清晰，自信心就越强。相反，一个人获得的尽是失败的体验，也就容易产生“失败”的自我意象。

# 学习情境 1　班级幼儿管理

## 学习目标

**知识目标**

1. 了解班级幼儿管理工作的意义，掌握幼儿品德教育和幼儿问题行为的概念。
2. 了解班级幼儿自信心、合作行为、责任感，以及幼儿多动行为、攻击行为和说谎行为的影响因素。

**能力目标**

1. 具备培养班级幼儿良好品德的能力，以及应对班级幼儿问题行为的能力。
2. 具备幼儿品德的评价能力，以及幼儿个案分析的能力。

**素质目标**

1. 树立以人为本、因材施教的教育观念。
2. 养成耐心、细心、爱心和积极乐观的心理品质。

以幼儿的发展为本是幼儿班级管理的基本策略，也是最重要的策略。幼儿是班级管理的主体，幼儿园应重视幼儿的人格和身心发展规律的特点，充分考虑幼儿的自身特点，尊重幼儿之间的差异性，承认幼儿在班级的主体地位，尊重幼儿发展的特点，以幼儿健康快乐的成长为教育活动的目标，在此过程中要培养幼儿的自信心、责任感、创造力、合作意识等优秀品质，让每一个幼儿都能在原有的基础上稳步发展。

## 任务 1　幼儿品德养成教育

### 任务概述

幼儿品德教育，是按照一定社会或阶级的要求以及幼儿品德形成发展的规律，把一定社会的思想和道德规范转化为幼儿个体的思想意识和道德品质的教育。它根据幼儿的年龄特点，由教育者依据社会道德教育的要求，培养幼儿掌握具体的道德要求并形成良好的道德行为习惯，为未来道德品质的形成打下基础。品德教育内涵于德育之中，是在社会、家庭和幼儿园的教育与熏陶下，通过个体自身的实践活动形成的。

教育家陶行知先生指出："六岁以前是人格陶冶最重要的时期，这个时期培养得好，以后只需顺势培养下去，自然可成为社会优良分子；倘使培养得不好，养成不良心态和行为习惯等，不易改变，这些儿童升到学校里来，教师需要费九牛二虎之力去纠正他们已形成的坏习惯、坏态度、坏倾向，真是事倍功半。"可见，幼儿时期品德教育的启蒙与奠基会给人的一生带来深刻的影响。

### 相关知识

#### 知识点 1　幼儿的自信心

自信心是一种反映个体对自己是否有能力成功地完成某项活动的信任程度的心理特性，是一种积极、有效地表达自我价值、自我尊重、自我理解的意识特征和心理状态，也称为信心。

自信心是幼儿良好心理素质和健康个性的重要组成部分，培养幼儿的自信心是使其学习和进步的重要环节，也是使其未来健康成长和发展的关键步骤，自信能够极大地激发幼儿的潜能和意志力，因为自信是迈向成功的第一步，有自信的幼儿会积极大胆地参加各种活动，在上课时更能积极回答问题，更多地与人有效地交流，在各种场合表现出自己独特的优势，展示自己的能力，遇到困难不害怕、不后退，适应环境能力强；相反，如果幼儿不够自信，那么在遇到困难和挫折时就会畏首畏尾，不敢去尝试解决，慢慢地失去自信，随着时间的推移就会逐渐形成恶性循环，在未来难以成功，最终可能出现心理疾病或者更严重的情况。自信心的培养有利于幼儿学习的进步，有利于其与他人的交流，更有利于其他各项能力的培养与发展。

研究表明，3～9 岁儿童自信心的总体发展显示出极其显著的年龄差异，但每个年龄阶段的发展速度不均衡，随着年龄的增长而不断发展变化。3～9 岁儿童自信心发展的年龄特征是：3～7 岁呈曲线式上升趋势，7～9 岁呈缓慢下降趋势。3～4 岁是儿童自信心发展最迅速的时期，6～7 岁发展的速度仅次于 3～4 岁。3～9 岁儿童自信心发展之所以处在不断的发展变化之中，主要是因为儿童随着年龄的增长、生活范围的扩大、语言的使用等，其自我意识也在不断地发展。研究还显示，3～9 岁儿童自信心的总体发展存在着显著的性别差异。在自信心发展总体以及各维度的得分上，女孩均略高于男孩。3～9 岁儿童自信心发展之所以表现出显著的性别差异，主要因为在儿童社会化发展过程中，家长和教师都对儿童赋予了文化所规定的不同的性别对待。父母以及幼儿园教师都积极鼓励和强化幼儿以适合性别的方式行动，并对幼儿进行性别角色行为指导，这就造成了儿童在人格与社会性发展上的性别差异。

**思考**　幼儿自信心的发展有什么特点？

幼儿自信心培养的内容

| 项目 | 内　　容 |
|---|---|
| 发言 | 1. 在陌生人面前说话大胆。2. 上课发言积极，声音宏亮。 |
| 表演 | 1. 在众人面前表演自然大方。2. 积极主动，表演欲望强。 |
| 游戏 | 1. 喜欢扮演主要角色。2. 敢出主意，有自主性，不被同龄人左右。 |
| 交往 | 1. 与同伴相处和谐，能带头做事。2. 愿帮助同伴解决问题。 |
| 探索 | 1. 喜欢尝试没做过的或有一定难度的事。2. 对新知识和技能充满兴趣，求知欲望强。 |
| 独立性 | 1. 独立做自己能做的事，不依赖大人。2. 遇事能说自信的话：我会做，我能行。 |
| 竞争 | 1. 积极参加竞赛活动。2. 竞争意识强，努力追求好的结果。 |
| 受挫 | 1. 失败了不灰心，重新努力做。3. 比赛输了不服输，要求再比。 |
| 质疑 | 1. 父母或老师说错话或做不合理的事，敢提出不同意见。2. 讨论问题，大胆发表自己的见解。 |
| 自我评价 | 1. 正确认识和评价自己，知道自己的优点和长处。2. 觉得自己和别人一样好，是受欢迎、被喜爱的孩子。 |

相关链接

## 知识点 2　幼儿的合作行为

幼儿同伴合作行为是指幼儿在与同伴互动过程中，为了共同的目标与同伴相互配合和协调，试图实现共同目标的行为过程。《纲要》明确提出让幼儿“乐意与人交往，学习互助、合作与分享”。培养幼儿合作行为，使之健康快乐成长，对幼儿可持续发展力的培育具有十分重要的意义。

幼儿的合作行为出现次数最多的是共同游戏，其次是帮助一方解决问题，第三是幼儿园中的班务工作。还出现在集体活动、分享交换物品，探讨问题、维护规则、嬉戏等活动中。

### 1. 小班幼儿的合作行为

小班幼儿合作水平较低，目标不太明确，动机不确定，合作过程缺乏同伴协商，需成人给予引导和帮助，往往采用较为单一的活动策略，由于小班幼儿坚持性较差，合作的时间也相对较短。

小班幼儿也表现出一定的合作行为，能够用语言表达出自己想要和同伴一起合作的意向，如“我能和你一起玩吗？”，但这种合作仅停留在语言上，没有采取下一步积极的合作行动，因此，小班幼儿的同伴合作行为又可以称为意向性合作。

### 2. 中班幼儿的合作行为

大多数中班幼儿已经具有一定的合作能力，达到较好的发展水平。与小班相比，中班幼儿合作学习中的表现进步非常明显。合作动机增强，合作行为增多，幼儿渐渐可以有目的的认知，具备了较强的合作意识。在小组内意见不一致的时候，会有某个幼儿主动地做出让步，从而使矛盾很快解决。

研究显示，幼儿在同伴合作行为发展上的年龄差异达到显著水平，中班较小班幼儿表现出较多的合作行为，尤其在中班到大班阶段，即5岁左右是同伴合作行为发展的关键期，5岁左右的幼儿对合作认知有了迅速的发展。中班幼儿在不同情境中能将语言和动作协调统一，尝试与同伴一起解决面临的难题，但语言的随机性强，整个合作过程易受外界因素干扰，合作处于一种自发性协同状态。

**3. 大班幼儿的合作行为**

大班幼儿合作意识逐渐增强，在相互交往中，该年龄段的儿童开始有了合作意识。他们会选择自己喜欢的玩伴，也能与三五个同伴一起开展合作性游戏。他们逐渐明白公平的原则和需要服从集体约定的意见，也能向其他同伴介绍、解释游戏规则。在游戏中能一起分配角色、道具，能以语言、动作等进行表现，并有一定的合作水平。但大班幼儿都有着较强的争优意识，竞争意识明显增强，幼儿之间的矛盾也频繁发生。

大班幼儿在合作行为方面已经有了明确的合作意图，用语言和行动协调双方的合作目标，行动具有序列性，且合作过程不易被外界因素干扰，基本上能按照合作意图展开并指向具体目标，这种合作方式称之为适应性协同合作。

**思考** 幼儿合作行为的发展有什么特点？

**2—6岁幼儿“不合作”行为背后的秘密**

1. 不合作表现一：脾气大

(1) 原因分析：

这个年龄段的幼儿，已经渐渐有了自己的主张，而且，由于他们特有的“自我中心”式的思维，以及特别排斥他人的“异己”想法或行为，他们难以容忍自己的愿望受阻，但这个时候他们的语言表达能力还比较有限，怨气在心口难开，自然就容易借助发脾气表达自己的情绪了。

(2) 应对方法：

大脾气是幼儿成长过程中经常会出现的现象，不能轻易给幼儿扣“大脾气”“坏脾气”的帽子，否则容易对幼儿产生消极的心理暗示。家长还要多站在幼儿的角度考虑问题，只要不是原则性的，适当满足一下也无妨。如果不能满足，就给他讲讲道理，适当安慰他的情绪，允许孩子用哭泣来表达失望，或者试着转移一下注意力。

2. 不合作表现二：“护”东西

(1) 原因分析：

无论是原来多么善于分享的孩子，到了两岁左右，都可能经历一个喜欢揽护东西的阶段，不愿意跟别人分享，即使是他最亲近的爸爸妈妈。专业人士把这个阶段称为“物权敏感期”，它意味着幼儿的心智已经发展到主张自己所有权的阶段。

(2) 应对方法：

到了“护东西”的阶段之后，家长首先要尊重孩子的所有权，让他自己做主，不要强迫孩子。但不强迫不意味着要放弃分享行为的引导和示范。家长依旧应该在幼儿面前示范分享行为，给幼儿创造条件体验分享的快乐。比如，给孩子一个橘子，让他帮忙分给大家，让他体验与大家共享的快乐。

3. 不合作表现三：故意捣乱

(1) 原因分析：

对于这个年龄段的幼儿来说，故意捣乱对于他们来说可是意义重大，因为在捣乱的过程中，他们可以达到如下“目的”：

体验自己的力量。原来做点奇怪的小动作可以弄得别人那么紧张啊，太好玩了！

发泄旺盛精力。在旺盛的精力还没有更理性的宣泄渠道之前，捣乱、搞鬼当然成为一种选择。

满足情感需求。有时候孩子淘气是因为情感需求没有得到满足，想借此引起大人注意，进而获得关爱。

相关链接

(2) 应对方法：

引导幼儿的捣鬼行为，不能强行压制，而是应该耐心分析捣鬼背后的原因，对症下药。

如果是因为情感需求的缺失，就应该给予孩子更多的关爱；如果是因为旺盛精力无处发泄，就多带孩子出去走走，给他找个玩伴，让孩子更妥当地释放自己的能量。

此外，当幼儿通过捣鬼来试探我们行为反应的时候，我们也要及时表明自己的态度，借机帮他们调整行为底线。

4. 不合作表现四："人来疯"

(1) 原因分析：

渴望得到关注。平时家长对幼儿的关注不够，致使幼儿不得不想办法吸引家长的注意。

空虚无聊。家长忙于招待客人，使得幼儿因寂寞而寻机作乱。家长平时对孩子管得太严，孩子的情感被压抑，客人的到来，让他们找到了发泄机会。

自我表现的欲望。有了本领，幼儿就会有自我表达的欲望，而在场的客人，则给他们提供了舞台。

(2) 应对方法：

家长可以适当让孩子参与招待活动，比如，郑重向客人介绍自己的孩子，让孩子帮父母摆摆桌椅碗筷，给客人拿个水果，给孩子适当插话的自由等。

如果孩子表达出希望展示本领的愿望，也不妨在征得客人同意的情况下，让孩子表演一下，一般来说，表演完毕客人总会给孩子一定的夸赞，孩子的"向好之心"也会因此被强化，如果此时家长再对孩子进行礼貌待客之类表扬与心理暗示，孩子一般就不好意思再捣乱了。

相关链接

## 知识点3 幼儿的责任心

责任心是指个人对自己和他人，对家庭和集体，对国家和社会所负责任的认识、情感和信念，以及与之相适应的遵守规范、承担责任和履行义务的自觉态度。良好的责任心是社会合作精神的基本体现，也是个人健全人格的基本要素。《纲要》指出："能努力做好力所能及的事，不怕困难，有初步的责任感"。幼儿期在儿童人格和社会性发展中有着独特的地位，责任心的培养是幼儿个性发展和人格健全的关键。无论是家庭、学校、社会，还是幼儿自身都应该重视责任心的培养和其对幼儿发展的意义和价值。

### 1. 幼儿责任心的发展

幼儿的责任心不是一朝一夕突然出现的，它伴随幼儿的成长不断成熟。

(1) 3～4 岁：属于被动责任水平，幼儿能按照家长的指令完成一定的任务，但这时的幼儿只是一味地顺从大人，并不理解责任的意义。

(2) 5～6 岁：属于半被动半理解的责任水平，幼儿开始明白"自己的事情自己做""小朋友要互相帮助"等责任和规则，但是常常说到做不到，他人提醒能做到，自己不会提醒自己做，这一阶段是培养幼儿责任心的关键年龄。

(3) 6～7 岁：属于理解责任水平，幼儿的认识水平更高了，不但知道对自己、对父母、对同伴要负责，还初步知道对社会要负责，例如环保意识、公益意识和集体意识。但是幼儿由认识层面向行为层面转化的自觉性还不高，需要家长继续培养。

### 2. 幼儿缺乏责任心的表现

(1) 以自我为中心

以自我为中心的幼儿不会想"应该""不应该"，他只会想到自己要怎样就一定要怎样，不管别人的感受，对自己的过失无动于衷。

(2) 推卸责任

这一类表现在幼儿园中非常突出，例如老师布置的任务没能完成便将责任推卸给别人。比如，老师让孩子第二天带一件东西来结果忘了带，问其原因便说："爸爸没给我准备""妈妈忘了给我拿"，而不会想到是自己的责任。

(3) 缺乏自理能力

幼儿不会主动收拾自己的物品、玩具、学习用品,玩好玩具后地上撒得遍地都是却不主动去收拾,随处乱放,找不到时大喊大叫,甚至哭闹。吃剩的残渣不肯收拾干净。

(4) 依赖他人

很多孩子不知道自己的事情应该自己做,而认为应该父母帮他做。上幼儿园忘了带东西,要惩罚爸爸妈妈回去拿,否则就大哭大闹。

**思考** 幼儿责任心的发展有什么特点?

**幼儿责任心的表现**

体现在家务活方面:

1. 玩好玩具,能够收拾整齐。
2. 看到妈妈在做家务,会主动帮助妈妈干家务活。
3. 对于家里杂乱的情况会主动帮忙整理,比如衣服乱了会整理,地上有纸屑会捡起来。

体现在做事情方面:

1. 自己的事情自己做。
2. 经过努力完成任务,有成就感。
3. 该做的事情,会及时做完,不会忘记。
4. 对于和自己有关的错误,不推脱,会主动承担;
5. 记得自己向同伴和家人承诺过的事情,并争取说到做到。

体现在待人接物方面:

1. 同伴求助时,愿意提供帮助。
2. 跟同伴游戏时,能倾听和接纳意见。
3. 家人生病或不舒服时,知道问候和关心。

体现在做人方面:

1. 爱护环境,不随意丢垃圾。
2. 爱护公物,不随意破坏。
3. 向贫苦、受灾地区捐赠后感到开心。
4. 做错事情,有后悔的情感。
5. 犯错后,懂得道歉和改正。

相关链接

## 指导要点

### 一、幼儿自信心养成的指导要点

1. 教师关怀、爱护、尊重、信任、无条件积极接纳每个幼儿。营造民主、平等、宽松的氛围,尊重和满足幼儿的合理选择、兴趣和需要,鼓励他们发表不同意见。

2. 正面引导、积极评价幼儿。善于发现幼儿的长处、闪光点和点滴进步,及时用语言、表情、体态、动作和奖励给予幼儿肯定和表扬。

3. 提供均等的教育机会,所有的活动均面向全体,给每个幼儿参与的权利;对能力差的幼儿要多关照,让幼儿轮流当游戏角色、做值日生、领操、带律动、当小组长,形成"我和别人一样好"的自我意识。

4. 在各种教育活动中,向幼儿提出难易程度不同的要求,让每名幼儿尝试比自己原有水平高一点的任务,经过努力都能获得成功,在成功的喜悦中增强自信。

5. 为幼儿创造自我表现的机会和条件，让每名幼儿在同伴或班级集体面前展示特长和优势，显示自己的价值，激发和满足他们的表现欲，相信自己有能力。

6. 举办不同种类的竞赛活动，让幼儿与能力接近的同伴平等竞争，在有胜有败的比赛中增强信心和抗挫力。

7. 帮助幼儿弥补自身不足，扬长避短，提高实力，增强信心。

8. 和家长密切配合，向家长宣讲实施方案，介绍培养自信心的方法，相互沟通信息，听取家长的建议。

## 二、幼儿合作行为养成的指导要点

1. 使幼儿懂得什么是合作，了解合作的好处，习得合作的方法，激发合作的情感。

2. 发挥幼儿的主动性，让幼儿参与合作的全过程，真正做合作的主人。

3. 根据幼儿的年龄特征和个性特征，激发幼儿参与合作的兴趣，让幼儿在合作中体验快乐。

4. 教授幼儿合作技能，增强交往自信心，乐于交往与合作。

5. 把提高幼儿的合作认知、激发幼儿的合作热情与自信、培养合作意志和合作行为习惯融为一体，重在培养合作行为习惯。

6. 创设情境引导合作，把培养合作行为的专项活动与幼儿的一日生活、游戏活动、集体教学活动，特别是幼儿自我教育有机结合。

7. 开发合作活动和合作性游戏，促进幼儿合作行为的养成。

8. 树立合作榜样，及时发现幼儿的合作行为并加以表扬鼓励，供幼儿模仿学习。

9. 家园协同培养幼儿的合作行为，在亲子活动中，家园携手，拓展合作。

## 三、幼儿责任心养成的指导要点

1. 有意识地巧妙运用游戏、学习、生活等环节，在一日生活中帮助幼儿树立责任意识。

2. 从培养遵守规则入手，提要求、立规矩，让幼儿承担责任。

3. 让幼儿自己的事情自己做，学会独立思考问题、解决问题，处理自己应做的事。

4. 合理运用奖惩，让幼儿懂得自己行为的后果，知道要对自己的行为负责任。

5. 为幼儿选择好的榜样，这个榜样可以是幼儿周围的人，最好是同班同学，也可以是电影、电视、故事中的人物。

6. 创造机会让幼儿体验成功，增强其自豪感。

7. 家园合作提高幼儿自我服务能力，有意识地交给幼儿一些任务，锻炼他独立做事的能力，增强责任行为。

## 四、幼儿品德与社会性发展评价表包含的几个基本要素

1. 项目名称；2. 幼儿姓名及班级；3. 评价人；4. 评价时间；5. 评价内容；6. 评价指标；7. 评价结果。

## 示例分析

### 示例 1：幼儿品德与社会性发展评价表（表 6－1）

幼儿品德与社会性发展评价表

幼儿姓名：　　班级：　　评价人：　　评价时间：

| 项目 | 内容 | 评价指标 | 上半学年 | 下半学年 |
|---|---|---|---|---|
| | | | 是否达到 | 是否达到 |
| 自我系统 | 自我认知 | 知道自己的爱好 | | |
| | 自信心 | 完成稍有难度的任务时有信心 | | |
| | 独立性 | 自己能做的事不请求帮助 | | |

（续表）

| 项目 | 内容 | 评价指标 | 上半学年 | 下半学年 |
|---|---|---|---|---|
| | | | 是否达到 | 是否达到 |
| 自我系统 | 坚持性 | 能坚持一段时间完成稍有难度的任务 | | |
| | 好胜心 | 在竞赛及与他人同时进行的活动中努力争取好成绩 | | |
| 情绪情感 | 表达与控制情绪情感 | 情绪状态较好，能用较平和的方式表达情绪；一般能自己调节与控制消极情绪 | | |
| | 爱周围人 | 亲近班里的教师和同伴 | | |
| | 爱集体 | 在教师引导下能关心班里的事，为集体做好事 | | |
| 文明行为 | 礼貌 | 能主动使用礼貌用语 | | |
| | 诚实 | 做错事能承认；拾到物品主动交还 | | |
| | 合作 | 喜欢与同伴合作游戏和做事 | | |
| | 遵守规则 | 能自觉遵守规则 | | |
| 交往行为 | 与教师交往 | 有时能主动与教师交往 | | |

**分析**

小组讨论，分析以上幼儿品德与社会性发展评价表，谈谈优点与不足。

## 任务2 幼儿问题行为处理

### 任务概述

问题行为也称行为问题、偏差行为或异常行为。儿童问题行为是指那些与普通儿童的一般行为相比过度、不足或不恰当的行为。

幼儿的常见问题行为通常可分为三类：行为问题、饮食问题、睡眠问题。行为问题包括：多动，攻击行为，说谎，人际交往，行为习惯问题等。饮食问题包括：饮食过多或过少，偏食，厌食，异食，习惯奇特等。睡眠问题包括：入睡困难，睡眠不安，梦魇与夜惊，梦游，遗尿，睡眠习惯问题等。幼儿的行为发展呈现出一定的规律性，不同的行为有不同的发展关键期，小班可能是幼儿饮食发展的关键期，大班可能是幼儿行为发展的关键期，而整个幼儿园时期都可能是幼儿睡眠发展的重要阶段。事实上，每个幼儿都不同程度地存在一些问题行为。儿童行为问题不仅影响他们的生长发育和社会化过程，还可能导致成年后发生违法犯罪和精神疾病。因而，幼儿教育要针对幼儿的特点进行，符合幼儿的需要。应正确认识、评价和对待幼儿，设法了解幼儿的心理，处理好自己与幼儿的关系。同时，要善于抓住发展的关键期，因材施教，在适当的时期教给幼儿合适的行为，提高教育的针对性和有效性，从而保证教育质量。

### 相关知识

#### 知识点1 幼儿的多动行为

幼儿的多动行为是介于活泼好动与多动症之间的一种行为表现，是在幼儿期较为普遍的问题行为之一。其主要表现包括注意缺陷、多动、任性冲动、社会适应不良、学习困难等，与注意缺陷多动性障碍（简称多动症）在症状表现上有相似之处。幼儿的多动行为可以被看做是多动症的前兆，只不过其表现尚未达到多动症的程度。恰当应对、合理干预幼儿的多动行为，对于预防多动症、促进幼儿健康成长具有重要意义。

幼儿的多动行为表现主要集中在以下方面：

1. 注意力不集中。对任何事物都有注意力集中的困难，即使是对最感兴趣的事，如看喜欢的动画片时也不能聚精会神。上课不能注意听讲，做小动作，扰乱别人，如拉同学的衣服或头发，或不断地在凳子上爬上爬下。

幼儿多动行为的干预措施

2. 较难保持安静。经常无目的地乱跑，手脚不停而又不听劝阻，平时走路急促，喜与同伴追跑，意识不到到处乱跑的危险性。

3. 情绪不稳定，自我控制能力差，举止行为缺乏思考和判断。

4. 存在着一定程度的学习困难，有口吃、讲话少等语言障碍。

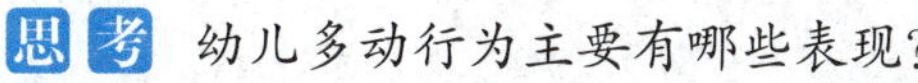
思考　幼儿多动行为主要有哪些表现？

## 知识点2　幼儿的攻击行为

攻击是个体试图伤害他人身体或精神的行为。幼儿攻击行为是幼儿在社会交往过程中出现的一种比较普遍的行为，主要表现为打架、辱骂、抢掠、抓、挠、踢、破坏玩具以及背后说同伴坏话等，多以有无伤害意图作为判断标准。攻击行为是在幼儿阶段形成并对个体后续发展具有负面影响的不良社会行为。分析幼儿攻击行为的成因，进而提出相应的规避策略，对幼儿的身心健康发展具有重要的实践意义。

研究表明，幼儿自身、社会环境及成人因素均可诱发幼儿的攻击行为。幼儿攻击行为的成因如下：

### 1. 幼儿气质的影响

容易照看型幼儿由于具有乐观开朗、温和有节制等特点，一般来说他们身上发生的攻击行为较少；难以照看型的幼儿则表现出敏感、易烦躁、易出现负面情绪，所以他们的攻击行为可能比较多。

### 2. 认知能力的不足

幼儿认知水平所限，他们不会站在他人的角度去体验别人的情绪情感，会产生对同伴的攻击行为，而且即使对同伴发动了攻击行为，他们也不知道自己的行为将会对同伴造成何种影响和后果。

### 3. 社会交往技能的缺乏

社会交往技能是指幼儿运用恰当的方法解决同他人交往过程中遇到的问题或冲突的一种能力。幼儿是否具有良好的社会交往技能，与他们能否正确处理和同伴的矛盾或冲突有很大的关系。研究显示，一些幼儿缺乏必要的社会交往技能，在陌生环境中感到焦虑和不自信，不愿意与别人交往，通过喊叫、使用身体攻击或其他方式疏远他们的同伴。

### 4. 环境中不良因素的暗示

在幼儿的生活中，会对他们产生影响的环境主要包括幼儿园环境、家庭环境、社区环境和社会环境。幼儿在与这些环境相互作用的过程中，会习得一些有利于他们发展的行为，同时也会习得如攻击行为这样的不良行为。

### 5. 成人给予的不当反馈

当幼儿发生攻击行为后，成人所给予的不当反馈和评价进一步增强了幼儿的攻击行为倾向，如有的教师、家长采取打骂甚至是更为粗暴的方式来处理幼儿的攻击行为，幼儿会模仿这些行为并强化攻击行为；而有的教师往往忽视幼儿的攻击行为，没有进行及时的干预，这种处理方式会给幼儿传输一种攻击行为是被允许的错误信息，强化其攻击行为。

解决幼儿攻击行为的实用方法

思考　幼儿攻击行为的主要成因有哪些？

## 知识点3　幼儿的说谎行为

“说谎”是个体的一种心理特点，表现为有意歪曲实际情况，极力让人对事实或事件造成不正确的印象。幼儿受社会多元化环境、人文因素、社会经验等的影响，在不经意间学会说谎。此时，若家长和教师不能及时纠正和正确引导幼儿分辨是非、认识自己行为的错误，就会影响到幼儿今后良好品德行为习惯的养成。

### 1. 幼儿说谎行为的成因分析

根据幼儿的心理因素分析来看，幼儿的说谎行为主要表现为有意说谎和无意说谎这两类。形成幼儿经常说谎的原因主要有以下几个方面：

（1）受年龄特征限制容易将想象与现实混同

小中班幼儿由于受年龄结构特点及言语表达的限制，爱把幻想中的事当成现实来表达，将想象与现实混淆。幼儿把想象的东西说成了自己真的拥有，此类现象只是无意识的一种表现，与品德好坏无多大关系。

(2) 为逃避责罚说谎

幼儿由于犯错害怕承担责罚，或家长严厉责备而不敢承认错误导致说谎的现象在中大班幼儿中较为常见。

(3) 不当的言语暗示无形中诱发幼儿说谎

很多时候，幼儿的说谎来自大人不经意的言语误导与暗示。幼儿往往会应着家长的追问，说出并不存在的事实，而引起家长的误解。幼儿的某种说谎行为，其实是大人言语暗示惹的祸。

(4) 为了达到某种目的而通过说谎去实现

这一类说谎行为大都发生在5～6岁幼儿之间。由于大班幼儿已初步建立了自我意识形态，有时为了达成自己的某种目的和实现内心的某些愿望就会说谎。

(5) 成人说谎误导幼儿效仿

在幼儿期，大部分幼儿喜欢模仿成人的言谈举止或动作行为，且不论对错与否。有的家长在教育幼儿时会随口许下一些承诺，但这些承诺成人未必会一一兑现，结果幼儿却在成人无形的影响下习得了一种错误的信息和示范，导致幼儿学会说谎。

**2. 各年龄段孩子说谎的特点**

(1) 2～3岁幼儿

"说谎"在3岁以下的幼儿中是一种极为常见的现象。这时幼儿基本上不可能分辨出自己是在说谎还是在说实话。那些无伤大雅的谎言可能源于活跃的想象力、健忘等原因。

(2) 3～4岁幼儿的说谎特点

这时的幼儿，说话时会不加思索，讲不符合实际的假话。经研究，这些多半是为了实现某些愿望所致。初次说假话，经教育后一般就不会再发生。但如果处理不当也会引发幼儿继续说假话。

(3) 4～6岁幼儿的说谎特点

这个时期的幼儿因害怕受罚而试图欺骗，谎话成了保护伞。父母与其发怒，还不如利用这个恰当的机会跟幼儿一起讨论撒谎行为及由此引起的后果。这是帮助幼儿分辨真实和想象的最佳时期，有助于养成诚实的好习惯，并将影响他的一生。

**思考** 幼儿说谎行为的发展有什么特点？成因是什么？

**让孩子不说谎的9条建议**

1. 父母做出好榜样，尽量避免不必要的谎话和借口。

2. 父母与孩子间的相互信任和理解是孩子诚实的前提条件。让孩子知道，即使他说了谎，父母还是爱他的，能理解他的心情。

3. 一旦孩子说了谎，要与孩子一起商量，下一次遇到类似情况用哪些更好的办法代替说谎。

4. 不要用严厉的惩罚来威胁孩子，这个办法往往会让孩子说更多的谎，更加狡猾，以便不被父母发现。

5. 如果发现孩子说了谎，不要立即在其他人面前指责或教训他，最好是另找一个合适的时间单独与孩子谈。

6. 大多数情况孩子是因为害怕受到惩罚而说谎，所以要让孩子尽可能说出为什么怕父母知道，这样才能知道孩子说谎的原因。

7. 平时多关心孩子的生活，对孩子的要求要切合实际，孩子做错事，要做调查研究，鼓励孩子建立正向的行为。

8. 如果孩子勇于承认自己做错了事，请马上用比较特别的语言表扬他。

9. 如果孩子还是一再地说谎，而父母不知道该如何处理的话，最好是寻求儿童心理专家的帮助。

相关链接

## 指导要点

### 一、幼儿多动行为的指导要点

1. 关心幼儿，营造充满快乐、温馨、关心的气氛，让幼儿在良好的情感环境中生活、成长，从而减少其不良行为的发生。

2. 在游戏中，教师可让有多动倾向的幼儿当示范、领队、裁判等，充分发挥其精力充沛的特点，让他们在履行职责的时候习得游戏规则。

3. 防止无关刺激的干扰，上课前先把玩具、图画书等收起放好，教具别过早呈现，用过应立即收起。教具最好不要过多过杂，以免影响幼儿的注意力和正常教学活动的开展。

4. 可以把一些自控能力非常强的幼儿安排在多动幼儿身边，同时在课堂及活动时，教师都要特别关注他们，当他们注意力不集中时及时给予提醒。

5. 可以采用以动制动的方法，让他们参加各种各样的体能训练，比如跳绳活动、跑步活动或是踢球活动等，发挥多动幼儿的过盛精力。

6. 多动幼儿表现出莽撞的行为，或者是在课上不专心听讲、多动、打扰其他幼儿学习时，要对他们进行严厉的批评，不能让他们的行为恶化发展。

7. 不论是在生活中，还是学习中，只要多动幼儿有进步，都应该给予表扬，用鼓励语言和适当的奖励来激发幼儿专注的欲望，强化幼儿好的行为。

8. 应帮助幼儿养成有规律的生活和学习习惯，让幼儿明确每个时间段自己要做的事情。同时帮助幼儿合理安排活动，注意动静交替。

9. 家园共育，提供安静、舒适、简单的环境，引导幼儿尝试静心做某件事，根据幼儿已有的注意力持续时间，以层层递进的方式延长注意时间，逐步提高注意力。

### 二、幼儿攻击行为的指导要点

1. 要注重提高幼儿的认知水平和判断力，教育幼儿以宽容的态度对待同伴，让幼儿明白打人、踢人、骂人、抢夺别人的东西是会对别人造成伤害的。

2. 可以采取移情训练、角色扮演等方式，培养幼儿从他人的视角看问题，体会被攻击者受伤害时的痛苦，从而形成“伤害他人不对”的思想观念。

3. 可以通过开展谈话活动、故事讲述、角色表演等，引导幼儿在参与、讨论、思考中学会用非攻击性方式处理与他人的矛盾或冲突。

4. 在活动前应有意识地组织幼儿讨论活动玩法、角色分配、材料的有效利用和配置等问题，从而明确活动的要求和规则，有效控制和消除幼儿同伴间的攻击行为。

5. 利用晨间谈话或其他时间，和幼儿共同交流讨论一些正确的解决冲突的方法和手段，学说简单的礼貌用语，如“请”“谢谢”“对不起”“没关系”等。

6. 应重视榜样作用，教会幼儿与同伴友好相处，学会和同伴分享玩具，幼儿与同伴之间形成一种和谐的氛围。

7. 对于攻击性强的幼儿，应换一个角度看待，发掘他们身上的闪光点，引导其他幼儿与他们和谐相处，避免他们产生不自信心理。

8. 在幼儿攻击行为发生后，应及时进行干预，使他们意识到侵犯他人的做法是错误的，并明确应该遵守的行为规则。如果幼儿有非常严重的攻击性表现，应坚决给予惩罚，绝不可姑息迁就。

9. 改变家长的教育方式，增进家长和幼儿之间的感情，使幼儿的心理得到健康的呵护和发展。

### 三、幼儿说谎行为的指导要点

1. 帮助幼儿区分现实和想象，要注意告诉幼儿什么是发生的，什么是想象的，让幼儿逐渐把现实与想象区分开来，并引导幼儿如何表达自己的想象。

2. 对于无意说谎，无需过分担心，随着幼儿年龄的增长，幼儿想象力、辨别力和分析能力随之发展，这些说谎现象会自然消失，只要给予及时的纠正和引导就可以了。

3. 善于发现幼儿的有意说谎行为，查明幼儿说谎原因，务必对症下药，做到及时发现，及时批评。

4. 应选择适宜的时间和幼儿进行单独交流，注意谈话的语气语调，营造良好的谈话氛围。尽量以幼儿的视角去看待问题，弄清幼儿说谎的原因，尊重并保护幼儿的自尊心。

5. 结合故事生动形象地让幼儿懂得诚实是一种好的品德，引导幼儿认识到说谎是不对的。如果幼儿表示改正时，一定要多鼓励，给予及时的肯定和信任，并在日常生活中结合相应情境及时提醒幼儿不要再犯相同的错误。

6. 对习惯利用讲谎话来推卸责任或引起成人注意的幼儿，要采取情绪上的“冷处理”，表示不喜欢，必要时可以采用适当的惩罚。

7. 以身作则，自省、自律，注意做到言行一致，在幼儿面前做出良好的榜样，以榜样的力量感染幼儿，以自己的行为潜移默化地影响幼儿。

8. 密切家园联系，做到一致性教育，统一意见和教育途径，共同帮助幼儿明确说谎的危害，积极帮助幼儿纠正说谎行为。

### 四、犯错幼儿的指导要点

1. 首先通过深呼吸使自己能够心平气和地对待幼儿，耐心询问事情的经过，多宽容幼儿。

2. 适当地对常犯错误的幼儿进行冷处理，并给予正确地引导和教育，让幼儿明白做坏事的孩子是不受欢迎的。

3. 面对受委屈的幼儿，要学会倾听。

4. 解决幼儿的问题，必须以尊重幼儿为前提，既要帮助幼儿，又不为幼儿包办一切。

5. 对幼儿各方面的严格要求必须以关心爱护为前提，更重要的是引导幼儿学会自我控制。

6. 对幼儿开展教育，不要强求和成人一样，不戴有色眼镜看幼儿，正确对待成长过程中幼儿的错误。

7. 加强师德修养，不感情用事，始终保持一颗平常的心，尊重幼儿，关心幼儿，平等对待幼儿。

8. 严格规范自身言行，以身作则，为人师表，以自己的人格魅力影响幼儿，教育幼儿。

9. 在工作中，遵守法律，依法治教，不做违法的事。

### 五、问题儿童个案辅导方案包含的几个基本要素

1. 项目名称；2. 个案基本情况；3. 问题行为呈现；4. 评估与分析；5. 辅导目标制定；6. 辅导方案设计；7. 辅导过程；8. 辅导结果。

### 六、幼儿个性化评语包含的几个基本要素

1. 项目名称；2. 幼儿闪光点和长处；3. 幼儿与众不同的地方；4. 贴切真实的内容；5. 充满师爱的语言；6. 不拘一格的呈现方式；7. 幼儿的存在问题；8. 符合幼儿发展的希望。

## 示例分析

### 示例1：问题儿童个案辅导方案

问题儿童个案辅导方案

**个案案例：**

**一、个案基本情况**

豪豪，4周岁，性格外向，好动，喜欢表达，行为态度极其随意。中班从其他幼儿园转到本园。父母工作较忙，繁忙的工作之余几乎没有时间和豪豪交流，豪豪大部分时间由爷爷、奶奶照料，老人对他百依百顺，样样事情包办代替。因还有一个一岁多的小妹妹，所以妈妈大部分时间在照顾妹妹，不听话时妈妈就会打他，因此十分怕妈妈。

**二、问题行为简述**

豪豪比较任性，随心所欲，学习专注时间极短，没有一刻是安静下来的。进行活动时总是离开位置，经常自己独自一人走开去玩，或者嚷着要去厕所，只有在老师斥责下才稍微收敛一下，但很快又故态复萌。在活动中表现霸道常常与其他幼儿抢玩具，或是打小朋友，几乎每天都被老师批评。但是语言表达能力强，聪明智商高，经常不专心但也能回答出问题，而且知识面广。他不懂与人相处，易发脾气，经常被人告状。不乐意听取同伴与老师的要求与建议，有时会故意做一些令人讨厌的事情。他喜欢绘画，喜欢自由发挥，并有创意，但是没有耐心，通常画到一半就乱画一通，画面凌乱。是一个非常特别及有个性的孩子。

**三、个案分析**

该幼儿问题行为存在的原因：

1. 由于生理方面的诸多原因，如：小便间隔时间短，视力近视等，造成了他学习上的不专注。

2. 豪豪长期生活的家庭环境是一个没有约束、极其随意的环境，养成了他特有的生活态度及行为，如：他不喜欢做的事不愿意不肯做，而他高兴做的事会全身心地投入。

3. 父母疏忽与孩子的沟通，父母直接抚养的缺少对幼儿心理发展有消极作用，老人对豪豪的过份溺爱，造成豪豪任性、爱发脾气的性格，使孩子心灵变得敏感和脆弱，过分在意别人对自己的态度，为引起别人更多的关注，常常做一些问题行为。

因此，针对该豪豪的特点与问题，作为教师，首先要从身体上关心、照顾他，并逐步适当地对其进行引导、教育，进一步了解豪豪、宽容豪豪，走进他的内心世界。该幼儿的教育和培养必须从引导他与同伴交往、克服任性等方面着手，并且要培养他做事专心、耐心的品质，行为习惯。

**四、辅导过程**

对幼儿：

1. 教师可多观察，亲近、帮助他，并尽量创设自由、宽松的环境，从而适当帮助他逐步提高自控能力。

2. 生活上加以关心，给他时间，在经医生确诊他并未患病的基础上，让他逐步养成良好的小便习惯。

3. 在日常生活与游戏中多作正面引导，稳定其情绪，纠正其任性、发脾气的不良习惯。

4. 在一日活动的各个环节中，注意发现豪豪的闪光点，及时给予鼓励，使豪豪获得成功的体验，不断提高豪豪的自信心。鉴于他特别渴望别人重视的特点，老师可以与他建立朋友的关系，与他聊天讲小秘密，了解他的内心，让他感受到老师的爱。

5. 认真做好观察记录，及时与家长联系，了解豪豪在家情况，不断调整教育方案。

对家长：

1. 及时与家长联系，带豪豪去医院对小便频急、近视现象作诊断。

2. 与家长交流，建议家长有空多与豪豪聊天，了解豪豪的内心世界。

3. 让家长及时把豪豪在家的表现情况反馈给老师。

4. 让家长逐步理解并欣赏豪豪在绘画作品上的创意，发现他的优点。

5. 在家中父母、老人教育要一致，不要溺爱。经常与豪豪交谈，让豪豪明白道理，多让豪豪外出与同龄伙伴玩，为豪豪提供交往的机会。

**五、辅导效果**

1. 通过半学期的培养，他小便的次数逐渐减少，趋于正常，这与老师为其提供宽松的心理环境直接有关。

2. 从不会与人相处，到主动与同伴交往。

3. 与同伴交往对他来说有些困难，因为他已习惯了一个人独自玩。老师利用情景游戏“大家一起玩，真快乐”让他在游戏中担任角色，身临其境，使他从中感受到和同伴一起玩，比独自一个人玩快乐。

3. 现在豪豪有了一定的进步，但是幼儿良好品质的形成是一个从认识过渡到行为，并且逐渐内化的过程，不是一朝一夕就能完成的。因此需要教师由低到高、由浅入深地不断调整目标，进行循序渐进的教育。

××××年××月

**分析**

小组讨论，分析以上问题儿童个案辅导方案，谈谈值得借鉴的地方，补充不足之处。

## 示例 2：幼儿个性化评语

幼儿个性化评语

你是一个爱跳舞并且很懂事的小男孩，有时还有点害羞。在学校是老师的小小助手，经常做好事，是班里的小雷锋！你上课很认真，积极举手发言，平时和小朋友团结友爱，各方面的习惯都很好，老师和小朋友都很喜欢你。希望你在下学期更加自信，变得更棒，好吗？

你是一个聪明、活泼的小男孩，爱劳动，对老师很有礼貌，积极参加幼儿园的各项活动。你自编的故事很受小朋友的欢迎，继续努力哦！你上课的时候思维活跃，积极举手发言，但有时做事情不能坚持到底，老师希望你以后做事情能专心、耐心，取得更大的进步，好吗？

你是一个活泼、能干、爱劳动的好孩子。你的生活自理能力很强，不但自己的事情自己做，还乐意帮助别的小朋友穿脱衣服，和小朋友相处愉快，你最喜欢玩娃娃家，经常帮助老师把娃娃家理得整整齐齐，老师真喜欢你！这个学期你的各方面进步都很大，希望下个学期，你能在上课时够更加认真听讲，学到更多的本领！

相关链接

**分析**

小组讨论，分析以上幼儿个性化评语，谈谈值得借鉴的地方，补充不足之处。

## 反思探究

### （一）案例反思

**幼儿攻击行为及成因分析**

事例一：

小烨一早来园就拿了一盒新积木一个人搭起来。小朋友陆陆续续进来以后，有几个男孩子便走过去，想和他一起搭。小烨对刚想伸手的小朋友挥手就是一拳："不行，这盒积木是我的，谁也不许动。""谁说是你的，大家都可以玩！"那个小朋友顶了他一句，他就挥动拳头打对方。

成因分析：

小烨家境比较富裕，他的家人在物质方面对孩子的要求总是"一呼百应"，形成了孩子要什么有什么的"小皇帝"心态。小烨习惯以自我为中心，表现出强烈的占有欲，认为凡是属于他的物品，别人绝对不能侵犯。在专制、服从的家庭环境中成长的幼儿容易形成逆反、自私、逃避、暴躁的性格。

事例二：

绘画课上，毅程画了一架直升机，浩浩画了一架战斗机，画着画着两人就为谁的飞机厉害而吵起嘴来。浩浩说："瞧我的飞机，多厉害！这儿有炮弹，可以发射出去打敌人。"

"没有我的直升机好！你的算什么，难看死了。"毅程一边抢过画来撕，一边大声辱骂："敢和我比！叫你好，叫你好，看我不把它撕烂！"

成因分析：

毅程的父母都是知识层次较高的上班族，对孩子的期望很高，要求也非常严格，并时时提醒毅程不能输给别的小朋友。只要毅程稍有差错，就会遭到父母的训斥，久而久之，毅程的性格变得暴躁，并因攀比而产生敌对他人的行为。

**思考** 谈谈你对案例中的幼儿攻击行为的看法？应如何处理？

### （二）问题反思

1. 影响幼儿自信心的原因是什么？有效提升的策略有哪些？
2. 影响幼儿合作行为的原因是什么？有效提升的策略有哪些？
3. 导致幼儿出现攻击行为的原因是什么？有效应对的策略有哪些？

### （三）方案设计

1. 结合教育见习，模拟撰写3～4个幼儿的个性化评语。
2. 结合教育实习，撰写一个有问题行为幼儿的个案辅导方案。

## 拓展阅读

1. 阮素莲. 基于内隐学习理论的幼儿品德教育探究[J]，教育导刊(下半月)，2014(8)：17

2. 罗世兰，王智，张大均等. 幼儿心理素质与良好行为习惯、问题行为的关系[J]，学前教育研究，2017(4)：56—63

# 学习情境 2 班级保教人员管理

## 学习目标

**知识目标**

1. 了解保教人员角色定位和专业成长的意义，以及保教人员工作艺术的含义和内容。
2. 了解保教人员职业倦怠的成因，掌握保教人员职业生涯规划的方法。

**能力目标**

1. 具备应对职业倦怠的能力。
2. 具备开展职业生涯规划的能力。

**素质目标**

1. 树立专业成长和职业发展的观念。
2. 养成热爱幼教事业的优良品质。

《纲要》明确指出“教师应成为幼儿学习活动的支持者、合作者、引导者”，倡导幼儿教师角色的多重性，为幼儿教师角色定位指明了方向。《幼儿园教师专业标准（试行）》也对幼儿园教师的专业素质提出了明确要求，为幼儿园教师专业发展指明了方向，也为幼儿园教师培养提供了重要依据。

## 任务1 保教人员专业能力提升

### 任务概述

班级保教人员既是班级的管理者，同时也是幼儿的教育者，可以说，保教工作是一门学问更是一门艺术。教育的主体是人，人是充满艺术细胞的鲜活的生命个体，被誉为“人类灵魂工程师”的教师，其所从事的教育工作本身就是一个充满艺术气息的创作过程。面对每一个鲜活的、有着不同思维和性格特征的幼儿个体，教师必须了解幼儿的心理特点，运用教育智慧创设幼儿主动参与的教育情境，这样才能引发师幼的情感共鸣和思维共振，满足幼儿的身心发展需要。因此，探讨保教人员的工作艺术，是提升班级管理的重要支撑，是推进班级工作可持续发展的有力保障。

### 相关知识

**知识点1 保教人员的角色定位**

角色定位是管理的最高境界。在一定的系统环境下，组合中相对的不可代替的定位，就是角色定位。幼儿教师的角色定位问题是幼儿教育领域一个基本又重要的问题，因为幼儿教师把自己定位成什么角色，就会不自觉地扮演这种角色，在幼教工作中逐渐成长成为这种人。

从幼儿教师对幼儿进行教育的目的来看，幼儿教师应该把班主任的角色定位为教育型管理者、身心健康维护者、知识启蒙者、平等对话者、学习者和家庭教育指导者。

1. 教育型管理者。作为班主任要拟订班级工作计划，组织班级活动，指挥和引导幼儿，协调与配班教师之间、幼儿之间、其他老师或学校与家长之间的关系。由此可见，班主任是管理者。但幼儿园班主任作为管理者，面对的不是成年人，而是没有自我保护能力的幼儿，应该以教育为重，管理为轻。因此，班主任是“教育型管理者”。管理的目的不是为了使幼儿就范，而是使他们健康成长。

2. 身心健康维护者。幼儿期是幼儿身体发育和心理发展的关键期。幼儿身心发展容易出现明显的差异和倾向性，形成各自的独特性。幼儿教师要做幼儿身心健康的维护者，对症下药，因人而异，因材施教，促进每个幼儿都在原有水平上最大限度的发展。

3. 知识启蒙者。作为幼儿离开父母后的第一任教师，幼儿园班主任要成为作为幼儿知识的启蒙者，应该从品德到习惯、从精神到方法给予幼儿科学的指导，让幼儿感受到学习的乐趣。

4. 平等对话者。班主任要真正平等地对待每一个幼儿，包括问题幼儿，真正蹲下来和幼儿零距离接触，和幼儿坦诚对话，做幼儿的平等对话者。

5. 学习者。学习不仅仅是一种观念、一种态度，更是一种需要。班主任更需要学习，只有不断提升自己，才能跟上时代的步伐，做一个永不落伍的幼教工作者。

6. 家庭教育指导者。随着社会经济的发展和进步，家庭教育明显滞后，幼儿的个性问题、消费观和幸福观问题，均需要幼儿教师对家庭教育进行指导，通过家庭指导使幼儿学会学习、学会生活、学会做人、学会生存。

幼儿园各领域教育活动过程中教师的角色定位

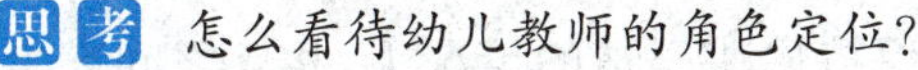

思考　怎么看待幼儿教师的角色定位？

## 知识点2　班级保教人员的工作艺术

### 1. 保教人员工作艺术的含义

保教人员工作艺术是保教人员教育思想、教育能力、教育素养、教育风格和教育机智等方面素质的综合反映，是保教人员在教育实践中所表现出的精湛、娴熟、巧妙并带有鲜明个性的教育才能和技艺。其主要体现是：

(1) 善于将教育目的与幼儿发展的实际水平结合起来，设计和把握教育活动的过程；

(2) 教育方式、方法灵活多样，富于变化，能激起幼儿内在的活力；

(3) 妥善而巧妙地处理偶发事件，善于化解矛盾；

(4) 情感自然流露，易于感染幼儿且富有分寸；

(5) 善于运用语言表示教师对幼儿行为的肯定、鼓励、赞许、制止或批评，使幼儿在自尊心受到充分保护的条件下，接受教师的教导。

保教人员的工作艺术，具有时代性、独特性、应变性、情感性和多样性等五个特征。

**幼儿教师的“五心”**

1. 爱心。要热爱儿童，尊重儿童，不论是听话的孩子，还是调皮捣蛋的孩子，对他们都要一视同仁，不歧视，不虐待每个孩子。

2. 童心。有了这颗童心，你会和孩子打成一片，你会感受到他们的喜怒哀乐，你更会了解他们，理解他们的所作所为，这样才能蹲下来与孩子交流，与孩子们同欢乐，从内心去爱孩子。

3. 细心。在幼儿园里，安全第一，这就要求幼儿教师对于工作中的小事决不能马虎，每一个环节都要细心，防止一些意外事故的发生。

4. 耐心。犯错——改正——再犯错——再改正，孩子们就是在这个圈圈里不断的进步着，教育孩子的时候，不要心急，只要他们每天进步一点点，积累下来，就会有质的飞跃。

5. 信心。教师要自信，要相信自己能够教好，信心是对自己能力的信任，更是对自己所追求目标的坚定信念。

相关链接

### 2. 保教人员工作艺术的体现

(1) 日常行为规范管理的艺术

保教人员要为幼儿创立良好的生活学习环境，让幼儿及早养成教育活动、卫生保健、文明礼貌方面的良好行为规范。

日常行为规范管理中，保教人员要坚持正面教育，对幼儿以表扬为主，强化幼儿的自我服务意识，改变他们的依赖思想。对幼儿好的行为或表现给予肯定、赞赏和鼓励，使幼儿能够更有信心、更积极地做好事情，最终达到养成良好行为规范的要求。

(2) 家园沟通的艺术

保教人员要经常与家长保持联系，了解幼儿家庭教育环境，通过家园联系表、家长会、晨间午间接待时的谈话，及时与家长交流幼儿在园的学习和生活情况，反馈幼儿在家的信息，并结合幼儿存在的问题，与家长一道商讨符合幼儿特点的教育措施，共同促进幼儿成长。

对于自己工作的失误，保教人员一定要有勇气承担责任，敢于面对家长的质疑，以坦诚、负责的精神处理善后工作，达到令家长满意的结果。宽容、理解、重情、沟通是处理家长工作最基本的方法和工作艺术。保教人员只有得到家长的认同和赞许，教师的工作才能得到家长的支持和配合，才能更好地开展班级的各项工作。

(3) 师幼互动的艺术

师幼互动应建立在轻松、自由的基础上，教师和幼儿在都保持愉快心情的情况下，相互之间产生积极的互动。教师只有真正地爱护幼儿、投入幼儿教育事业，才能更好地做到师幼互动。

保教人员应保护幼儿的主体性地位，根据幼儿的兴趣点设计互动学习。在日常生活中也应仔细观察幼儿的兴趣点，并及时捕捉住，加以引导。教师应多组织一些氛围比较宽松、儿童交往机会比较多的游戏、操作活动，以赏识的目光看待每名幼儿，学会等待，相信幼儿，善于发现每名幼儿身上的优点，从幼儿的角度来看待他们的兴趣、爱好，了解他们的情感需求，在积极的互动中促进每名幼儿的发展，在轻松、自由的基础上开展师幼互动。只有在宽松的环境中，才能形成丰富、温暖、安全、信任、互爱的情感氛围，为师幼间、幼儿同伴间更充分地互动创造良好的条件。

思考 保教人员的工作艺术主要体现在哪些方面？

**幼儿喜欢的教师**

一项面向幼儿园大、中、小班幼儿的访谈显示，幼儿喜欢的老师包括以下特点：

1. 有爱心，会关心他们，态度温和、脾气好的老师
2. 本领大，会唱歌跳舞的老师
3. 长相甜美、留长头发、声音好听、面带笑容的老师
4. 热情友善，会陪他们一起玩的老师
5. 与他们有私交的老师
6. 常常关注他们、表扬他们的老师
7. 新老师(实习生)

## 知识点3 班级保教人员的专业成长

班级保教人员的专业成长是指幼教工作者从接受师范教育的学生——任保教人员——有经验的保教人员——专家型保教人员的持续发展过程，它是班级保教人员在幼儿园培养和其他人的帮助下，通过自我学习、自我反思、自我积累不断提高个人素质，实现从专业新手到专业人员转变的过程。其中，道德品质、教育理念、知识和能力等方面的进步是保教人员专业成长的基本内容。

保教人员的专业成长受到幼儿园组织文化、学校领导、教师群体、教育政策等客观因素的影响，也受到自身的需要、动机、兴趣、态度等主观因素的影响。班级管理过程中的经验积累则成为影响教师专业成长最为直接的因素。保教人员的专业成长对于社会、教育事业本身以及保教人员个人都有重大意义。

思考 怎么看保教人员的专业成长？

**新教师入园培养三步曲**

第一步：扶着上架——培养一日活动组织能力

首先集中园内的骨干力量，结合幼儿园实际制订了《一日活动管理要求》，并在第一时间内将《一日活动管理要求》发到每一位新教师手中，要求她们在师傅的指导下进行学习、研读、内化。

其次对新教师的配班师傅提出具体的要求，每位师傅要对新教师进行为期一个月的全方位跟踪观察。填写《半日活动跟踪观察记录表》，就出现的问题及时与新教师进行交流，提出中肯可行的建议。

第二步：赶着上架——训练教学基本功

为了提升新教师的教学基本功，幼儿园采取了一系列方法来“赶”着新教师不断向前。

1. 但凡有新教师加入，园内都会挑选骨干教师组成测试小组，对每一位新教师进行“弹跳说唱书写画”全方位的测试，了解新教师的基本功情况，然后有针对性地安排新教师参加不同的学习共同体，有的放矢地开展培训。

2. 教学负责人不定期对新教师进行基本功抽测，内容可以是一项，也可以是几项，抽测结果纳入新教师的考评。

3. 业务学习时专门留出时间，让新教师对下周的教学内容，特别是故事、歌曲等进行讲、弹、唱，并邀请师傅及园内骨干教师进行现场点评和指导。

4. 学期末开展新教师基本功过关考核，对于考核不理想的项目园内进一步组织力量对新教师进行重点辅导，同时还会将此作为下学期抽测和展示的重点项目。

第三步：逼着上架——培养班务管理能力

为了培养新教师的责任意识，切实提高他们的班务管理能力，我们对工作满一年的新教师采取了“逼着上架”的策略。让师傅退到幕后，将结对的徒弟推到台前，让徒弟先尝试着做一学期的班主任。被“逼上梁山”的新教师不仅要学着制订各种活动计划，尝试着规划班级的各项活动，还要克服各种困难主动与家长接触和交流。

相关链接

## 指导要点

### 一、班级保教人员角色定位的指导要点

1. 从专业理念与师德角度来看，保教人员应成为秉承科学理念并兼具崇高道德的专业人员。必须坚信自己作为专业教师的身份，坚定自己的专业理想与信念，不被外在的社会评价左右。

2. 从专业知识角度来看，保教人员应成为“百科全书式的教育者”。五大领域课程所涉及的知识，幼儿发展知识和相关的保育知识，以及幼儿的生理和心理发展规律及通识性知识，都是幼儿教师必备的知识。

3. 从专业技能角度来看，保教人员应成为“儿童行为的观察者与记录者”，观察是指导的前提，要做好幼儿行为的观察与记录，对幼儿进行适时、适宜的指导。

4. 从幼儿园课程的角度来看，保教人员应成为幼儿学习、游戏环境的创设者与利用者，各类活动的设计者、组织者、指导者与评价者，充分利用各种教育契机，将教育灵活地渗透到各类活动之中。

5. 从教师与其他教育者的关系来看，幼儿教师已不再是单一的个体，而应成为“教师、家长、社区人士”所组成的教育链中的一员，教师应扮演好“人际关系的艺术家”“同事的合作者”“幼儿园与家庭、社区之间的润滑剂”“幼儿的朋友与知己”的角色。

6. 从教师自身发展的角度来看，幼儿教师应成为促进自身专业发展的“学习者与研究者”，观察和研究儿童，理论与实践相结合，实现专业上的自我发展，真正做到终身学习。

### 二、班级保教人员工作艺术的指导要点

1. 用爱心呵护幼儿，用爱心管理班级。从幼儿实际情况出发，拓展幼儿的活动空间，让幼儿时刻感受

到教师的关心和关爱，感受到学习和成长的乐趣。

2. 要注重培养幼儿们良好的行为习惯，注重常规教育，提高幼儿的综合素质，使每一位幼儿感到轻松愉悦。

3. 教师之间互相团结，做到相互信任、相互帮助、团结合作，责任明确，协调班级管理工作，开好班级各项会议，保障班级教育工作的高效进行。

4. 要根据每名幼儿的具体表现与之交流和相处，做幼儿的知心朋友，全面了解幼儿的脾气秉性，根据实际分析问题，提高班级管理的质量。

5. 加强与家长的联系，取得家长和社会的共同支持，做好家园联系工作，及时了解幼儿的成长特点，做到有的放矢、对症下药，提高幼儿管理工作的有效性，实现家园共育目标。

### 三、班级保教人员专业成长的自我提升管理要点

1. 博览群书，不断推陈出新，树立终身学习的观念。经常阅读幼儿教育专业的书籍、报刊，积极争取各种培训、研讨和观摩的机会，从中吸纳新知识、新理论，不断充实更新自己的理论知识。

2. 善于交流，不断取长补短。向同行学习，从听课、观摩、实验、评课中，学习前辈勤勤恳恳的工作作风、全面扎实的教学基本功、灵活多变的教学机智，学习年轻人敢想敢做的创新意识、不拘一格的教学方法。

3. 敢于剖析自己。主动听取其他人对自己班级管理活动的评价意见和建议，将自己的感受、体会、想法、疑问与听课人进行交流，共同研讨教学中遇到的问题。

4. 借助多媒体技术。浏览学前教育网站、论坛、博客等，吸取他人成功的经验，指导自己的教育教学。

5. 反思自我，不断完善。坚持对班级管理过程进行观察记录，写下自己对教育现象的分析与理解、体会和感悟，在反思中积累相应的实践经验，并促使自己将实践经验升华为理论，再用理论指导实践，以此不断完善自己。

6. 积极参加岗前培训。学习相关的理论，并运用学习过的教育理论，解析教学中的具体问题，建立起理论与实例的联系，将理论内化提升自我理论素质。

7. 开展同伴互动式研讨活动。通过话题研讨和案例教学研讨，在不断进行的思维碰撞中，转变教育行为、提升教育理念，提高教研的针对性、实效性。

### 四、教师年度考核登记表包含的几个基本要素

1. 项目名称；2. 评价年度；3. 被评价人员基本信息（姓名、性别、出生年月、政治面貌、学历、职称、聘用时间、聘用岗位、考勤情况等）；4. 工作任务或工作职责；5. 履行职责情况（主要成绩、存在问题和今后努力方向）；6. 自我评价；7. 考核小组评价；8. 考核结果；9. 考核意见；10. 申诉及复核情况。

## 示例分析

#### 示例 1：教师年度考核登记表（表 6-2）

教师年度考核登记表

（20　至20　学年度）

学校（幼儿园）：

| 姓名 | | 性别 | | 出生年月 | | 政治面貌 | |
|---|---|---|---|---|---|---|---|
| 学历 | | 职称 | | | 聘用时间 | | |
| 职务岗位（行政、级科组长、班主任） | | | | | | | |
| 本学年度考勤情况（累计） | | | | 病假　天，事假　天，旷工　天 | | | |
| 一、本人本学年度的主要教学任务或工作职责 | | | | | | | |
| 上学期 | | | | | | | |

（续表）

<table>
<tr><td>下学期</td><td colspan="4"></td></tr>
<tr><td colspan="5">二、个人述职：简述本学年度履行职责的主要成绩、存在问题和今后努力方向</td></tr>
<tr><td colspan="5">述职人：　　年　月　日</td></tr>
<tr><td colspan="5">三、科室（级组）评价</td></tr>
<tr><td colspan="5">分管副校长或科（室）负责人对被考核人完成本学年度工作职责情况作简要评价及对今后的工作提出要求：<br>负责人签名：　　年　月　日</td></tr>
<tr><td colspan="5">四、自我评价及单位考核小组综合评价情况</td></tr>
<tr><td rowspan="2">项目</td><td rowspan="2">自评分</td><td colspan="3">考　核　小　组　评　价</td></tr>
<tr><td>得分</td><td colspan="2">等级评定</td></tr>
<tr><td>德</td><td></td><td></td><td colspan="2" rowspan="5">考核等级<br>年　月　日</td></tr>
<tr><td>能</td><td></td><td></td></tr>
<tr><td>勤</td><td></td><td></td></tr>
<tr><td>绩</td><td></td><td></td></tr>
<tr><td>加分</td><td></td><td></td></tr>
<tr><td>学校考核小组意见</td><td colspan="2">（单位盖章）<br>年　月　日</td><td>本人意见</td><td>签名：　　年　月　日</td></tr>
<tr><td>申诉情况</td><td colspan="4"></td></tr>
<tr><td>复审结果</td><td colspan="4">（单位盖章）<br>年　月　日</td></tr>
</table>

**分析**

小组讨论，分析以上教师年度考核登记表，谈谈用于幼儿教师工作评价的优点与不足。

## 任务2 保教人员职业生涯规划

### 任务概述

在学前教育快速发展的新形势下，保教人员的专业成长，较之以往应更具科学性和实效性。保教人员职业生涯规划就是促进保教人员自我发展与自我完善的重要手段，能为保教人员专业成长助力加油。职业生涯规划不仅能促进保教人员在目标引领下获得个人发展与专业提升，也使保教人员专业发展的脚步更加坚实，让保教人员不断获得成功的喜悦，感受实现目标的快乐和职业的幸福感。在这个过程中，幼儿园收获的不仅是保教人员整体队伍的提高，更收获了幼儿的发展和办园质量的提升。

### 相关知识

#### 知识点1 班级保教人员职业生涯规划

职业生涯规划是指针对个人职业选择的主观和客观因素进行分析和测定，确定个人的奋斗目标并努力实现这一目标的过程。职业生涯规划要求根据自身的兴趣、特点，将自己定位在一个最能发挥自己长处的位置，选择最适合自己能力的事业。职业定位是决定职业生涯成败最关键的一步，同时也是职业生涯规划的起点。

幼儿保教人员职业生涯规划是指保教人员从自身的特点和优势出发，根据时代、社会的要求和所在幼儿园的共同愿景作出的能够促进自身有计划地可持续发展预期性、系统性的自我设计和安排。幼儿园班主任职业生涯规划有利于发掘自我潜能，增强工作动力，获得成就感和满足感，促成自我实现，应对社会竞争压力，在职业生涯中做出更大贡献。

思考 保教人员开展职业生涯规划的意义？

职业生涯规划的5个“W”

#### 知识点2 班级保教人员的职业倦怠

职业倦怠是指服务于助人行业的人们长期无法应对外界提出的超出个人能量和资源的过度要求，而产生的生理、心智、情绪、行为等方面的一种疲惫不堪状态。保教人员的职业倦怠是指保教人员不能顺利应对工作压力时的一种极端反应，是在长期压力体验下所产生的情绪、态度和行为的衰竭状态。

保教人员职业倦怠的成因如下。

1. 工作压力大。幼儿教师的压力源大致可分为社会、组织、个体三个方面，其中社会和组织是导致职业倦怠的直接因素。幼教改革发展迅速，幼儿园要开展园本课程的研究，要开展幼儿园特色的创建，还要开展教育科研活动。除此之外，幼儿教师还有一大堆“家庭作业”要完成：活动设计、课后反思、研究论文、观察笔记、家园联系簿等等，有的教师还要参加学历进修。除了日常工作的辛苦，幼儿教师还承受着很大的心理压力，过度劳累和对事故的担心使得多数幼儿教师身心疲惫、焦躁不安，这些情况在很大程度上造成了幼儿教师的职业倦怠。

2. 待遇低，合法权益得不到保障。待遇偏低与幼儿教师的职业倦怠有着密切的关系。教师们普遍认为自己劳动所得的报酬与家长和社会赋予教师职业的崇高使命不相称，这使得教师感到非常的不平衡，从而导致了幼儿教师的职业倦怠。

3. 社会认可度差，尊重程度不够。家长和社会对幼儿教师的普遍认识就是“每天哄哄孩子，和孩子玩玩游戏，照顾好孩子的每一顿饭”，正是由于公众对幼儿教师职业的不理解和不尊重，在很大程度上导致了幼儿教师的职业倦怠。

4. 自我效能感较低。自我效能感，是指人对自己是否能够成功地进行某一成就行为的主观判断，它与自我能力感是同义的。有研究表明，自我效能感较低的教师认为教育对儿童发展的影响微乎其微，对自己的教育能力和对儿童的影响力信心不足，对儿童的期望也较消极，在工作中容易感到紧张焦虑和烦恼，在工作中常常降低其做好工作的动机和努力程度，甚至会放弃努力，不能积极地全力以赴投入到教育工作中，这是造成幼儿教师职业倦怠的很重要的一个主观因素。

**思考** 怎么看待保教人员的职业倦怠？

**幼儿教师职业倦怠情况调查**

一项面向某省幼儿园骨干教师培训班的200名学员的调查显示：

1. 不同学历的幼儿教师职业倦怠特点

从统计结果看，不同学历的幼师职业倦怠状况差别不显著，但从数据分布上亦可知，本科以上学历的被试在职业倦怠及两个维度上的平均分都高于高中和大专学历的被试。这是由于不同学历的幼儿教师对自我期望、职业发展规划有着不同的认知，同时社会对他们的期望也不同。学历越高意味着自我期望及社会期望越高，当期望与现实冲突时，容易产生消极情绪、高压力甚至是焦虑、抑郁等问题；同时，部分本科学历的幼师不安心于幼儿教育工作，这也是本科及以上学历的幼师更容易产生职业倦怠的原因之一。

2. 不同教龄阶段的幼儿教师职业倦怠的特点

从数据分布上可知，工作未满5年和工作21年以上的幼师在职业倦怠上得分较高。其中工作未满5年的幼儿教师在情绪衰竭上得分最高，这是由于他们在进入新的工作环境时需要投入更多的精力来适应新的工作和人际关系，同时在面对幼儿教育中一些实际问题时没有足够的经验来应对，而曾经所学的知识又不能完全满足工作的需要，这一系列问题造成他们的心理压力过大而形成情绪衰竭。另外，工作21年以上的幼师在成就感降低和职业倦怠上得分最高。这是由于随着工作年限及资历的增长，幼儿教师的福利待遇和社会地位并没有得到显著的提升；由于年龄问题，幼师也可能面临岗位调整，例如调离重要岗位或转为后勤人员，由此造成压力过大而产生职业倦怠。

3. 公立与私立幼儿园教师职业倦怠特点

本次调查中发现，公立幼儿园教师的职业倦怠得分偏高。首先这与公立幼儿园更高的工作要求、更严格的教学管理及考核等有关，其次与大批高学历应届生对该行业人员的岗位冲击有关。从本次调查数据分布来看，本科及以上学历的幼师在公立幼儿园中占52.5%，在私立幼儿园占15.9%。由此可知，公立幼儿园的教师自身条件较优秀，学历偏高，能力较强。他们自身的优秀条件和在工作中付出的诸多努力并未得到相应的回报，发展空间也很有限，因此在工作中无法得到相应的成就感。最后，公立幼儿园教师长期处于较为固定的工作环境中，人际关系较私立幼儿园复杂，同时家长对教师教学的期望更大、要求更多，这势必造成公立幼儿园教师有更多的精神压力。

相关链接

## 指导要点

### 一、保教人员职业倦怠的指导要点

1. 要对自身职业有明确规划。关心自身发展，积极解决和反思教育教学中存在的问题，将反思和实践结合，将专业理论和实际应用统一，以此提高自身专业水平。

2. 要正确认识职业倦怠。当发现自己有职业倦怠的症状时，要勇于面对现实，反省自己的压力来源，采取多种方式解决，主动寻求帮助，加以化解。

3. 要提高自身压力应对能力。学会自我放松训练，通过各种身体的锻炼、户外活动、培养业余爱好等来舒缓紧张的神经，使身心得到调节。

4. 要做好时间管理技巧。建立一个现实可行的时间表，每天留出一定的时间给自己，这样可使生活、工作更有效率，避免过度负荷。

5. 要学会认知重建策略。学会避免某些自挫性的认知;经常进行自我表扬;学会制订现实可行的、具有灵活性的工作目标并为取得的部分成功表扬自己。

6. 善于通过对教学经验的反思来提高教学能力,调整自己的情绪和教学行为,作出理性选择,勇于承担责任,提升心理健康的水平。

7. 幼儿园要为幼儿教师创造良好的发展环境,实行人性化管理制度,要为幼儿教师创造学习、研讨、进修或培训的机会,促进幼儿教师的专业发展。

8. 提高保教人员的社会地位和工资待遇,提高幼儿教师的生活质量,提高幼儿教师的经济地位。

9. 教育行政部门和幼儿园要重视幼儿教师职业倦怠问题,关注保教人员的职业兴趣、从业动机,加强培训和指导,使他们早日适应班级管理工作,对未来的职业发展充满信心。

## 二、保教人员职业生涯规划的管理要点

1. 重视思想引领。要让新教师认识到个人发展规划可以有效地促进自身的专业成长,清楚自己要走怎样的发展之路,并获得阶梯式的快速发展,少走弯路。

2. 加强业务培训。在教师入职之初就组织进行基础性的新教师岗位工作实战培训,为教师成长奠定专业基础。

3. 开展专题活动。经常组织教师针对教育中存在的问题,进行音乐教育、美术教育、数学教育、玩教具制作、环境创设、课件制作、才艺培训等活动,逐个击破教育难题,让教师的教育实践变得熟练而流畅。

4. 重视拜师带徒。明确带教任务和责任,由老教师现身说法,帮助新教师解决实际问题和困惑。

5. 注重科研引领。引领教师做幼儿教育的专家,关注幼儿、关注教育、关注发展,促进幼儿教师专业发展。

6. 提供展示平台。广泛开展各类教学观摩现场活动和实践活动,将教师们推到前台,为他们提供展示的舞台,让他们尽情展示自己努力的收获,体味成长的快乐。

7. 重视文化熏陶。树立积极向上的幼儿园办园文化,与全体教师建立幼儿园发展的共同愿景,让教师的专业发展与幼儿园的质量提升形成合力。

## 三、班级保教人员职业生涯规划的几个基本要素

1. 项目名称;2. 规划时间;3. 个人基本情况;4. 指导思想;5. 现状分析;6. 发展目标(总目标、阶段目标);7. 具体措施(业务知识、教育教学能力、研究反思能力、协同工作能力等方面);8. 长远计划和日常计划。

## 示例分析

### 示例1:班级保教人员职业生涯规划(表6-3)

幼儿园教师个人发展三年规划
(20××—20××学年)

一、基本情况

| 姓名 | ××× | 出生年月 | ×× | 参加工作时间 | ×× | 学历 | ×× | 岗位 | 班主任 |
|---|---|---|---|---|---|---|---|---|---|

二、指导思想(略)

三、现状分析(个人因素分析)(略)

四、发展目标(略)

(一)总目标

(二)阶段目标

**五、具体措施**

（一）业务知识

1. 勤于学习，树立终身学习的观念。

（1）坚持不懈地学。活到老，学到老，树立终身学习的观念。

（2）多渠道地学。学习他人高尚的师德修养、丰富的教学经验，以达到取长补短的目的。

（3）广泛地学。广泛地阅读各类有益的书籍，丰富自己的知识结构。

A. 长远计划：

坚持阅读幼教理论书籍，提升自己的理论高度。

B. 日常计划：

1)坚持每天看书半小时。2)坚持每天弹琴半小时。3)坚持在博客上撰写教学心得。4)每月认真写好教育笔记二篇，并保证笔记质量。

（二）教育教学能力

1. 进一步钻研教材，能结合本班幼儿年龄特点和实际发展水平，制订切实可操作的教学目标，运用生动的教学方法使教学充满激情和活力，提高教学效率。

2. 在教育教学实践中有意识地锻炼培养自己各方面的能力发展。

1）提高智慧能力。包括观察能力、思维能力、想象能力、记忆能力等。切实把握幼儿的真实情况，密切关注幼儿的发展情况。

2）提高教育能力。包括全面了解幼儿的能力、正确评价幼儿的能力、指导幼儿与人交往的能力、教师“身教”的能力等。

3. 积极创设生活化、情景化、游戏化的教学方法，逐步形成自身的教学风格。

4. 注重班级管理方法的探索，努力成为让自己满意，让幼儿喜爱，受家长欢迎的好老师。

A. 长远计划：

逐渐形成富有个性的教学风格（三年）。

B. 日常工作：

1)备好每一节课，并认真做好课前准备。2)随时跟进主题，做好班级环境和区角的创设和更换。3)每日关注幼儿的活动发展情况，及时与家长联系，细心地与家长交谈，反馈幼儿在园情况。

（三）研究反思能力

1. 形成研究专长。选择研究内容，在托班保教工作中寻找课题研究的突破口，做好资料积累，形成自己的研究专长。

2. 善于思考，在实践中探求、感悟。要坚持用脑子工作，力争做到：

反思昨天——在反思中扬长；

审视今天——在审视中甄别；

前瞻明天——在前瞻中创新。

3. 乐于动笔，提高教育科研水平。

（1）积极撰写课题。

（2）认真撰写教学反思，积极撰写教育案例。

（3）通过撰写论文，把自己的专题研究从实践层面提升至理论层面。不断提高论文质量，每年能写出质量较好的论文1～2篇。

A. 长远计划：

1）写出质量较好的论文，并争取得奖。

2）撰写课题方案，并争取立项。

B. 日常工作：

1）选择班中一些特殊幼儿进行跟踪观察，不断调整教学措施，撰写个案。

（四）协同工作能力

1. 有开朗的性格，富有同情心，有自我调节能力，有民主平等合作精神。

2. 善于和同事交往协作，积极参与园内、教研组等活动，宽容待人，有团队协作精神。

3. 善于同幼儿、幼儿家长、同事沟通，关系融洽，营造良好人际氛围的能力。

三年的时间是漫长而又短暂的，不断创新，不断进取，努力让计划成为现实，这是我的最终目标。

**分析**

小组讨论，分析以上幼儿教师职业发展规划，谈谈值得借鉴的地方，补充不足之处。

## 反思探究

### （一）案例反思

**幼儿教师的背后**

一位年轻的幼儿教师在自己QQ空间里发的一篇日志中这样写道：

“幼教老师早上7:00～8:00(接待员),8:00～9:00(服务员),9:30～11:00(老师身份),11:30～2:30(保姆身份),下午3:00～4:00(老师身份),4:00～5:30(礼仪小姐)。

除此之外,幼儿受伤了(护士身份),发通知单(传销员),算账(会计员),文字材料(文员身份),发表文章时(教育专家),解决纠纷时(居委会主任),家长不理解时(受气小媳妇),收公款(讨债),幼儿在园情况(解说员),做玩具(小裁缝,剪工,刀工),收集废旧材料(废品回收站),墙面布置(设计师,美工师),挂吊饰(楼梯工),演出时(策划师,音响师,化妆师,造型师),幼儿东西不见(侦探家)等等……起得比鸡早(值班),睡得比狗晚(备课)。幼儿园教师真是全能,无所不能,比奥特曼还厉害。我爱你!”

**思考** 谈谈案例中描述的幼儿教师角色对你有什么启示?

### （二）问题反思

1. 班级保教人员的角色定位是什么？给你什么启发？
2. 班级保教人员的专业成长是指什么？应如何促进？
3. 导致班级保教人员产生职业倦怠的原因是什么？应如何应对？

### （三）方案设计

1. 以小组为单位设计一份幼儿园教师职业生涯规划现状调查问卷。
2. 设计一份适合自己的职业生涯发展规划。

## 拓展阅读

1. 聂娟. 幼儿教师职业倦怠的成因及对策分析[J],教育导刊(下半月),2016(7):64—66

2. 王国华. 论幼儿教师职业生涯发展的困惑及其应对策略[J],广东技术师范学院学报(职业教育),2012(1):53—55

年轻幼儿教师职业生涯发展自评十问

# 学习单元七
# 班级家庭社区共育管理

## 引言

幼儿生活环境由家庭、学校、社区这三个同心圆组成，最靠近儿童的同心圆是家庭及其成员；第二个同心圆是学校及其朋友；最外面的一个同心圆是社区及社区帮手。对于幼儿来说，幼儿园、家庭和社区是三个不可分割的交往环境，三方教育资源各有特色、各有专长，应互相联系、互相补充，共同为幼儿的社会性发展提供帮助，担负起幼儿社会性教育的重任。因此，家、园、社合作是幼儿园教育工作必不可少的部分，它不仅是教育的需要，更是幼儿自身发展的需要。

幼儿园与家庭、社区的资源共享是幼儿园发展的必然过程。只有通过社区外部大环境和幼儿园小环境的结合，才能真正地实现资源共享；只有建立幼儿园、家庭、社区的互动，才能形成家、园、社区共建的幼儿教育体系，寻找促进幼儿社会交往能力发展的有效途径，促进幼儿的发展。

## 相关理论

社会互动理论。主要的社会互动理论有符号互动论、参照群体理论和人际互动理论等。符号互动论认为，社会是由互动着的个人构成的，对于诸种社会现象的解释只能从这种互动中寻找；参照群体理论是指个体从心理上把自己列入、与之对照、并在评价、态度、行为和规范与价值观形成上接受其影响的群体。人际互动理论是指在特定范围的人际互动中，人际吸引、非语言沟通、刻板印象和人际空间四个人际互动要素在家园共育、教师与家长、家长与家长的沟通、交流过程中同样存在。良好的家园共育离不开合理社会互动的开展。

人类发展生态学理论。人类发展生态学理论认为，儿童个体的发展受到与其有直接或间接联系的生态环境的制约，这种生态环境是由若干个相互镶嵌在一起的系统所组成的，这些系统表现为一系列的同心圆，并包括了微观系统、中间系统、外层系统、宏观系统以及时代系统。其中微观系统是儿童生活的场所及其周边环境，其中包括家庭、幼儿园以及社区。中间系统是处于微观系统中的两个事物(如幼儿园与家庭、幼儿园与社区、家庭与社区)之间的关系或联系，在这里对儿童的发展影响非常大。

# 学习情境 1　班级家庭共育管理

## 学习目标

**知识目标**

1. 了解家园共育的意义，掌握家园共育的概念。
2. 了解家园共育的影响因素、基本内容和基本途径，班级家长委员会的职责、分工、权利和义务。

**能力目标**

1. 具备指导家园共育的能力。
2. 具备指导班级家长委员会工作的能力。

**素质目标**

1. 树立以人为本、合作共赢的教育观念。
2. 养成团结合作、善于沟通的品质。

家园共育是指家长和幼儿园共同完成对幼儿的教育，它包含了家庭教育和幼儿园教育两个因素。家庭教育和幼儿园教育强调的是一个“共”字。这个“共”字有一起、一致的意思。在它的背后强调的是公平、平等、和谐的内涵原则。家园共育已成为广大幼教工作者的共识。在新的历史条件下，家园共育必须建构新的模式，充分整合和利用家长教育资源，实现幼儿园教育与家庭教育的同步协调发展。

## 任务 1　家园共育活动管理

### 任务概述

《中华人民共和国教育法》第五十条指出：“未成年人的父母或者其他监护人应当为其未成年子女或者其他被监护人受教育提供必要条件。未成年人的父母或者其他监护人应当配合学校及其他教育机构，对其未成年子女或者其他被监护人进行教育。学校、教师可以对学生家长提供家庭教育指导。”

《规程》第五十二条提出：“幼儿园应当主动与幼儿家庭沟通合作，为家长提供科学育儿宣传指导，帮助家长创设良好的家庭教育环境，共同担负教育幼儿的任务。”

《纲要》总则第三条提出：“幼儿园应与家庭、社区密切合作，与小学相互衔接，综合利用各种教育资源，共同为幼儿的发展创造良好的条件。”

从以上内容中能够看到，家园共育不仅仅是一个意识问题、理念问题，更是责任和义务。

在长期的幼儿园教育实践过程中，学界普遍达成了一种认识，认为家园共育可以促进学前教育质量的提高；可以共同促进幼儿的全面发展；可以促进施教者教育观念的转变；可以改进教育幼儿的方法。

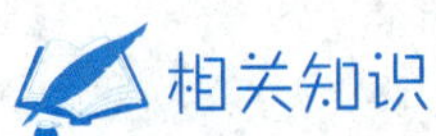

### 相关知识

**知识点 1　家园共育的影响因素**

影响家园共育的因素如下：

1. 教师与家长教育观念的陈旧和落后。大众习惯性地认为幼儿教育就是幼儿园教育。既然幼儿园承担了幼儿教育工作，教育就应该以幼儿园为中心，家长的责任只是辅助、配合幼儿园做工作、搞活动，家园共育由此容易出现低层次、表面化、形式化、走过场等弊端。

2. 教师对家长工作目的认识不到位。幼儿园教师认为家庭教育不过是幼儿园教育的延续，把家长看成是幼儿园教育的对象，是延续幼儿园教育的工具。

家园共育中应该把握的“四度”

3. 教师教育行为方式错位。由于受传统师道尊严思想的影响，教师认为自己是专业工作者，是家庭教育指导方面的绝对权威，从而在教育教学过程中一厢情愿地要求家长按老师的意愿做，很少考虑家长的想法与感受。另外，有的教师对自己是家庭教育指导者的角色认识不到位，迁就了许多家长不科学的教育方式。

**思考** 影响家园共育的因素主要有哪些？

## 知识点2　家园共育的基本内容

家园共育的基本内容实际可以分为以下四个主要部分：

### 1. 制度化的园长接待日活动

在固定时间（比如上学、放学）园长需要亲自到幼儿园门口以最亲切的方式迎接或欢送家长与幼儿，并要善于和家长沟通交谈，掌握幼儿的最新动态。

### 2. 日常化的幼师家访活动

除了基本工作责任中要求的传统家访形式之外，幼儿教师还需要像母亲一样管理着幼儿的学习和生活，实现每位幼儿教师都有一本“特殊要求记录本”，上面要详细记录着幼儿各种基本信息，比如幼儿的大小便次数、上课的时间和内容、幼儿的表现等特殊教育情况。这样幼师可以“足不出户”，就让每一位家长放心地获知自己孩子的在园情况。

### 3. 例行化的家长入园活动

例行化家长入园活动主要包括定期的家长科学育幼讲座、制度化的家长顾问委员会等两方面措施。其中，定期地邀请家长入园参加讲座，可以让家长在懂得“家园共育”的前提下积极参与到当中来；而建立一个家长顾问委员会，则可以让原来“想关心小孩教育情况又不知道怎么办”的家长们得到了一个亲身入园参与管理的机会，这样他们就更能在感情上倾向于“家园共育”。

### 4. 优质化的后勤服务管理

幼儿园中的门卫、保健员、保管和资料员等园内后勤人员，都要经常与家长和幼儿接触，重视和提高他们的服务水平和质量，可以使得家长与幼儿有一种“在园如家”的亲切感，从而增强了家长对幼儿园的认同感与信任感。

**思考** 家园共育的基本内容有哪些？

**家长参与幼儿园教育活动现状调查**

一项面向公办幼儿园200名幼儿家长的调查显示，家长参与幼儿园教育活动的形式多种多样，包括观摩活动、家长助教活动、家委会、亲子运动会、庆典活动，等等，其中庆典活动占89.3%，观摩活动占67%，亲子运动会占53.8%，是家长参与幼儿园教育的主要活动。

由调查统计可知，家长参与幼儿园教育活动情况良好，约88.5%的家长表示赞同“家长参与幼儿园教育活动”，其中82%的家长认为目前幼儿园组织的相关活动的形式需要改善。而带领孩子参与幼儿园教育活动的家长以爸爸妈妈为主，尤其是妈妈，所占比例高达53.8%，足可见家长对孩子教育的重视。家长普遍文化程度在大专及以上，占79.9%，家长的文化程度直接影响了活动的质量和开展的效果。有92.5%的家长参与过相关的活动，其中14.2%的家长参与了全部活动，另有85.8%的家长偶尔参与活动。

相关链接

## 知识点3　家园共育的基本途径

1. 开办家长学校。成立由心理学专家、家长代表组成的家长学校。在日常工作中，充分发挥家长学校的作用，在教育内容方面，既有每学期的重点专题内容，又有连续性、全面性的活动内容，全方位地指导实践。

2. “家长教师”参与主题教育活动。在家园共育活动中，结合幼儿园主题活动的需要，经常邀请特殊行业的家长当“教师”。“家长教师”利用自身职业、专业优势，讲授的内容更具知识性、趣味性和创造性。

3. 亲子活动。结合主题活动、特殊节日等，创造条件开展“亲子运动会”“家家乐亲子游戏活动”“庆六一游园活动”等形式多样、丰富多彩的亲子活动。

4. 广泛宣传。充分发挥黑板报、宣传栏、家长园地、幼教杂志、广播等宣传阵地的作用，宣传幼儿教育的重要性和教育孩子的科学知识。每学期不定期开展家长开放日和家长接待日活动，增进家园了解，向家长宣传科学育儿知识。

5. 召开家长会。各班级定期召开分组小型家长会、家长专题研讨会、家长集中培训等多种形式的家长会来达到家园共育、双向交流的目的。

思考 家园共育的基本途径有哪些？

**微信在家园共育中的应用**

1. 创建校园微信“公众号”，建立家园共育的新平台

每周定期向家长推送传递幼儿学习游戏、活动照片、家园合作等内容的信息。通过浏览微信公众号的信息内容，家长可以了解孩子各方面的情况，同时也可以发表自己感言、提出建议或要求。

2. 建立班级“微信群”，家长多方位参与班级活动

教师可建立了班级“微信群”，利用微信群发布通知，分享照片视频资料，互动讨论等，与家长互动交流。家长通过“微信群”传达信息，开展和老师、孩子面对面的交流，让沟通更加透明公开，为家园沟通架起了一道桥梁。

3. 微信“朋友圈”传递正能量，家长主动参与讨论

幼儿在园一日活动的各环节，教师要及时捕捉精彩瞬间，在朋友圈向家长展示，让家长放心。也可以在“朋友圈”经常转发一些关于科学育儿的专题文章，家长及时浏览，积极参与评论、发表感想，教师也会给予及时的回复。“朋友圈”的互动让家园互动更加直接有效。

相关链接

## 指导要点

### 一、家园共育的指导要点

1. 明确工作定位，放下师道尊严，与家长一起研究和分享孩子的成长过程，让家长认识到教师和家长的关系是合作，共同作用于孩子。

2. 面向每一位孩子家长全面展现班级的孩子学习、休息、饮食、活动、如厕等方面的环境、设施以及管理等全方位的工作，让家长对幼儿园和教师的工作有充分的了解和信任，做到放心和安心。

3. 每学期定期或不定期地邀请家长来参与幼儿园的教育教学活动，使家长深入了解孩子在幼儿园的真实表现和幼儿园的教育内容和方法，提高家长参与班级活动的兴趣和积极性。

4. 拓宽家园联系渠道，可以充分利用电子邮件、班级微信群、QQ 群、家园联系栏、网络论坛、博客等网络资源优势进行联系，及时交流家园信息，有效促进家园共育。也可设立的童言稚语、回音壁、聊天室、心心网页、创造之星等，激发家长的热情，变被动参与为主动参与。

5. 组织和建立幼儿园和班级家长学校组织机构，采取聘请专家讲、邀请家长讲、指定教师讲等多种方式集中或者分散地进行家庭教育辅导式。

6. 充分利用各种沟通渠道，针对出现的问题随时进行家长培训，向家长推荐幼儿学习网站、教育书刊等，帮助更新家长的教育观念，提高家长科学育儿的水平。

7. 对孩子的家庭环境建设，特别是家庭生活环境、学习环境以及家庭人际关系等方面给予指导，帮助家长为孩子建设良好的家庭成长环境。

8. 组织部分幼儿家长到幼儿园做义工，亲身参与和帮助教师管理班级，亲身体验幼儿的一日生活，了解幼儿园教育教学情况，使其能更好的监督和支持班级工作。

### 二、幼儿园家园联系活动记录表包含的几个基本要素

1. 项目名称；2. 幼儿基本资料；3. 教师姓名；4. 家长姓名；5. 幼儿近期在园表现；6. 幼儿近期在家表现；7. 教师意见；8. 家长意见。

## 示例分析

**示例 1：幼儿园家园联系活动记录表(表 7－1)**

幼儿园家园联系活动记录表
XXXX—XXXX 学年度第一学期(10 月份)

| | | | | | | |
|---|---|---|---|---|---|---|
| 基本情况 | 班级 | | 幼儿姓名 | | 出生年月 | |
| | 教师姓名 | | 家长姓名 | | 联系电话 | |
| 幼儿近期在园表现情况 | 行为习惯方面 | | | | | |
| | 近期教育内容 | | | | | |
| | 课堂表现方面 | | | | | |
| | 体能锻炼方面 | | | | | |
| | 下阶段需要家长配合的工作 | | | | | |
| 幼儿近期在家表现情况 | 行为习惯方面 | | | | | |
| | 学习兴趣方面 | | | | | |
| | 自理能力方面 | | | | | |
| | 幼儿近期在哪方面有所进步 | | | | | |
| | 对班级老师的意见或建议 | | | | | |
| | 对幼儿园各项工作的意见或建议 | | | | | |

**分析**

小组讨论，分析以上幼儿园家园联系活动记录表，谈谈优点与不足。

## 任务 2 家长委员会管理

### 任务概述

《规程》第五十四条规定："幼儿园应当成立家长委员会"。家长委员会的主要任务是：对幼儿园重要决策和事关幼儿切身利益的事项提出意见和建议；发挥家长的专业和资源优势，支持幼儿园保育教育工作；帮助家长了解幼儿园工作计划和要求，协助幼儿园开展家庭教育指导和交流。

班级家长委员会是以班级为单位、由家长代表组成的一个群众组织，具有对班级进行管理、对学生进行教育、组织班级活动和家长活动等工作职责。班级家长委员会是幼儿园家长工作的重要组织形式，是家庭教育取得成功的重要保障。家长委员会组织可以落实家长的教育主体者的地位，使家园互动充满活力，是家长参与幼儿园管理的一种重要形式，它不仅作用于幼儿园，同时也作用于每一位家长，成为家园实现同步教育不可缺少的一部分。幼儿园可从中了解家长的意见和需求，家长也可通过家长委员会及时反映

问题和建议，起到很好的督促作用。

## 知识点1 班级家长委员会职责与分工

### 1. 班级家长委员会职责

（1）参与班级管理。对班级工作计划和重要决策，特别是事关学生和家长切身利益的事项提出意见和建议；对班级教育教学和管理工作予以支持，积极配合；对班级开展的教育教学活动进行监督，帮助班级改进工作。

（2）参与教育工作。发挥家长的专业优势，为班级教育教学活动提供支持；发挥家长的资源优势，为学生开展校外活动提供教育资源和志愿服务；发挥家长自我教育的优势，交流宣传正确的教育理念和科学的教育方法。

（3）沟通班级与家庭。向家长通报学校和班级近期的重要工作和准备采取的重要举措，听取并转达家长对幼儿园和班级工作的意见和建议；向班级及时反映家长的意愿，听取并转达班级对家长的希望和要求，促进幼儿园、班级和家庭的相互理解。

### 2. 班级家长委员会的构成

（1）班级家长委员会根据班级工作需要设定具体人数。如可考虑设主任委员1名、副主任委员2名、委员3名。

（2）可考虑设组织委员、宣传委员、纪律委员、生活委员、活动委员共五个功能委员，由家长委员会中除主任委员外的家委兼任。

### 3. 班级家长委员会各委员的具体职责

（1）主任委员：负责家长委员会全面工作；负责召集家长委员会会议及开展有关活动。

（2）副主任委员：负责协助主任委员工作；受主任委员委托召集家长委员会会议及开展相关活动。

（3）组织委员：负责学习、会议、活动等档案资料的组织和管理工作。

（4）宣传委员：负责班级、家委各项文化和宣传事务，协助生活委员、活动委员对活动的策划等。

（5）纪律委员：负责班级、家委各项工作的执行情况的监督和统计，定期公布、公示有关工作情况。

（6）生活委员：负责班级、家委各项爱心活动的策划和执行。

（7）活动委员：负责班级、家委各项活动的经费保障、账目管理；提报学期工作经费预算和财务分析；负责采购事宜。

### 4. 班级家长委员会的组成方式

（1）自愿报名参加。热心班级服务，有时间和精力帮助学校、班级开展工作的家长朋友可根据自己具体情况到班主任处报名。

（2）每学年（期）换届一次。

（3）民主选举执行主席，担任方式可采取固定也可采取轮执。

### 5. 班级家长委员会的工作制度

（1）定期召开家长委员会工作例会，每学期召开两次以上的工作会议。

（2）工作例会的主要内容是：通报班级近阶段的主要工作，对一些将要出台与幼儿有关系的举措听取意见，接受家委会成员对班级工作的评价和建议等。

（3）根据实际的需要，不定期地召开部分家长的会议。

（4）因班级管理工作需要可临时召集会议，但需在三天前通知各位委员。

（5）家长委员会会议可不定期召开。班级教师和保育员可参加会议。

（6）家长委员会成员应成为班级与幼儿家长相互联系的钮带和桥梁。热心参与幼儿园的教育教学改革，协助幼儿园搞好有关工作，可随时代表家长向幼儿园提出意见、建设和要求。

**思考** 班级家长委员会职责与分工是怎样的？

## 知识点2　班级家长委员会的权利与义务

1. 权利

(1) 知情权

家长委员会有了解班级保育及教育情况、管理工作、发展规划及其他有关情况的权利。

(2) 建议权

家长委员会有对班级工作及规章制度提出建议和意见的权利。

(3) 监督权

家长委员会有对班级各项工作进行监督的权利。

(4) 评价权

家长委员会有对班级的各项工作进行评价的权利。

(5) 申诉权

家长委员会有向幼儿园管理部门反映班级情况的权利。

2. 义务

(1) 大力协助班级做好各项工作

作为班级的合作伙伴，家长委员会有义务协助班级做好各项工作。有些事情对于班级来说是比较棘手的，但是家长委员会可以发挥自身的优势来帮助班级解决。

(2) 及时反映家长的意见及其建议

作为家园双方信息沟通的渠道，家长委员会有义务向老师及时反映广大家长对班级和幼儿园的真实想法，包括对班级和幼儿园的意见及建议。

(3) 积极开展家庭教育的经验交流

作为家庭的合作伙伴，家长委员会有义务经常组织家长开展家庭教育的经验交流活动，为家长交流育儿经验搭建平台。

(4) 充分发挥自身的榜样示范作用

作为家长的代表，家长委员会的成员有义务做广大家长的榜样，发挥示范作用。家长委员会成员的言行举止会被其他家长关注，因此需要发挥良好的榜样示范作用。

**思考**　班级家长委员有哪些权利和义务？

**幼儿园里的家委会究竟在干什么**

1. 家长护卫队

家长护卫队，是一支由家长自愿报名参加的队伍，采取轮流值班制，在人流量最大的早上7:50～8:10的来园时间和下午4:25～4:45的离园时间里，在幼儿园的大门口加强安全防卫工作，使幼儿园的安防队伍除了原有的保安人员、教师行政值班人员之外，还有了家长的参与，他们共同配合，使幼儿来园、离园工作更加安全有序。

2. 故事妈妈团

俗话说，没有不喜欢听故事的孩子，因此便有了故事妈妈团的诞生。故事妈妈团由幼儿园热爱给孩子讲故事的家长们自愿组成，是一个推广儿童阅读的社会公益组织。妈妈们以故事为桥梁，分享孩子的思考及成长过程，为更多的家庭和孩子散播故事和讨论的种子。孩子在父母讲的故事中，慢慢地自己就会主动找书来看，养成良好的阅读习惯。

3. 爸爸合唱团

自成立之日起，合唱团的训练就一直没有中断，在幼儿园的开学典礼和晨会中登台表演，给孩子们的幼儿园生活增添了不少乐趣。

当然家委会的工作远远不止这3个。有伙食督察委员会，监察幼儿膳食情况，听取各方意见和建

相关链接

议，反馈给幼儿园，和幼儿园共同商讨解决，一起为孩子们提供更好的健康饮食；也有安全督察委员会，帮助班级家长了解幼儿园的安全工作，同时协助幼儿园开展安保方面的工作，组织定期巡查，监督幼儿园各项安全工作的落实情况等等。

相关链接

## 指导要点

### 一、班级家长委员会的指导要点

1. 明确家委会的工作目的，认真甄选家长委员会委员，选出具备较高教育素养的、有爱心、有时间、有精力的优秀家长代表。

2. 建立完善的班级管理教育制度，明确班级家长委员会成立的原因，健全班级家长委员会的运行机制，寻求更多的社会力量支持。

3. 大力宣传国家的教育方针和科学的育儿知识，介绍或传授具体的方法，引导家长树立正确的教育观念，提高家庭教育的水平，家园科学共育。

4. 规范家长委员会的日常工作，参与幼儿园的管理活动，努力建构以家长委员会建设为主体的家庭教育网络，结合班级中心工作，指导家长委员会工作，监督检查执行情况。

5. 明确家长委员会的主要功能，保障家委会对班级工作的知情权、选择权、监督权、评价权和申诉权，全面明确家长委员会的权利和义务，指导家委会充分行使自己的权利，勇于承担自己的义务。

6. 指导家委会组织家长会、家长接待日，举办开展家庭教育咨询，家庭教育讲座、家长读书沙龙、亲子活动等，引领家长创建“学习型”家庭，开展“爱读书，读好书”的活动。

7. 共同参与家长委员会评价，客观公正地评价家长委员会的工作，为改进工作提供依据，提高家委会成员的积极性和责任感，并提高家长的参与度。

8. 做好家长委员会换届的交接工作，向新成员介绍目前的工作状况、工作中遇到过的问题、最近亟待解决的问题等，让新成员熟悉并适应工作。

### 二、班级家长委员会活动记录表的几个基本要素

1. 项目名称；2. 班别；3. 地点；4. 主持人；5. 参加人员；6. 活动时间；7. 活动内容；8. 备注。

## 示例分析

**示例 1：班级家长委员会活动记录表（表 7－2）**

班级家长委员会活动记录表

| 班级 | 中 1 班 | 地点 | 某幼儿园 | 主持人 | 某老师 |
|---|---|---|---|---|---|
| 参加人员 | 班主任，家长委员会代表等 | | | 时间 | 星斯五晚上 |
| 活动内容 | 一、首先由班主任向家长们总结了班级工作，感谢家长一学期来对班级工作的支持。同时就下学期班级的常规工作及本学年有关的大型活动等向家长们作了详细的介绍。再次宣读了家长委员会职责，让家长们充分了解到自己在幼儿园发展中的重要作用，并将下学期的重点工作计划和重大家长活动以及幼儿活动与委员们进行讨论商议。<br>二、由班主任结合课件向家长介绍了班级课程，汇报了本学期课程的实施情况。对家长一直以来给予的大力支持作了充分肯定，并期望家长能一如既往地支持幼儿园及教师队伍，使班级发展得更快、更好。家长们也充分肯定了幼儿园的管理、班级管理及教师的教学工作，同时也表示一定尽全力支持幼儿园的工作，使孩子们在家、园的共同努力下茁壮成长。<br>三、家委会讨论研究，认真负责地提出了新的合理化意见和建议，在轻松融洽的气氛中，会议持续了近一个小时。此次会议密切了家园之间的联系，促使班级各项工作进一步提高。这次会议也充分体现了家长和班级相互信赖、互助、友好的一面，为进一步加强家园合作、畅通家园沟通渠道起到了很好的推进作用，也成为家长与班级沟通的有效桥梁，为共同教育好孩子奠定了良好基础。 | | | | | |
| 备注 | | | | | |

分析

小组讨论，分析以上班级家长委员会活动记录表，谈谈值得借鉴的地方，补充不足之处。

## 反思探究

### （一）案例反思

**家委会自主运作案例**

1. 亲子图书馆的筹建

创建亲子图书馆的想法源于家委会组织的一次关于亲子阅读的讨论，大家都谈到阅读材料的选择对于家长是一个难题。有人提出，如果幼儿园能有一个图书馆，里面的图书都由教师精心挑选，那问题就迎刃而解了。家委会很快拟出了计划，希望园方能提供场地由家委会来筹建一个图书馆。我们立即通过决议，在园内活动场所紧缺的情况下，在最短的时间里腾出了一间宽敞明亮、空气流通的活动室，并拨出专款用于图书馆建设。这给了家长很大的鼓励，大大提高了家委会成员的工作积极性。家委会还发动全园家长提供资源，从图书的募集到义工的招募，再到图书馆制度的建立，仅用了一个半月的时间就为全园孩子建起一座藏书 3 000 多册、义工 60 多名、运用电脑管理借阅信息的亲子图书馆。图书馆在每周的周一到周四下午孩子离园时段向全园家长和孩子开放，由家长义工轮值管理。

2. 家委会轮值工作

经过商议，大家决定采取家委会轮值制度，在每周二、四两天下午离园时间，由两名家委会成员在幼儿园大厅听取家长对家委会以及幼儿园的意见和建议，记下谈话内容但不记名，以求全面、真实地将家长的想法反馈给幼儿园。有家长来反映一些问题，值班委员认真询问和记录，家委会马上开会讨论。例如，家长对于一楼活动室采光问题提出意见，家委会即刻作了实地考察，并将意见反馈给幼儿园。幼儿园对此高度关注，很快决定采取扩大窗户面积、打通阳台的解决方案。方案公示后，家委会工作的高效得到了家长的好评，家长从这件事中感受到家委会的影响力，从最初对于家委会工作的怀疑走向认可、支持与信任，实现了良性循环。

思考　谈谈以上的家委会自主运作案例给你的启示？你认为应如何开展班级家委会的自主运作？

### （二）问题反思

1. 家园共育的意义是什么？影响家园共育的因素有哪些？
2. 家园共育的基本内容包括什么？基本途径有哪些？
3. 成立班级家长委员会的意义是什么？其职责与分工是什么？

### （三）方案设计

1. 设计一份幼儿园家园联系活动记录表。
2. 设计一份班级家长委员会活动记录表。

## 拓展阅读

1. 程天宇. 疏离与回归：家园共育理念实现的应然路径选择[J]，教育探索，2015(9)：64—66

2. 张富洪，杨慧彤. 学前儿童动作发展的家庭训练策略——基于《3—6 岁儿童学习与发展指南》的视角[J]，教育导刊(下半月)，2017(12)：74—76

教育部关于建立中小学幼儿园家长委员会的指导意见

# 学习情境2　班级社区共育管理

## 学习目标

**知识目标**

1. 了解社区教育资源的含义、种类和选择要求。
2. 掌握社园共育活动应遵循的原则和形式。

**能力目标**

1. 具备利用和协调社区教育资源的能力。
2. 具备组织社园共育活动的能力。

**素质目标**

1. 树立以人为本、合作共赢的教育观念。
2. 养成团结合作、认真负责的品质。

《规程》指出,"幼儿园应当加强与社区的联系与合作,面向社区宣传科学育儿知识,开展灵活多样的公益性早期教育服务,争取社区对幼儿园的多方面支持"。社区在幼儿教育中扮演着越来越重要的角色。只有将幼儿园与社区教育资源融为一体,依托社区、服务社区,相得益彰,才能更好地促进幼儿教育的社会化,提高社区教育水平,幼儿园与社区能够双赢。

## 任务1　社园共育资源利用

### 任务概述

社区是以一定地理区域为基础的社会群体。社区教育资源是指在社区内,凡是能够维护、参与服务社区教育的一切资源,是人力、物力、财力等有形资源和政策、制度、文化等非物质资源的总和。社区教育资源的开发与利用,可以扩展幼儿生活和学习的空间,有效补充幼儿园的教学活动,丰富幼儿园的教学内容与教学形式,增进幼儿园与社区的互动关系,更好地进行社园合作。

随着教育改革逐步深入发展,我国教育已进入终身教育时代,幼儿园教育是终身教育的起始阶段。1981年联合国教科文组织指出,幼儿教育必须从学校这个封闭的范围中解放出来,扩展到家庭与社区,这一精神现已成为世界幼儿教育共同发展的方向。幼儿园、家庭、社区共同组成的"教育社会"中,幼儿园、家庭、社区作为主要部门,都把对儿童的教育作为自己的一项日常工作,以儿童为中心,相互信任、密切合作、协调工作,儿童教育成了社区生活的一部分。

### 相关知识

**知识点1　社区教育资源的种类**

**1. 社区的物质资源**

社区的物质资源主要包括社区的花草树木、景观建筑、机构设施等。广阔的田野、茂盛的蔬菜园区、秀丽的公园、忙碌的工厂、整洁的道路、历史遗迹等,这一切为幼儿教育提供了得天独厚的教育资源。教师要组织幼儿走出幼儿园,走向广阔的天地、丰富的社会,让幼儿去看、去听、去触摸,感受与园内教育截然不同的快乐和收获。

2. 社区的人力资源

社区蕴涵着丰富的人力资源。首先，家长是可以最大程度利用的教育资源。幼儿家长一般来自不同岗位、不同职业，他们一定程度上显示出社会的多姿多采，可以邀请不同职业的幼儿家长，到幼儿园和幼儿一起活动，让幼儿了解各行各业。其次，社区中有从事各行各业的人员，如消防员、超市收银员、清洁工、劳动工人等，他们以自身的劳动展示着多彩的社会生活，给幼儿认识社会角色提供丰富的素材。另外，社区里的离退休老人、劳动模范、民间艺人等更是潜在的教育力量，邀请他们融入幼儿活动中，幼儿更容易接受，具有补充幼儿园教育的作用。

3. 社区的文化资源

每个社区都有自己的文化特色，大到风俗节日、民间传统，小到社区居民的仪表言谈、邻里关系、文明素养等。优秀的社区文化是公共无形的教育资源，同样也是幼儿园教育的宝贵资源。比如有的幼儿园常常利用节日活动对幼儿开展教育。国庆节前后带领幼儿到历史博物馆参观，组织幼儿观看阅兵，进行爱国主义教育；重阳节带幼儿到社区慰问老人，送自制礼物，表演节目，进行尊敬老人的教育。有的幼儿园则善于发掘本地的特色，把当地的刺绣、剪纸带入幼儿园，让幼儿们近距离感受民族文化的魅力。

**思考** 幼儿园可利用的社区资源种类有哪些?

**某幼儿园社区资源信息库**

| 种类 | 名称 | 距离 | 价值分析 | 备注 |
|---|---|---|---|---|
| 自然物质资源 | 某山 | 50M | 1. 某山空气清新，利于幼儿身体成长。2. 登山、远足，可锻炼幼儿身体素质，强身健体。3. 山上植物众多，可增进植物知识，感受一年四季花草树木的变化、感受四季更替和季节特征，欣赏自然景观。4. 山顶远眺，可饱览城市风貌。 | 适合班级集体活动、亲子登山和游艺活动 |
| | …… | | | |
| 社会物质资源 | 某小学 | 100M | 开展幼小衔接活动的定点机构，为幼小衔接提供了支持。 | 适合年级班级体验活动 |
| | 某学院汽车实验室 | 100M | 1. 实验室里的中汽车、菱形车、无人驾驶车等国内外先进科技汽车，可让幼儿近距离感知和了解其构造、特点等。2. 实验室里的工作人员给幼儿介绍先进科技汽车的发明和创造过程，幼儿感受先进科技与人们生活的关系。3. 实验室里先进的科技产品，可以激发幼儿内心对科学的探究兴趣和欲望。 | 适合班级集体、小组参观活动 |
| | 银行 | 50M | 1. 附近的中国银行、工商银行、邮政银行、农业银行、光大银行，幼儿可以实地了解不同银行的标识、特点、柜台和ATM机上存取钱的基本流程与规则等。 | 适合班级或小组参观活动 |
| | 超市 | 50M | 社区内的超市和便利店，幼儿可走进去参观了解商品的分类，体验购物、消费。 | 适合小组参观体验活动 |
| | …… | | | |
| 人力资源 | 全园家长，涉及14个职业 | | 1. 利用家长的不同职业、专业背景、擅长的各种技能和独特的阅历等，可拓宽幼儿园教育教学内容，拓宽幼儿的视野、认知面，激发幼儿广泛的兴趣。2. 不同特长与技能的家长支持和参与幼儿园教育教学，可以丰富幼儿园教育活动形式和内容，弥补教师不足。 | 适合外出参观、家长进园助教等活动 |
| | …… | | | |
| 文化资源 | 某书院 | 30M | 1. 书院从古至今的文化氛围，对幼儿学习是一种很好的熏陶。2. 书院内的建筑物及其他文物，可用于幼儿感知与了解古代学习场所、学习方式和学习内容。3. 书院历史上有许多知名人士，特别是从书院走出去的著名历史名人等，可让幼儿了解名人的故事，增强自豪感和爱家乡的情感并受到激励。 | 适合幼儿园班级活动 |
| | 某路小吃文化 | 50M | 具有浓郁地方特色的著名小吃，可让幼儿参观、品尝，了解不同小吃的特点，感受地方小吃文化。 | 适合幼儿园班级活动和家园亲子活动 |
| | …… | | | |

相关链接

## 知识点2 社区教育资源利用的常见问题

### 1. 对社区各类资源认识不清

幼儿教师对社区资源认识不够，没有对这个问题予以重视并进行考察、清理，不知道周边到底有哪些资源可以利用，不清楚社区不同类别资源的教育价值，虽然教师们认为幼儿园整合社区资源很有必要，但在实际工作中，教师们却迫于幼儿的安全问题以及怕麻烦而不愿主动开展。

### 2. 利用社区资源的活动内容缺乏计划性

目前，幼儿园利用社区资源开展的活动相对零散，没有整体规划，教师们对每个学期、每个主题可以整合哪些社区资源不清楚，有的教师想开展与社区资源整合的活动，但是在具体内容选择与设计上没有计划性，出现盲目和茫然的状态。

### 3. 对社区资源的利用不全面

幼儿园在整合各类资源时，常出现利用不全面的问题，如：对物质资源利用多，对文化资源利用少；对有的资源利用如"蜻蜓点水"流于形式等。

### 4. 部分社区人员的不认同

有的社区人员认为，幼儿只要在幼儿园里面安全生活就可以，他们看不到社区资源利用对幼儿终身发展的重要价值。还有的嫌幼儿太吵，为了避免麻烦或影响其工作，不接纳幼儿园的参观来访。

**思考** 社区教育资源利用的常见问题有哪些？

## 知识点3 社区教育资源的选择要求

### 1. 要选择与幼儿实际生活相联系的社区教育资源

教师选择的社区教育资源，应当与幼儿的实际生活密切联系。因为这类教育资源往往与幼儿本身或幼儿身边的人有千丝万缕的联系，深入地认识这类资源对幼儿来说是引导他们学习社会知识不可忽略的一部分。

### 2. 要选择具有典型性的社区教育资源

社区教育资源涉及社区的方方面面，具有丰富性和广泛性等特点，因此，幼儿教师必须在众多资源中选择典型的教育资源为幼儿园服务，既充分体现社区的特色又能促进幼儿各方面均衡发展。首先，社区中的教育资源繁多，不是每种资源都能为幼儿园所用，这就不得不要求教师根据资源的价值、幼儿的发展特点和特定的教育情境对社区教育资源进行筛选，选出具有代表性的资源。其次，幼儿正处于启蒙教育阶段，接受知识的能力有限，教师要选择、利用典型的社区教育资源，既不会增加幼儿的学习负担，又能促进幼儿全面发展。

### 3. 要选择幼儿感兴趣的社区教育资源

教师在选择社区教育资源时应充分考虑幼儿的兴趣。幼儿对教师所选择的社区教育资源是否感兴趣直接影响着他们在活动中的积极性以及学习的效果。如果幼儿对教师所选择的资源感兴趣，那么在活动中，幼儿将表现出积极的情绪，愿意操作、愿意探索，学习效果良好。

### 4. 要选择具有安全性的社区教育资源

教师首先要考虑自己所选择的教育资源对于幼儿来说是否是安全的、健康的。如，带幼儿到人来人往、车辆繁多的街上去观察交通情况、学习交通规则，将医院的废弃药瓶搜集起来带进幼儿园，作为幼儿活动的材料，这两种资源都存在着一定的安全隐患，教师应慎重考虑。但是，这不是说教师不能利用这部分教育资源，教师可以通过其他的方式来进行利用，如，将交通情况、交通标志等拍成视频或照片，让幼儿观看、学习。

**思考** 社区教育资源的选择要求有哪些？

## 指导要点

### 一、社园共育资源利用的指导要点

1. 了解社区周边资源，充分利用社区现有资源对幼儿进行教育。根据实际情况建立幼儿社会实践基地，把幼儿带出幼儿园的课堂围墙，拓展并形成教育的大空间。

2. 以幼儿园为中心，建立幼儿社区教育模式，推动幼儿教育社会化和社区教育化，激发调动幼儿园与社区互动的主动性，努力培育教育共同体，实现双向服务。

3. 以文化特色、风俗习惯、自然景观等区域人文资源为线索进行发散性的主题活动开发，促进幼儿园教育特色的深化和教学质量的提高，激发幼儿热爱家乡的情感。

4. 以家长学校为阵地，通过举办家长会、专题讲座、家园同步游戏、家长辅助教学、家长开放日、科育简报、宣传栏等形式，有目的有计划地向家长及社区宣传幼儿教育的重要意义，宣传幼儿园的性质、任务、培养目标及科学的家庭教育知识。

5. 服务社区，发挥正规教育的主导作用，大力宣传幼儿教育，让社会了解幼儿园，并为社区的早期教育提供服务。

6. 参与社区建设，促进社区职能的实现，共同策划和组织一些高质量的社区活动，提升社区精神文明的品味和特色。

7. 创建良好的社区关系，争取取得社区的支持，为幼儿园提供教育所需的人力、物力、教育场所等资源，形成和谐一致的教育合力。

8. 适度向社区居民开放图书资料等资源，开展家庭教育、卫生保健、膳食营养、疾病预防、才艺表演等各种培训活动，使幼儿园成为社区居民个人兴趣爱好培养和终身教育实施的重要场所。

### 二、社区资源调查表包含的几个基本要素

1. 项目名称；2. 指导语；3. 方位及距离；4. 资源名称；5. 资源地址；6. 联系人及联系电话；7. 主要经营产品；8. 可利用的资源；9. 教育价值。

## 示例分析

### 示例1：社区资源调查表(表7－3)

**幼儿园社区资源调查表(工厂、商店及其他单位)**

各位教职工：

为了进一步贯彻《指南》精神，努力实施课程游戏化，充分挖掘身边可利用的社区资源，服务于幼儿园工作，请您走访身边的工厂、商店及各大单位，了解其经营产品或工作性能，充分挖掘其利用价值，更好地为开展游戏活动服务。

| 方位及距离 | 单位名称 | 单位地址 | 联系人及联系电话 | 主要经营产品 | 可利用的资源（附图片） | 教育价值 |
|---|---|---|---|---|---|---|
| | | | | | | |
| | | | | | | |
| | | | | | | |

幼儿园周边自然资源与特色资源调查表(自然景色、大棚、养殖等)

各位教职工：

为了进一步贯彻《指南》精神，努力实施课程游戏化，请您走访我们的村庄，了解幼儿园周边的自然资源和特色资源，如公园、大棚、种植、养鸡场、农庄等，充分发掘其可利用价值，更好地为开展游戏活动服务。

| 方位及距离 | 资源名称 | 单位地址 | 联系人及联系电话 | 主要经营项目 | 可利用的资源（附图片） | 教育价值 |
|---|---|---|---|---|---|---|
| | | | | | | |
| | | | | | | |
| | | | | | | |

**分析**

小组讨论，分析以上社会资源调查表，谈谈优点与不足。

## 任务2 社园共育活动管理

### 任务概述

社园共育活动是有目的、有计划的、非个别班级师生参与的、具有一定规模的综合性的教育活动。社园共育活动通常以集体外出活动为主，活动人数众多，活动环境较为开放，活动内容较为复杂，需要幼儿园及教师关注的“安全点”太多，稍有疏忽便容易出现安全纰漏。特别是在有幼儿家长参与的活动中，家长和教师往往会认为对方更多关注幼儿安全，不经意地降低自身的安全“敏感度”，导致活动情绪高涨的幼儿更多暴露在安全隐患之中。

幼儿园管理者和策划者在组织社园共育活动时，一定要从本园的实际情况出发，事先对活动整个过程中可能出现的安全问题进行预测，以确保活动安全开展。一旦发现活动中存在安全隐患，应立即调整方案甚至取消活动，决不能抱有侥幸心理。同时任何一次大型活动中都应有较为详细的安全预案，成立安全事件的领导指挥小组，明确事件发生后的应急处理流程和方法，确保活动的顺利开展。

### 相关知识

#### 知识点1 社园共育活动的原则

幼儿园与社区的合作共育要想取得良好的合作效果，离不开适当的约束。双方应遵循共同的活动原则如下：

**1. 双向互动原则**

“双向互动”是幼儿园与社区二者紧密合作的前提，二者的合作共育不存在谁主导谁的问题，而在于双方应形成合力，推动二者的合作共育。一方面，幼儿园应及时了解社区需要，主动为社区居民服务，发挥自身的辐射功能，促进学习型家庭及社区的建设；另一方面，社区应为幼儿园提供优秀的物质环境资源、人力资源及文化资源等。在相互尊重、相互扶持中，形成良好的双向互动。

**2. 安全性原则**

幼儿园不应仅仅局限在口头语言上，更应该在实际工作中建立正规的制度，加大幼儿安全保障力度，

通过多种途径保护活动中幼儿的安全。首先，幼儿园应与社区有关工作部门沟通，加强社区内的安全设施建设，危险处为幼儿专门设置警示标志，尽量减少不安全因素的存在；其次，幼儿园在外出活动前应召开教师集中研讨会，针对活动中幼儿可能出现的意外作出预测并形成预案，严格控制外出活动的规模和师幼比率。如需要大量幼儿外出，可分小群体多次出行；在活动之前征求家长的同意与配合，尽量鼓励家长参与活动，可以降低幼儿外出的风险，保证活动效果。同时，在幼儿园“开放日”或大型的开放活动中，社区应配合幼儿园做好出入幼儿园人员的审查工作。入园人员必须办理相关的手续，最好请求派出所的帮助，提前进行人员备案及了解等，加强警戒。

3. 兴趣性原则

社园共育活动要从幼儿的兴趣入手，依据各年龄段儿童身心发展特点开展活动，通过活动不断地发展和提升幼儿的兴趣水平，以期达到促进幼儿身心发展的目的。

4. 因地制宜原则

社园共育活动的开展应从社区和家长的实际出发，以当时当地的条件为前提，选择适宜的活动内容和活动形式，提供适合各类活动开展的玩具材料，设计和开发能够促进幼儿身心发展的活动项目。

社园互动行为的类型

思考　社园共育活动的原则有哪些？

### 知识点2　社园共育活动的形式

1. 请进来

主要通过“社区导师”“社区同步游戏”“社区辅助教学”等形式，鼓励社园互动，将社区资源中可移动的资源“请进”幼儿园。对于不能移动或不便移动的，采取绘画、录音、录像等方式，将社区的影音图像带入教学情境之中，从而使社区资源真正走进幼儿园。

2. 走出去

（1）与大自然对话。幼儿园充分利用周围得天独厚的社区资源优势，组织幼儿参加实践、交流表达、动手尝试，让每一名幼儿用心灵与大自然对话。比如春暖花开时，幼儿园附近的花园就是很好的资源，可以带幼儿参观动植物的生长变化，使大自然、大社会成为活教材。

（2）在生活中体验。充分利用丰富的社区资源，带幼儿回到现实生活，体验生活的本色。如带幼儿进行商品调查、户外教学、社区访问、社区参观。每个活动都融入了幼儿的亲身体验、直接感受，让生活和学习真正成为一体。

（3）为社会服务。在“走出去”活动中，还要让幼儿学习为社区服务。例如认养树木、美化环境、为老人服务、参与节日活动等，并且组织幼儿到社区场所展示自己的学习成果，进行美术展览、舞蹈表演等，让幼儿融入到社区的大活动中，为社区服务做宣传。

小手拉大手清洁进社区

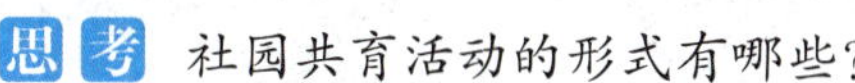

思考　社园共育活动的形式有哪些？

## 指导要点

### 一、社园共育活动的指导要点

1. 采用“方案导向→责任到人→分级落实→反馈践行”的计划方式，贯穿社园共育活动从筹备到实施的方方面面，确保活动的顺利开展。

2. 每次活动前就活动目标进行充分的讨论，明确活动的目的，激发教师的进取意识、忧患意识，保证活动的质量。

3. 活动前通过家长会、校迅通、网站、微信群等多种形式向家长进行宣传，让所有的家长了解活动的内容和意义，争取获得宝贵的家长资源。

4. 调动各方的积极性，让幼儿成为活动组织最基层的落实者、问题的发现者和优化方案的实施者。

5. 发挥幼儿的主体地位，尊重幼儿个性的和谐发展，让幼儿在活动中学会感恩、拥有爱心，学会学习、拥有智慧，学会自信、拥有未来。

6. 要科学有效地做好家长工作，引导家长积极参与，在参与过程中感受幼儿的成长，感受亲子互动的快乐。

7. 做好活动计划的检查、活动准备的检查和活动过程的检查，查找问题和缺陷，减少失误，提高准确率，保证质量和效果。

8. 做好活动的总结，注重活动后的反馈，通过各种渠道吸纳各方面的反馈意见，以此评价活动的效果及成效，让家长和幼儿感受到活动的价值和意义。

## 二、社园共育活动方案包含的几个基本要素

1. 项目名称；2. 活动时间；3. 活动地点；4. 负责人；5. 活动对象；6. 活动目标；7. 活动重点；8. 活动准备；9. 活动过程。

## 示例分析

### 示例 1：社园共育活动方案(7－4)

**超市购物**

——大班社会实践活动方案

**活动时间：**××年×月×日
**活动地点：**××××超市
**活动总负责人：**×××
**活动摄影：**×××
**活动对象：**全体大班段幼儿
**活动目标：**
1. 学习独立购物，提高合理消费能力，积累初步的理财经验。
2. 看懂货物价格，理解货物符号的表示方法。
3. 体会人民币在社会生活中的功能和作用，体验自主购物的快乐。
4. 通过为身边的亲人购买礼物，激发感恩之情。

**活动重点：**
1. 学习为身边的亲人购买礼物，懂得感恩之情。
2. 理解物品的标价方式。

**活动准备：**
1. 事先踩点、确定路线，与超市工作人员做好沟通，确保活动的安全性。
2. 园部发家园通告知家长相关事宜，给孩子穿园服、每位孩子准备20元人民币。
3. 每班事先联系5位家长协助此次活动。
4. 活动在上午时段进行，幼儿用完早点，8:30准时等候出发，10:00回园用中餐休息。
5. 谈话，交代购物地点、购物过程与注意事项。
6. 认识不同面值的人民币，出示人民币，让幼儿了解中国人使用的钱币叫人民币，知道其正确面值(钱币上的数字)和用处。

**活动过程：**
1. 介绍超市场景、商品和价格(标价)。提出购物要求：每人20元钱，在超市买商品。一位教师或家长负责带领5名幼儿进行购物，最后集中在收银台进行结账。
2. 回园请个别幼儿说说自己的购物过程，计算自己花去多少钱？买了几样东西，还有剩余吗？打算送给谁？
3. 将自己所购物品统一放于书包柜内，与家人一起共同分享。

**备注：**各班请五位家长参与此项活动。

**分析**

小组讨论，分析以上社园共育活动方案，谈谈优点与不足。

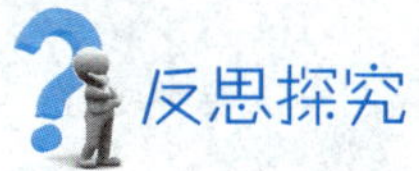

## 反思探究

### （一）案例反思

**社区家庭式幼儿园**

所谓社区家庭式幼儿园，其实就是幼儿园设置在小区中的民宅里，一套大户型的房子经过装修布置成不同的教室和区域，有自己独立的教学理念和课程体系。2～6岁的儿童混龄入学，有一些幼儿园是上课、生活全部混龄，有一些则是在课程方面设置了大中小三个级别，用的一般是蒙氏教学、华德福教育、哈佛多元智能等理念。因为招生人数不多，鼓励儿童个性发展，服务灵活，教育理念人性化而受到一些家长的青睐。当然，也伴随着很多质疑，因为这些幼儿园大多没有标准的幼儿园资质，这已经是一个公开的秘密。

调查显示，父母为较小孩子选择早教机构的首要考量因素中，有60%的人选择离家近。这对一个幼儿来说是很重要的，不必起大早赶路程，每天还是生活在自己熟悉的小区。一位幼儿妈妈的话代表了中国幼龄儿童家庭的心声："幼儿园只收3岁以上的孩子，那么3岁以下的孩子怎么办呢。老人带孩子有很多弊端，总是惯着孩子，可我和孩子的父亲又要上班，请个保姆在家费用高还不放心，最终还是把孩子放在这种社区家庭式幼儿园照管。"

**思考**　谈谈你对这种社区家庭式幼儿园的看法？你认为应如何更好地发挥幼儿园、家庭和社区在幼儿成长中的作用？

### （二）问题反思

1. 社区教育资源的含义是什么？社区教育资源的种类有哪些？
2. 社区教育资源利用的常见问题有哪些？选择要求有哪些？
3. 社园共育活动应遵循哪些原则？社区共育活动的形式有哪些？

### （三）方案设计

1. 结合实习，设计一份幼儿园社区资源调查表。
2. 结合节日，设计一份社园共育活动方案。

## 拓展阅读

1. 王秋霞. 家、园、社区协同教育的现状、影响因素与发展路径[J]，学前教育研究，2014(5)：64—66

2. 赵红霞，胡碧霞. 2—5岁幼儿社区户外自主合作游戏调查[J]，早期教育(教育科研)，2017(1)：39—41

家、园、社区合作共育

# 学习单元八
# 班级幼小衔接工作管理

## 引言

幼儿园教育与小学教育是一个系统整体，既有连续性又有阶段性，连续性要求幼儿园教育与小学教育相衔接，前者为后者作准备。儿童从幼儿园进入小学是一个重要转折，是儿童主体对变化的外界环境重新适应的时期，通过帮助幼儿作好上小学的准备，能够使儿童入小学后在身体、情感、社会性适应和学习适应等方面都有良好的发展，从而顺利地实现由幼儿园向小学的过渡。

然而，我国幼小衔接教育还存在一定程度的断层问题：在学习内容上，幼儿教育和小学教育的知识性内容存在重复和交叉，并且缺少一些必要的行为指导；在生活制度和学习制度上，幼儿园生活、学习与小学存在着十分大的差异，幼小衔接教育没能尽快消除幼儿升入小学后生活、学习上的不适应；在教育要求上，幼儿教育不过分要求幼儿的学习成绩，没有作业和考试，更没有分数，而小学教育对小学生的学习成绩极为重视，学生不仅要按时完成课后作业，参加不定期的测验，甚至需要参加各科目的辅导班、补习班，学习压力倍增。

由此可见，幼儿教育和小学教育有着巨大的差异，做好幼小衔接是尽快消除幼儿升入小学后产生的不适应，保持学生的学习热情的必要途径，对于保障小学教育质量、促进学生身心健康发展有着重要的意义。

## 相关理论

幼小断层理论。德国哈克的幼小断层理论认为，从幼儿园到小学，不仅是学习环境的转换，也包括教师、朋友、行为规范和角色期望等因素的变化。他根据观察和研究指出，处于幼儿园和小学衔接阶段的儿童，通常存在着下列六个方面的断层问题：关系人的断层；学习方式的断层；行为规范的断层；社会结构的断层；期望水平的断层；学习环境的断层。因此，解决好这六个断层的连接问题，是做好幼小衔接的关键。

生态系统理论。俄国心理学家布朗芬布伦纳提出的生态系统理论认为，影响儿童发展的是儿童生活于其中并与之相互作用、不断变化的环境系统。该系统中不同层次的环境因素直接或间接地影响着儿童的发展，并随着发展阶段的变化而不断变化。每一次发展阶段的转折都是一次“生态转变”。因此，儿童的发展实则是与之相互作用的整个生态系统，特别是微观系统的发展变化。对幼小衔接的研究不能是点状、线性、平面的，而应该着眼于处在幼小过渡阶段儿童发展的整个生态系统，多维、立体、系统地进行。

# 学习情境 1 班级幼小衔接工作规划管理

## 学习目标

**知识目标**

1. 了解班级幼小衔接工作的意义，掌握幼小衔接和幼小衔接工作规划的概念。
2. 了解班级幼小衔接工作目标、原则和内容，认识幼小衔接工作联动机制。

**能力目标**

1. 具备班级幼小衔接工作规划能力。
2. 具备建立幼小衔接工作联动合作机制的能力。

**素质目标**

1. 树立正确的幼小衔接教育观念。
2. 养成团结互助的集体观念和积极乐观的心理品质。

幼儿园和小学是相邻的教育阶段，但是在环境设置、生活制度和学习安排上都截然不同。在现行的幼儿园教学体制中，游戏占了很大的比重，试图通过游戏来完成幼儿全方位的自由的发展，而在小学则出现正规的以课业学习为主要形式的教育，在生活作息上小学阶段也有明确的制度层面的规定。正是因为幼儿教育与小学教育存在诸多差异性，教师有需要对幼小衔接进行系统研究，发现两者存在的区别与联系，做好两阶段教育的衔接工作，帮助即将走入小学教育的幼儿更快地适应生活环境、生活内容、师生关系、教学方法等的变化，提高幼儿的社会适应能力及发展学习适应能力。

## 任务 1 幼小衔接工作规划

### 任务概述

幼小衔接是指幼儿园与小学之间在教育教养工作的内容上，以及在实现这些内容的方法上的互相联系，其实质指的是儿童连续的、不断发展的社会性、心理、身体发展上的衔接。幼小衔接过程对幼儿的影响是巨大的。从幼儿园到小学的转变是儿童人生的一个较大的转折，甚至被认为是人生最大的一次跨度。这是因为，从幼儿园到小学，生活和环境发生了根本性的变化，两个环境差异较大，甚至有着本质上的差异，这些差异主要有班级教室环境的差异，班集体教师人数和学生人数的差异，教师和学生人际关系的差异，幼儿活动方式的差异，以及所学课程内容与要求的差异，这些差异性形成的影响也造成了幼小衔接问题的产生。

幼小衔接工作规划是指对幼小衔接工作进行的空间上和时间上的总体安排和计划，以保障幼儿园与小学两个教育阶段之间平稳过渡的过程。这个过程不是截然划出来的一个小阶段，而是互相交叉、重叠的，整个学前教育阶段都是幼儿的入学准备阶段，幼小衔接阶段具体指入小学前后各半年，大约将近一年的时间，幼儿园主要着重入小学前半年的衔接工作规划。

### 相关知识

**知识点 1 幼小衔接工作的目标**

幼小衔接教育，不仅要考虑小学教育的特点和具体的要求，更要充分重视幼儿教育本身的特点，寻找二者连接的契合点。因此，幼小衔接教育需要完成以下目标：

1. 让幼儿对小学生活、学习抱有憧憬和期盼。只有幼儿对升入小学进行学习和生活充满愿望和兴趣,才能更加积极地进行情感体验,尽快熟悉、适应、喜欢小学生活。

2. 让幼儿体验小学生活、学习的特点。只有幼儿初步体会到小学生活、学习的特点与规范,才能进一步激发他们的好奇心和探究、求知的欲望。

3. 培养幼儿适应小学生活的能力。帮助幼儿养成良好的生活习惯和学习习惯,具备一定的生活自理能力和学习能力,并建立初步的任务意识、集体意识和规则意识,让幼儿能够自信地走入小学生活。

4. 建立幼小衔接的多维互动体。通过幼儿园、小学以及家庭的交流与合作,实现学前教育与小学教育的无缝衔接和幼儿园生活与小学生活的完美过渡。

**思考** 幼小衔接工作的目标是什么?

**幼儿眼中的"幼小衔接"**

一项对大班幼儿进行的访谈表明:大班幼儿认为小学生在学校里主要的事情是"写作业、上课";"小学老师很厉害,会罚站"。他们希望自己以后的小学老师是"温柔而美丽的"。

问题1:"你觉得小学生在学校里每天都做什么呢?"一半孩子认为小学生在学校里最主要的事情是"写作业"(50%),其次是"上课"(25%)。

问题2:"小学老师是什么样的?与幼儿园老师相比有什么不同?"73.7%的大班幼儿认为小学老师"很厉害,会罚站"。

问题3:"喜欢什么样的小学老师呢?"52.2%的幼儿希望老师是温柔的。

问题4:"小学生是怎样吃饭、喝水、上厕所的呢?"61.1%的幼儿认识到上小学后"上课不能去厕所,应该课间去",但是仍有超过1/5的幼儿(27.8%)认为上小学之后上厕所跟幼儿园时没有什么差别。喝水与吃饭方面,大部分幼儿只认识到了"饭、饭盒、杯子"等外在现象与幼儿园不同,只有大概10%幼儿认识到了根本区别——要独立自主。

问题5:"幼儿园毕业之后,你就该上小学了。你想上小学吗?"74.5%的幼儿对小学生活充满向往和积极情感。但是另有25.5%表达了对小学的消极情感,不想上小学。主要原因有:"小学作业太多""小学老师太厉害""上小学后起床太早"。

问题6:"认为自己应该做好哪些入学准备?"40.9%的幼儿认为自己需要做的准备是"认字、会算术题、会拼音",其次有30.3%的幼儿认为要学会遵守规则,15.2%的幼儿关注到了社会性方面的准备,7.6%的幼儿认为体能方面的准备很重要,只有6.1%的幼儿认为应该在生活自理方面做好准备。

相关链接

## 知识点2 幼小衔接工作规划的基本原则

### 1. 科学性

科学性是指在认识、态度和做法三个方面做到科学。

(1) 认识要科学。教师和家长正视衔接的客观存在,幼儿不适应也是客观存在的,家长要给予适度的关注,过度关注和毫不关注都是不提倡的。

(2) 态度要科学。教师和家长对衔接和适应有合理的心理期待。衔接过渡是渐变的,幼儿的特点和小学生特点不会在一天或者几天之内骤然改变,期望幼儿入学后立即适应小学生的要求和做法,显然是违反客观规律的。

(3) 做法要科学。教师要引导家长找准衔接点,要重视观察幼儿各方面经验储备情况,了解幼儿在学习能力和社会适应两方面的优势和缺失,有针对性地进行入学准备。幼小衔接最关键的还是幼儿自身适应性问题,教师和家长要能够结合幼儿的特点和需要实施衔接,避免过多的横向比较。

### 2. 整体性

整体性是指家庭、幼儿园和小学要共同努力,形成合力。

幼儿园和小学一般也会在入学前后的一段时间里进行相应的准备活动，家长要给予充分的信任和尊重，关注过渡的要求和措施，主动参与并配合入学准备的适应活动。家庭要和幼儿园、小学的衔接教育在发展方向上同步，在发展目标上同步，从而保证在教育原则上同步，在不同的场所、不同的教育内容和方法上，共同承担起培养幼儿的重任。

**思考** 幼小衔接工作规划的基本原则有哪些？

## 知识点3 幼小衔接工作规划的要求

幼小衔接工作，重点围绕着“入学愿望”“学习兴趣”“学习与生活习惯”“学习能力”“知识技能积累”五个活动目标来进行内容的设计与组织，并紧密结合幼儿园园本课程来开展活动。

1. 各班要根据指导意见和本班实际情况，对幼小衔接活动进行整体规划。要把集中性的幼小衔接活动与经常性的教育活动结合起来，注意加强对幼儿进行良好的学习习惯和行为习惯的养成教育。

2. 在开展幼小衔接活动时，要尊重幼儿的年龄特点，使活动具有趣味性、游戏性。避免教学内容的过度小学化，知识技能要求的过度超前化。

3. 要把幼小衔接将要组织的活动素材纳入每月的课程计划中，提高课程实施和组织活动的有效性。

4. 幼儿园教师要掌握小学生活、教育的一些基本行为习惯要求，如坐姿、握笔姿势、用眼卫生等。同时，加强幼儿颈部肌肉、腿部肌肉等的锻炼，提高幼儿身体的素质和对环境的适应能力。

5. 开展幼小衔接活动，要正视幼儿的个体差异。教师要注意观察、了解，给予因人而异的关怀和帮助。对个别情绪特别焦虑的幼儿，要主动会同家长开展具有针对性的教育，使每一名幼儿都能顺利地、愉快地度过幼小衔接阶段。

6. 在开展幼小衔接活动中，要加强与小学的互动，形成幼小联系的机制。要充分利用社区、社会的各种资源，为幼小衔接活动创造机会。同时，幼儿园和各班要加强宣传，积极利用各个宣传栏，形成正确的舆论导向，更有利于幼儿的健康成长。

7. 积极利用家长会、幼儿园网站、给家长的信等，开展丰富、有效的幼小衔接宣传活动，让家长充分了解幼儿的成长规律和幼儿园、小学教育的不同要求。同时，引导家长合理安排子女入学前的暑假生活，特别是巩固已经形成的良好行为习惯，真正做到家园共育，切实提高幼小衔接活动的有效性。

**思考** 幼小衔接工作规划的要求有哪些？

### “幼小衔接”需要衔接什么

1. 一日生活内容安排的衔接

幼儿园阶段的一日生活安排重视幼儿身体健康和良好生活、自理习惯的培养，而小学的一日安排则以“上课”为主，其他内容都为学生的学习服务。以半日生活安排为例，幼儿园一个上午两个活动(室内和室外)，45分钟的吃饭时间，1小时45分钟的午睡时间，都是在幼儿园学习班里完成，内容安排比较轻松，时间比较宽裕。小学一个上午4节课，40钟一节课后10分钟休息，中午返家或外出吃饭、午睡和返回教室的时间一共2小时15分，高密度的学习、生活安排，时间紧凑。另外，还增加了迟到、早退、行为规范等方面的规章制度(如小学生守则、小学生行为规范等)。如果让孩子一进学校就觉得辛苦、害怕，自然不喜欢上学，讨厌上学。因此，我们探讨“幼小衔接”，首先要解决幼儿园、小学一日生活内容安排方面的过渡和衔接，让孩子喜欢上学、愿意上学。

2. 教育教学方式的衔接

幼儿园使用“一日生活皆课程”的大课程理念，强调幼儿在生活中学习，学习方式也以游戏为主，注重将教学内容渗透到游戏中，让幼儿在自主性操作的过程中发现问题、解决问题。而小学对课程的定义，通常是指学校学生所应学习的学科总和及其进程与安排，注重将教学内容灌输给孩子，以上课的形式、教师讲述的方式进行教育。两种截然不同的教育教学方式，导致孩子在学习上产生了不适

相关链接

应。因此,“幼小衔接”要考虑到这两种教育教学方式的过渡和衔接,避免孩子因不适应上课的教学方式而产生“厌学”心理。

3. 教师评价标准的衔接

幼儿园阶段重视幼儿创造力、想象力的培养,鼓励幼儿大胆地表达自己,而小学则重视知识、技能的培养,强调在教师指导下的学生的规范表达。以美术课程为例,幼儿园里教小朋友画鱼,其基本流程是:首先组织小朋友看鱼,观察鱼的形体特征、颜色等,然后集体讨论,请小朋友说说自己看到的鱼,画出自己看到的鱼。美术作品以分享讨论为主,不做或很少做评价。小学一年级美术课《画鱼》的基本流程是:教师介绍本节课的内容,出示鱼的范画,重点讲解范画中的笔触、颜色、线条的处理,学生临摹,教师根据学生作品与范画的一致性程度进行评分。因此,很多在课堂上表现很积极、活跃的孩子,考试的时候却得不到高分或不及格,主要原因就是由于教师的评价标准发生了变化,可是孩子的思维还停留在幼儿园阶段没有转变过来,导致对考试的不适应。因此,“幼小衔接”需要在教师不同的评价标准方面做好过渡,避免孩子因为考试结果不理想而失去对学习的兴趣。

相关链接

## 指导要点

### 一、班级幼小衔接主题活动计划表包含的几个基本要素

1. 项目名称;2. 主题名称;3. 活动名称;4. 活动目标;5. 所属领域。

## 示例分析

### 示例1:幼小衔接主题活动计划表(表8-1)

幼小衔接主题活动计划表

| 主题 | 活动名称 | 活动目标 | 领域 |
|---|---|---|---|
| 我长大了 | 我会跳绳 | 熟练掌握跳绳的动作要领,多种方式进行跳绳活动。 | 健康 |
| | 我爱整理 | 愿意整理书包,学习整理书包的方法。 | 健康 |
| | 我喜欢新朋友 | 认读单韵母 a、o、e、i、u、v;<br>尝试用声调进行练习:阴平、阳平、上声、去声。 | 语言 |
| | 我会写自己的名字 | 练习书写自己的姓名。 | 语言 |
| | 我会值日 | 知道如何做好值日生工作,建立初步的责任感。 | 社会 |
| | 我能照顾好自己 | 知道在学校里遇到紧急事件的应急处理办法。 | 社会 |
| | 我会写数字 | 学习正确书写数字1、2、3,能在田字格中正确占位,掌握正确的握笔姿势,养成正确的书写习惯。 | 科学 |
| | 我会处理垃圾 | 认识可回收和不可回收的标识,有初步的环保意识。 | 科学 |
| | 我会创作了 | 尝试对熟悉的歌曲进行改编或创编,体验创作的乐趣。 | 艺术 |
| | 我有名片了 | 尝试设计制作自己的名片。 | 艺术 |
| 我的时间我做主 | 一分钟能转几下 | 学习转呼啦圈,尝试在短时间内多转呼啦圈。 | 健康 |
| | 时间是宝贵的 | 懂得在规定的时间内,合理安排自己的行为。 | 健康 |
| | 我的课间安排 | 尝试合理安排课间十分钟的活动内容。 | 健康 |
| | 拼读游戏时间 | 认读声母 b、p、m、f、d、t、n、l,尝试与单韵母进行拼读。 | 语言 |
| | 读写游戏时间 | 拼读并书写汉字:八、大、了、土、木;<br>学习正确书写数字4、5、6,能在田字格中正确占位,掌握正确的握笔姿势,养成正确的书写习惯。 | 语言<br>科学 |

（续表）

| 主题 | 活动名称 | 活动目标 | 领域 |
| --- | --- | --- | --- |
| | 我的时间安排表 | 尝试制定自己的活动计划，并能按计划完成。 | 社会 |
| | 上课的时候怎么做 | 了解几种学习规则，养成良好的听课习惯。 | 社会 |
| | 几点了 | 准确掌握时钟的整点、半点。 | 科学 |
| | 时间像小马车 | 学唱歌曲，懂得珍惜时间。 | 艺术 |
| | 钟表店 | 利用废旧材料制作时钟。 | 艺术 |
| | 未来的钟表 | 根据主题进行想象作画，创造出较为丰富的内容。 | 艺术 |
| 我能行 | 我是小战士 | 学习列队时前后左右看齐的方法，保持队型整齐一致。 | 健康 |
| | 我会爱护我的眼睛 | 懂得保护视力的重要性，了解一些保护眼睛的方法。 | 健康 |
| | 我会削铅笔 | 学习削铅笔的方法，合理处理纸屑。 | 健康 |
| | 我的本领大 | 认读拼音 g、k、h、j、q、x，尝试与单韵母进行拼读。 | 语言 |
| | | 拼读并书写汉字：七、西、几、个、禾；<br>学习正确书写数字 7、8、9、10，能在田字格中正确占位，掌握正确的握笔姿势，养成正确的书写习惯，了解汉字书写的笔画顺序。 | 语言<br>科学 |
| | 我会编谜语 | 能够抓住动物的特征编谜语。 | 语言 |
| | 闯关成功 | 理解加减法的意义，自编加减法应用题。 | 科学 |
| | 我能自己回家 | 知道自己回家的路线，在回家途中有安全自护意识。 | 社会 |
| | 讲礼仪 | 保持仪表整洁，形成文明的言行和落落大方的举止。 | 社会 |
| | 自制旅游书 | 学习自制较完整的图文并茂的儿童书。 | 艺术 |
| | 稍息立正站好 | 能跟着音乐节奏边唱边做相应的动作。 | 艺术 |
| 心中的小学 | 上学不迟到 | 知道遵守作息时间的重要性，不迟到、不随意请假。 | 健康 |
| | 学做广播操 | 尝试学做广播操，做操时有节奏，动作到位、精神饱满。 | 健康 |
| | 背起小书包 | 学会背书包的正确姿势和方法。 | 健康 |
| | 我为上学做准备 | 认读拼音 z、c、s、zh、ch、sh，尝试与单韵母进行拼读；<br>拼读并书写汉字：子、四、出、十，能在田字格中正确占位，掌握正确的握笔姿势，养成正确的书写习惯，了解汉字书写的笔画顺序。 | 语言 |
| | 我知道的小学 | 结合自己的已有经验大胆表述。 | 语言 |
| | 看谁算得快 | 巩固 10 以内加减，学习口算。 | 科学 |
| | 温度的变化 | 认识温度计，学习测量、记录温度的简单方法。 | 科学 |
| | 参观小学 | 了解小学的学习生活，感受与幼儿园的不同，萌发做小学生的愿望。 | 社会 |
| | 认识标志 | 了解学校中常见标志的作用，知道遇事能看标志想办法解决。 | 社会 |
| | 我心中的小学 | 根据主题大胆作画，合理安排画面布局。 | 艺术 |
| | 上学歌 | 愿意表演歌曲，能用恰当的声音、表情、动作表现歌曲内容。 | 艺术 |
| | 小学的我 | 想像上小学的自己的模样，大胆想像作画。 | 艺术 |
| 我准备好了 | 沙包游戏 | 尝试合作玩沙包的多种方法，锻炼动作的协调性和反应的灵敏性。 | 健康 |
| | 贝贝换牙 | 知道换牙的卫生常识和保护方法。 | 健康 |
| | 保护环境 | 不随地吐痰和扔废弃物，有爱护生活环境的意识和行为。 | 健康 |
| | 我的新本领 | 认读拼音 r、y、w，尝试与单韵母进行拼读；<br>拼读并书写汉字：日、人、一、五，能在田字格中正确占位，掌握正确的握笔姿势，养成正确的书写习惯，了解汉字书写的笔画顺序。 | 语言 |
| | 写给爸爸妈妈的一封信 | 尝试用拼音、图、文结合的形式写信，表达自己的愿望。 | 语言 |
| | 我会记作业 | 学习听、记作业的方法，并按时完成作业。 | 语言 |
| | 看图列算式 | 学习看图或数字列加减法横等式。 | 科学 |
| | 真能干 | 能独立完成成人的委托，愿意做力所能及的事。 | 社会 |
| | 自己的事情自己做 | 知道自己的事应该自己做，愿意展示自己独立做事的技能。 | 社会 |

（续表）

| 主题 | 活动名称 | 活 动 目 标 | 领域 |
|---|---|---|---|
| | 我的书包 | 用线描的方法进行绘画，能把握物体的主要特征。 | 艺术 |
| | 友谊舞 | 学跳轮换舞伴的集体舞，体会合作跳舞的乐趣。 | 艺术 |
| 我要毕业了 | 踩高跷 | 学习踩高跷，能保持身体平衡行走。 | 健康 |
| | 健康的我 | 知道生活、饮食要有规律、有节制才能保证身体的健康。 | 健康 |
| | 毕业诗 | 能连续的、有感情地朗诵儿童诗。 | 语言 |
| | 拼读游戏 | 复习学过的拼音字母及学过的整体认读音节。 | 语言 |
| | 写写看 | 认读并正确书写汉字：不、目、米、马、牙，能在田字格中正确占位，掌握正确的握笔姿势，养成正确的书写习惯，了解汉字书写笔画顺序。 | 语言 |
| | 毕业了 | 能围绕主题大胆发表自己的见解，并遵守讲述规则。 | 语言 |
| | 编应用题 | 学习按图或按算式自编应用题。 | 科学 |
| | 认识人民币 | 了解人民币的面值，会10元以内的换算。 | 科学 |
| | 钱要怎么花 | 知道钱是劳动挣来的，要用在有用的地方，不乱花钱。 | 社会 |
| | 我想有新朋友 | 学习交朋友的方法，知道朋友相处要互相谦让、互相关心。 | 社会 |
| | 纪念册 | 参与制作毕业纪念册。 | 艺术 |
| | 毕业歌 | 学习歌曲，能有感情地演唱。 | 艺术 |

**分析**

小组讨论，分析以上幼小衔接主题活动计划表，谈谈值得借鉴的地方和值得商榷的地方。

## 任务2 幼小衔接工作机制创新

### 任务概述

《规程》明确指出："幼儿园教育应和小学密切联系，互相配合，注意两个阶段教育的相互衔接。"《纲要》也明确指出："幼儿园应与家庭、社区密切合作，与小学相互衔接，综合利用各种教育资源，共同为幼儿的发展创造良好的条件。"

制度创新是指在人们现有的生产和生活环境条件下，通过创设新的、更能有效激励人们行为的制度、规范体系来实现社会的变革和可持续发展。其意义在于以制度化的方式规范人们的行为，固化并持续发挥创新成果的作用。幼小衔接工作机制的创新是指通过健全幼小衔接组织机构，完善幼小衔接工作制度，创新幼小衔接活动载体等方式，构建有利于幼小衔接工作开展的长效机制，进而提高幼小衔接工作的质量的有效尝试。

考量幼小衔接制度是否科学合理，关键词就是"和谐"，即幼小两个学段之间是否配合得融洽、适当和协调，而幼小衔接工作机制创新可以有效解决当前幼儿园和小学之间联系不够紧密、不够顺畅的普遍性现象，也就是说，通过制度创新，可以促进中小学之间多因素的、平稳顺畅地对接，保障儿童在两个学段的转换过程中顺利地实现角色同步转变。

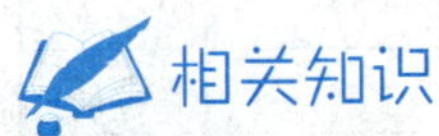

### 相关知识

**知识点1 幼小衔接工作联动合作机制**

1. 幼儿园要大力培养既熟悉幼儿园教育特点又了解小学教育规律的教师，而小学则应注重对低年级教师进行幼儿心理、幼儿教育方面的相关知识与教学技能培训，使双方教师对彼此的教学大纲、教学活动、教学方法、教学环境等有一个感性兼具理性的认识。

2. 双方应共同搭建教学研究平台。幼儿园要向小学靠拢，应邀请小学教师参与幼儿园大班教师的教研活动，甚至参与对幼儿园大班后期一日生活各环节内容与时间的调整，参与教学环境的布置。小学教师也应多与幼儿园教师联系，定期交流与沟通，共同研究教育理论、教学内容，探讨教学方法，研究教学对象的学习心理状况。

3. 双方应建立起幼小教学管理、领导决策一体化机制。双方要在课程的目标、内容、组织、实施及评价等方面形成共识，构建一个合理的课程衔接方式，实现教学理念、教师教学、课外活动等多方面的直接对接，并以此为基础共同打造幼小衔接的常规化制度及操作模式。

4. 教育行政管理部门要加强对幼小衔接的监督指导。行政管理部门一要努力为幼儿园与小学的衔接合作搭台；二要引导双方通过教研平台，形成衔接共识，建立管理、决策一体化机制；三要把幼小衔接工作中的好做法、好经验推广开来，固定下来，形成模式，实现幼小衔接的机制与制度创新。

**思考** 应如何完善幼小衔接工作联动合作机制？

### 幼小教育衔接的六项联动机制

1. 三方联合教研机制

“三方联合教研”是指幼儿园教师、小学教师和幼儿家长三方同时在场，针对幼小衔接工作中的某些问题共同开展教学研讨活动。明确每学期开展“三方联合教研”的次数、具体时间、参与人员、教研地点，以及教研主题的确定形式、教研的具体形式（如现场教研、专题研讨等）、教研所达成结论的推广与反馈等。

2. 课程双向互动机制

所谓“双向”是指幼小衔接阶段所构建的课程不是幼儿园或者小学的课程向对方单向靠拢，而是幼小双方的课程彼此双向靠拢。“互动”有两方面的含义，一方面是指幼小衔接阶段所实施的课程是通过幼小双方互动构建的，另一方面是指幼小衔接课程本身不是静态的，而是始终处于动态发展之中，幼小任何一方在实施课程的过程中对其进行调整时都会得到另一方的回应。

3. 教师交流机制

“教师交流”是指幼儿园大班和小学低年级阶段的教师彼此互换角色，进入对方的工作环境，进行“角色换位体验”。

4. 联合研修机制

“联合研修”是指幼小联合组织从事幼小衔接工作的教师进行研修，以保障幼小衔接工作者的专业化水平。作为一种制度保障，“联合研修机制”确定了幼小联合研修的实施时间、参与人员、基本研修内容及考核方式等。

5. 幼小班级联谊机制

“幼小班级联谊”是指幼儿园的一个大班和小学低年级的一个班级“结对”，形成联谊班级，定期进行互访。在互访过程中，幼儿和小学生之间可以近距离交流，幼儿向小学生咨询心中疑虑，小学生根据自己的亲身体验为幼儿解答。

6. 幼小互评机制

“幼小互评”是指幼儿园和小学之间定期进行相互评价，评价内容为对方前一个阶段的幼小衔接工作开展情况以及取得的成效。

通过互评，幼儿园和小学都可以尽早发现自己工作中的不足，同时也能够了解到对方的真实需要。

相关链接

## 知识点2 幼小衔接工作联动制度创新

幼小衔接问题是长期被教育工作者和家长所关注却一直没有得到很好解决的难题。究其原因就在于一直没有一个制度化、易操作的幼小衔接指导细则来规范幼儿园、小学和家长的行为，致使相关单位和人员各行其是。鉴于此，幼儿衔接工作联动制度创新需要考虑下列建议：

1. 教育行政部门应将幼儿园教育看成是基础教育的一个重要的组成部分。在制定基础教育的政策法规时，应将幼儿园也纳入其中，通盘考虑。

2. 尽快制定和颁布幼儿园与小学共同执行的《幼小衔接教育实施细则》《幼小衔接一体化教育制度》《幼小衔接一体化督导制度》和《幼小衔接教育的运行机制》等政策法规文件，使幼儿在统一的幼小衔接教育方案中顺利地进入小学生活。

3. 建立"幼小衔接教育培训基地"，设置"幼小衔接学习准备课程"。

**思考** 应如何创新幼小衔接工作联动制度？

## 指导要点

### 一、幼小衔接工作联动机制的指导要点

1. 建立幼儿园、小学及家长"三方联动机制"，定期开展活动，并将这一活动变成幼小衔接工作常态化开展的形式，具体规定开展的次数、时间，引导活动以多种形式进行。

2. 幼儿园和小学共同构建双向互动的幼小衔接实施方案，不再是幼儿园或小学单方向另一方的靠拢，而是双方的"双向"靠拢，核心在于"互动"。

3. 幼儿园与小学片区教研基地学校建立联盟校园，根据小学招生就近入学的原则，由两所联盟校园牵头，共商并制定片区幼小衔接可行性方案，统筹各校园资源的组织利用，提高幼小衔接工作的深度和广度。

4. 构建幼小衔接联动管理机制，幼儿园和小学共同组织承担幼小衔接工作的核心教师，通过集中研修培训，掌握这一领域的专业化知识。

5. 制定出切实可行的"幼小对接机制"，规定活动的实践、频次，指定部分活动主题，统筹小学的活动资源和课程资源，让幼儿园的幼儿有机会参与小学各种丰富的活动。

6. 建立"定期评价机制"，幼儿园、小学和幼儿家长阶段性地通过互相评量，来明晰前阶段工作的落实情况、取得的成效和需要调整的部分。

### 二、班级幼小衔接活动记录表包含的几个基本要素

1. 项目名称；2. 班别；3. 记录人；4. 活动时间；5. 活动记录；6. 活动效果。

## 示例分析

**示例 1：幼小衔接活动工作记录表(表 8-2)**

幼小衔接活动工作记录表

班别：　　　　　　　　　　　　　　　　记录人：

| 活动时间 | 活动记录 | 活动效果 |
|---|---|---|
| 第一周 | | |
| 第二周 | | |
| 第三周 | | |
| 第四周 | | |
| …… | | |

**分析**

小组讨论，分析以上幼小衔接活动工作记录表，谈谈值得借鉴的地方，补充不足之处。

## 反思探究

### （一）案例反思

**幼小衔接课程的比较**

我国的幼小衔接一般在幼儿园大班或者学前班进行，但也不乏有一些幼小衔接的教育机构较早地让幼儿提前接受小学阶段的知识，把识字、算术等提前带入幼儿园，导致幼儿园教育"小学化"。《纲要》指出："幼儿园的教育内容是广泛的、启蒙性的，按照幼儿学习活动的范畴划分为健康、社会、科学、语言、艺术等五个方面。"而小学阶段开始大都分科较明显，虽然目前的小学生课表中一、二年级增加了品德与生活、艺术、体育课程，但实际还是以分科的学科知识为主，这说明小学一年级并没有做好衔接，而只是把衔接交给了幼儿园或培训机构，小学依然是单向的知识学习。

日本也经历了幼儿园教育过度以及"小学化"的阶段，但后来逐渐认识到幼小衔接不是单向传递的过程，需要幼儿园与小学共同努力来进行。因此，日本的幼小衔接课程是通过幼儿园与小学双向连接来设置，以使其达到连贯化、过渡化。2000 年，日本文部省颁布的《幼儿园教育大纲》指出，幼儿园课程内容包括健康、表现、人际关系、语言和环境等五大领域，并且课程的时间设置也由每次 40 分钟增加到 50 分钟，这与小学每节课的教学时间越来越接近，以让幼儿在时间上缓冲与适应。另外，日本在小学一、二年级增设了一门新的综合课——生活课，其内容主要强调儿童的生活经验与兴趣，注重儿童的亲身体验与感受。

**思考** 比较案例中的幼小衔接课程设置，谈谈你的看法？

### （二）问题反思

1. 幼小衔接工作的目标是什么？为什么要开展幼小衔接工作？
2. 幼小衔接整体规划的基本原则有哪些？基本内容有哪些？
3. 应如何完善幼小衔接工作联动合作机制？

### （三）方案设计

1. 结合教育见习，设计一份幼小衔接主题活动计划表。
2. 设计一份幼小衔接活动工作记录表。

## 拓展阅读

1. 胡春光，陈洪. 法国幼小衔接教育制度的内涵与启示[J]，学前教育研究，2011(09)：24—27

2. 邸燕鸣，谷忠玉. 国外幼小衔接特点对我国学前教育的启示[J]，早期教育(教科研版)，2013(2)：14—16

幼小衔接：各国面临的挑战及应对策略

# 学习情境2 幼小衔接工作方案管理

## 学习目标

**知识目标**

1. 了解幼小衔接工作方案设计意图，掌握幼小衔接工作方案的概念。
2. 掌握幼小衔接工作方案的目标、内容、结构和实施阶段。

**能力目标**

1. 具备班级幼小衔接工作方案的设计能力。
2. 具备组织班级幼小衔接主题活动的能力。

**素质目标**

1. 树立以人为本、统筹规划的意识。
2. 养成热爱幼儿的心理品质。

幼小衔接工作方案是对未来要做的重要工作所做的安排，是具有较强的方向性、导向性的筹划。在幼儿园班级幼小衔接工作管理中，为达到平稳过渡和无缝对接的效果，要求班级保教人员高瞻远瞩，深思熟虑，进行周密思考，从幼儿发展的角度设计出合理的工作方案，作为有效衔接工作的指南。

## 任务1 幼小衔接工作方案设计

### 任务概述

幼小衔接工作方案是对幼小衔接工作所制定的工作计划。工作方案对幼小衔接工作的工作内容、目标要求、实施的方法步骤以及领导保证、督促检查等各个环节都要做出具体明确的安排，要落实到工作分几个阶段、什么时间开展、什么人来负责、领导及监督如何保障等，都要做出具体明确的安排。

幼小衔接工作方案的制定，对落实幼教的有关文件及精神，保障幼小衔接工作的顺利开展有重大意义。因此，在拟制班级幼小衔接工作方案过程中，必须依靠保教人员的智慧，广泛搜集各种资料和理论政策的依据，要进行质与量、点与面的分析，做好可行性研究，在分析、比较、鉴别、评估的基础上确定最佳方案，并通过多种方法，尽量避免可能发生的问题，从而使方案更趋完善。

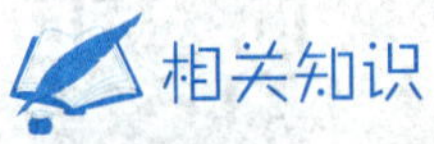

### 相关知识

**知识点1 幼小衔接工作方案的设计意图**

**1. 满足幼儿自身的发展需求**

大班下学期，幼儿自身的发展需求发生了改变。小学生活带来的生活作息、师生关系、学习环境等方面的改变，又对幼儿提出了更高的发展要求，当幼儿的发展水平还不足以应对这些改变时，入学压力就形成了。因此，我们不仅要了解大班下学期幼儿的发展现状和需求，更要关注如何帮助幼儿达到适应入学的发展水平。

**2. 解决家长的过度焦虑**

家长对于幼儿即将入学有种种焦虑与担忧：担心幼儿入学后自理能力和学习习惯方面不能适应小学生活；担心小学课业负担重；担心幼儿因不适应造成心理畏惧，因缺乏信心而厌学。因此，缓解家长的焦虑情绪也是幼小衔接要解决的问题。

3. 满足小学教育的需要

幼儿的入学不适应主要表现在几个方面：上课注意力不够集中，自制力差，管不住自己；对自己的事情缺乏责任心，以自我为中心，受不了批评；个体间在知识量的积累上差异较大，有的幼儿已经提前学完一年级的课本内容，导致入学后没有学习兴趣，缺乏学习动力。

思考　幼小衔接工作方案的设计意图是什么？

## 知识点2　幼小衔接工作方案的指导思想

1. 帮助学前儿童实现从幼儿园到小学两个不同阶段教育的平稳过渡，让幼儿建立自信心，能健康、快乐地适应小学阶段的学习生活，保持身心的和谐发展。

2. 充分尊重幼儿的年龄特点和身心发展规律，并体现后继学习和未来社会对儿童发展的要求。

3. 充分体现科学性、整合性和趣味性，并与幼儿园的新课程实施有机结合。

4. 幼小衔接活动与小学“学习准备期”综合活动做到有机结合，尤其在儿童发展的评价问题上，体现价值取向的一致性。

5. 做好幼儿入小学之前的一些适当的准备，为幼儿进入小学一年级学习乃至终身学习打下良好的基础。

思考　幼小衔接工作方案的指导思想是什么？

## 知识点3　幼小衔接工作方案的目标

1. 培养幼儿入小学的愿望和兴趣，向往小学的生活，具有积极的情感体验。

2. 帮助幼儿初步了解小学的学习活动特点和课堂教学规范，对各类学习活动形成好奇心和求知欲。

3. 培养幼儿养成良好的学习习惯(倾听习惯、阅读习惯等)、生活能力(自我服务能力、自我保护能力等)，以及建立初步的规则意识、任务意识。

4. 帮助家长形成正确的家教认识，实现小学与幼儿园的有效对接。

5. 帮助幼儿实现从幼儿园到小学两个不同阶段教育的平稳过渡，让幼儿建立自信心，能健康、快乐地适应小学阶段的学习生活，促进幼儿身心的和谐发展。

思考　幼小衔接工作方案的目标是什么？

## 知识点4　幼小衔接工作方案的内容和要求

1. 幼儿方面

(1) 入学前思想准备

通过参观小学，让幼儿知道为什么要上小学，小学与幼儿园有什么不同，激发幼儿上小学的欲望。

(2) 身体方面的准备

① 通过体育锻炼、疾病预防增强幼儿体质，使他们能够身心健康地步入小学。

② 为了让幼儿能够较快地从幼儿园过渡到小学生生活，适当延长幼儿学习时间、减少游戏时间等。

③ 在日常活动中培养幼儿正确的读书、写字、握笔姿势，同时，让幼儿懂得保护好自己的眼睛及各种感觉器官。

④ 注重安全方面教育，让幼儿懂得并遵守交通规则，学会看红、绿灯，走人行道；有困难找警察，记住各种急救电话；知道不能玩水、玩火、玩电。

(3) 独立生活能力的准备

① 通过谈话、故事、社会实践培养幼儿的独立意识，增强独立解决问题的能力。让幼儿知道自己即将成为一名小学生了，生活、学习不能完全依靠父母和教师，要学会自己的事自己做，遇到问题和困难自己要想办法解决。

② 培养幼儿的时间观念，在学习生活中，要学会自我观察、自我体验、自我监督、自我批评、自我评价和自

我控制等。让他们懂得什么时候应该做什么事并一定做好，什么时候不该做事并控制自己的愿望和行为。

（4）学习方面的准备

① 培养幼儿学习方面的动手操作能力，让幼儿学习有关的常规知识，学习整理自己的书包、铅笔盒，爱护并看管好自己的物品，学会使用剪刀、铅笔刀、橡皮和其它学习工具。

② 培养孩子良好的学习习惯：首先，让幼儿养成遵守作息时间的习惯，如：不迟到早退、不随便请假等；其次，在教学活动中让幼儿养成爱想、爱问和认真回答问题、注意倾听的习惯；再有，培养幼儿正确地握笔写字、看书、读书的习惯；还有，通过适当地布置作业培养幼儿的任务意识，在游戏、活动中加强幼儿规则意识的培养。

③ 四月份开始学习时间、运动时间逐步增长，生活、游戏时间逐步缩短。如集体活动时间可延长为30～35分钟，让幼儿在心理上对时间概念有所准备。

**2. 教师方面**

（1）学习幼小衔接文章，精通幼小衔接的相关知识，掌握小学生活、教育的一些基本行为习惯要求。

（2）加强幼儿安全意识和自理能力的培养。

（3）加强幼儿对课间休息和自由活动的引导，让幼儿学会自主安排和管理自己的生活。

（4）与小学老师座谈，了解历届幼儿升小学后存在的突出问题及幼儿园需要注意的幼小衔接的问题，并及时调整自己的教学策略。

（5）开展相关主题活动，加强幼儿对小学生知识的学习和热爱上小学的情感培养，做好幼儿心理疏导。

（6）向家长宣传幼小衔接的相关知识。

（7）结合教研活动开展幼小衔接研讨活动。

**3. 家长方面**

（1）召开家长会，向家长宣传幼小衔接的重要性和相关知识。

（2）利用家园联系栏向家长宣传幼小衔接方面的知识。

（3）在家培养幼儿的时间观念，定时作息，如有计划地完成老师留下的任务，不迟到等等。

（4）加强幼儿自理能力的培养。

**思考** 幼小衔接工作方案的内容和要求有哪些？

## 知识点5 幼小衔接工作方案的结构

1. 标题。标题要简明扼要、言简意赅。

2. 署名落款。方案无须在标题中标明时间，也不完全是将生成时间放在文末，大多是将其列在标题之下、正文之上的特定位置。

3. 正文部分。工作方案大都由以下两部分构成：

首先是导言或引语。引言要求简明扼要地交代工作方案制订的目的、意义和依据，一般是以“为了……根据……特制定本方案”的惯常形式来表述的。这是方案、预案生成的基础，因而一定要抓住要害和实质将其简明扼要地表述清楚。

第二部分是方案的基本内容，这部分主要包括以下三个方面：

（1）基本情况的交待。诸如重大活动的时间、地点、内容、方式、主题以及主办、协办单位等。其中，时间、地点、方式等应具体明确，内容要概括、精炼，这部分内容一定要有，但又必须从实际需要出发而或多或少、或轻或重、或详或略地表述，切忌千篇一律。

（2）对相关活动、相关工作按阶段或进程做具体的部署安排。

小标题要眉目清楚，要点突出，在每个标题下具体展开说明实施方案的实施时限、实施对象。这部分包括各阶段工作的内容、基本任务目标、主要措施手段、步骤作法、相应的安排和要求，包括人力、财力、物力的组织安排和部署等等。从总体上说，也就是要写明在什么时间、多大范围内由哪些人做哪些工作，采取什么方式于何时做到何种程度。这是方案的核心内容所在，也是方案价值、功用的集中体现，是方案制定者素质、能力、水平的充分展示，要求既具体详尽又严谨，使之既具可行性又便于操作，做到主次分明、张弛有度、得体自然，以求最大限度地确保工作或活动的顺利开展，促成方案目标的圆满实现。

(3) 对相关问题的处理与解决办法。重大活动的开展，重要工作的推进，涉及的问题必然是多方面的，诸如组织领导、人员经费、财力物力的安排，有关矛盾和问题的解决等等，都是不可避免而又至关重要的，虽然没有纳为主体内容，却是实现目标、完成任务的基本前提和重要保障，务必将其处理、解决好。

**思考**　幼小衔接工作方案的结构是怎样的？

## 指导要点

### 一、幼小衔接工作方案应包含的几个基本要素：

1. 项目名称；2. 指导思想；3. 活动目标；4. 活动对象；5. 活动重点；6. 活动准备；7. 活动过程；8. 活动反思。

## 示例分析

### 示例1：幼小衔接工作方案设计（表8-3）

**大班幼小衔接工作方案（节选）**

活动安排

| 时间 | 管理篇 | 教师篇 | 幼儿篇 | 家长篇 |
|---|---|---|---|---|
| 三月份 | 1. 完成幼小衔接方案草案，并组织大班教师讨论草案。<br>2. 完成幼小衔接方案试行稿。组织大班教师学习方案内容，理解幼儿衔接的教育理念。<br>3. 组织家长沙龙：介绍幼小衔接方案。 | 1. 讨论幼小衔接方案草案。<br>2. 全面实施方案，围绕3点（我想、我知、我会）开展工作。<br>3. 主题：小书包（我和书包做朋友、各种小文具、比一比谁的书包最整齐）。<br>活动目的：熟悉、了解如何爱护和正确使用学习用品；逐步学习并习惯独立整理和保管好自己的用品。<br>4. 年级组专项研讨：请小学教师讲座。了解小学生学习特点和教学方法；了解小学生生活、教育的基本行为习惯和要求。<br>5. 争星活动：准时来园。 | 我想：有入学的愿望和兴趣，向往小学的生活，具有积极的情感体验。<br>我知：了解小学活动特点和课堂规范，对各类学习活动有好奇心和求知欲。<br>我会：初步养成良好的学习习惯（倾听习惯、阅读习惯等）、生活能力（自我服务能力、自我保护能力等），建立初步的规则意识、任务意识。<br>具体活动项目：<br>1. 每天记录自己的来园时间。<br>2. 天天背书包上幼儿园。 | 1. 全面了解园所幼小衔接方案。<br>2. 家长为幼儿准备好书包和必要的学习用品，每天背书包上幼儿园。<br>3. 家长帮助幼儿养成合理的生活作息间（早睡早起，早上7:50入园）。 |
| 四月份 | 1. 制定“参观小学”活动方案。<br>2. 组织家长沙龙：为孩子入小学准备什么？（由小学教师进行讲座） | 1. 主题：参观小学（不一样的学校、小学生的生活、我的课程表、采访小学生）。<br>活动目的：了解小学的环境、小学生的学习和活动特点，对小学的生活产生一定的兴趣，向往当个小学生。<br>2. 年级组专项研讨：确定毕业典礼内容。<br>3. 争星活动：团结友爱好伙伴。<br>4. 环境创设：(1)共享墙：我想、我知、我会（记录幼儿的点滴成长）。(2)“我要上小学”角：记录孩子每月的争星活动。 | 1. 制定春游计划——我的春游我做主（小组结伴、完成任务、自己准备物品）。<br>2. 参观小学：了解小学生的活动。<br>3. 制定双休日计划书。<br>4. 去小学生家做客。 | 1. 在春游活动中配合班级教师要求：我的春游我做主（培养幼儿的任务意识、自我服务）。<br>2. 带幼儿参观附近的小学、去小学生家做客。<br>3. 和幼儿共同制定双休日活动方案并实施。 |

（续表）

| 时间 | 管理篇 | 教师篇 | 幼儿篇 | 家长篇 |
|---|---|---|---|---|
| 五月份 | 1. 调整一日作息时间的安排(幼儿午睡时间缩短10分钟。上课时间延长到40分钟)。<br>2. 制定"小课堂"活动方案。 | 1. 主题：小课堂(下课十分钟、班级公约、我的课间活动设计、一分钟有多长)。<br>活动目的：在模拟小学的生活中，感受小学生的学习活动特点；形成初步的任务意识和目的意识。<br>2. 争星活动：文明礼仪好习惯。<br>3. 布置袖珍画展板。 | 1. 小小辩论会：上课常规我知道。<br>2. 自主活动：我的课间我做主。<br>3. 体验一分钟有多长，在一分钟内可以干什么。<br>4. 了解小学生的班级公约。<br>5. 练习袖珍画，初步了解字的结构。 | 1. 督促幼儿在规定的时间里完成学习任务。<br>2. 检查幼儿完成作业情况，并给予积极鼓励。 |
| 六月份 | 1. 继续调整一日作息时间的安排(幼儿午睡时间再缩短15分钟。上课时间延长到45分钟)。<br>2. 组织排练毕业典礼、照毕业照。<br>3. 家园论坛：怎样做好幼儿入小学的思想准备(小学教师)。 | 1. 主题：小学在等我。<br>活动目的：进一步激发幼儿入学愿望。<br>2. 争星活动：认真听讲我最棒。<br>3. 排练毕业典礼。<br>4. 组织小学生和幼儿联欢。<br>5. 组织"我心目中的小学"演讲比赛。<br>6. 布置"我喜爱的数学活动"展览。<br>7. "我心目中的小学"建筑(玩具)图片展。 | 1. 积极参加毕业典礼的排练。<br>2. 积极参加"我心目中的小学演讲"比赛。<br>3. 在联欢会上大胆展示自己的才艺。<br>4. 会有序整理自己的物品，保持作业干净整洁。 | 1. 和幼儿一起写演讲稿，并指导幼儿熟悉讲稿内容，鼓励幼儿大胆讲述。<br>2. 帮助幼儿确定才艺展示内容。<br>3. 关注"我喜爱的数学活动"展，了解幼儿书写及完成作业的情况。 |
| 七月份 | 1. 设计幼儿毕业册。<br>2. 组织大班毕业典礼。 | 1. 主题：梦想从这里起飞。<br>2. 填写毕业留言，对大班幼儿发展水平进行总体评价。<br>3. 组织毕业典礼。 | 1. 互相留言。<br>2. 依依惜别。 | 家委会成员协助教师组织毕业典礼。 |

**分析**

小组讨论，分析以上大班幼小衔接活动方案，谈谈值得借鉴的地方，补充不足之处。

## 任务2 幼小衔接工作方案实施

### 任务概述

幼小衔接工作方案的实施是指用实际行动去落实施行方案的过程，是为完成项目而进行的活动或努力的工作过程。

有效利用资源，保质保量实施预定工作方案非常重要。在幼小衔接工作方案实施过程中，容易出现几个问题：一是高度问题，工作方案在执行的过程当中，标准渐渐降低，甚至完全走样，越到后面离原定的标准越远；二是速度，工作方案的执行过程当中经常延误，有些工作甚至不了了之，影响了计划的执行；三是力度，制定的措施在执行过程中力度越来越小，有的工作会虎头蛇尾，没有成效。

让相关人员都积极参与到方案实施工作中来，这是最有效的提高执行力的方法，也是最能确保执行到位的保证。凡事谋划周到，准备周全而后行动，知道在合适的时机实施，会有更多的收获。在做事情的时候，要有周详的安排，这样才能在实施过程中提高执行效率。

相关知识

## 知识点1　幼小衔接工作方案的实施阶段

### 1. 启动、探索阶段

(1) 成立幼小衔接指导小组。

(2) 加强教师幼小衔接的理论学习，通过学习、讨论等形式，了解小学生的行为习惯、心理特点和小学的教育目标及要求，从而使自己的教育教学和管理风格接近小学阶段，为幼儿尽快适应小学的学习生活打好基础。

(3) 做好家长工作，形成教育合力。召开家长会，向家长宣传和教育幼小衔接工作的重要性，使家长们能够主动配合幼儿园，并能积极地参与到此项工作中来。

### 2. 实施与调整提高阶段

(1) 培养幼儿良好的心理品质。养成幼儿良好的学习、生活习惯，以及建立初步的规则、任务、安全意识。

(2) 参观小学、体验生活。为了让大班的孩子们能更进一步感受小学的生活，了解小学生的学习生活与责任意识。

(3) 课间衔接与适应。通过加强对课间休息和自由活动的引导，让幼儿学会自主安排和管理自己的生活，为他们尽快适应小学生活奠定心理基础。

### 3. 反思与总结阶段

(1) 根据幼儿的入学取向，对入小学后的幼儿进行跟踪调查，了解幼儿入学后的情况，再根据了解的情况，对下一届的幼儿毕业生采取相应的整改措施。

(2) 教师从理论与实践两个方面入手，进行整理分析。根据自己的教学经验，撰写有关“幼小衔接”的教育心得。

**思考**　幼小衔接工作方案的实施有哪几个阶段？

## 知识点2　幼小衔接工作方案的实施保证措施

### 1. 加强领导，健全组织

充分认识“幼小衔接”活动的意义和作用，切实加强对活动的组织与领导，加强活动过程的管理，确保活动有条不紊地进行。

### 2. 落实目标责任制

各项工作做到定时间、定内容、定责任人、定活动方式、定活动地点，确保活动的扎实开展。

### 3. 加强与家庭、小学和社会的沟通联系

可以通过开办家长学校，邀请家长参加亲子活动，通过家园联系册、成立家长委员会等多种途径吸引家长配合幼儿园做好幼小衔接教育工作；要和小学教师保持联系，定期进行交流；还要加强和社区的交流合作，定期进行宣传活动，普及幼小衔接工作的重大意义，使全社会共同配合，做好幼儿的衔接工作。

### 4. 注重教师自我学习，提高自身素养

教师要定期进行自我学习和岗位培训，主动学习幼小衔接意义和标准，全方位地提升教育素养，切实做好自身的教育工作和幼儿的衔接工作。

### 5. 完善相关法令政策

通过相关法令政策将初等教育的儿童划分阶段，有效防止重复学习，使幼儿园与小学阶段得以更好地衔接，保障学前教育机构与地方小学课程的连贯性，强调幼儿在入园前、入园后及进入小学后学习要具有连续性，防止幼儿园教学的小学化倾向。

**思考**　幼小衔接工作方案的实施保障措施有哪些？

## 指导要点

### 一、幼小衔接工作方案中具体活动的实施环节包含的几个基本要素

1. 活动名称；2. 活动目的；3. 活动步骤；4. 活动时间和期限；5. 参与范围和方式；6. 资金预算；7. 活动场地；8. 人员安排（包括具体落实资金、场地、联络、物品、车辆、宣传品、秩序维持等事项的具体人员安排）。

## 示例分析

### 示例1：幼小衔接活动现场工作人员分工方案

#### 幼小衔接活动现场工作人员分工方案

（一）领导小组

组　长：林园长

副组长：谭副园长等3人

组　员：张老师等8人

（二）后勤保障组

1. 小学食堂准备幼儿的点心和牛奶，放置小学部阶梯教室，负责人：李老师。

2. 小学保安队安排指挥接送车辆放置地点，负责人：王老师。

3. 安排车辆到相应幼儿园接、送家长及学生，在相应的车辆车头贴上幼儿园名称及车号，负责人：谢老师等2人。（附校车接送安排表）

4. 安排人员到相应幼儿园协助家长、学生上车及送回幼儿园。

5. 显示屏负责人：杨老师。负责显示屏播放，并在报告厅文艺演出前，播放视频供先行到来的家长观看。

6. 报告厅音响负责人：苏老师。

7. 视频拍摄负责人：赖老师。照相负责人：曾老师。

8. 报告厅增加小凳子100张，负责人：王老师等2人。

9. 后勤部门送30箱矿泉水到报告厅门前，安排2名教师负责发放。

10. 安排1名校医在球场值岗，设医疗点。

（二）家长接待组

1. 校内人员组织、培训负责人：梁老师。

安排工作人员带领家长参观校园。（附参观线路）

2. 挑选11名工作热情的教师在活动当天8:20分集中停车场，随同家长参观校园。

3. 参观小学部及宿舍时，由工作人员负责带队参观及讲解学校办学情况及特色，生活老师随同组织家长，负责人：胡老师等3人。（附参观线路）

（注：每个幼儿园为一个单位，由工作人员带领，生活老师随后组织，每个队伍距离尽量拉远，避免拥挤而影响解说效果）。

（三）幼儿接待组

1. 活动场地：足球场

2. 工作人员：甘老师（总负责）等6人。

3. 活动分四个游戏项目，每个项目分两个组同时开展。

4. 幼儿活动线路安排如下：足球场组织活动——分组到小学部阶梯教室和一年级8个教室食用点心和牛奶——坐校车回幼儿园。

5. 幼儿上厕所安排：小学部一楼厕所（有组织进行，杜绝个别自行上厕所）。

（四）文艺演出组

1. 文艺演出总负责人：古老师。

（1）附节目单及负责人：刘老师

（2）节目舞台工作人员：高老师等4人

（3）舞美、音响：容老师

2. 幼小衔接讲座负责人：夏老师。

（五）现场咨询组
1. 设立咨询台在小学部大厅，负责人：吴老师等4人。
2. 现场准备资料和有意向就读信息采集表，做好解说和接待工作。
（六）后期跟进组
根据参观家长的意向，交由公司招办人员负责跟进，负责人：陈老师等3人。
（七）活动联系组
小学学校办公室：（附电话号码）
1. 车辆安排。
2. 校车接送组。
3. 家长接待组。
4. 文艺演出组现场咨询组。
5. 场地布置组。

**分析**
小组讨论，分析以上幼小衔接活动现场人员分工方案，谈谈值得借鉴的地方，指出不足之处。

## 反思探究

### （一）案例反思

**以活动为载体，培养幼儿学习习惯和社会性能力**

幼小衔接主题活动能使幼儿在思想上、行为上进一步走近了小学，为上小学作好心理和能力上的准备。

1.《参观小学》。教师组织大班幼儿到小学去参观小学生升旗仪式，早操活动、课间活动，而且还把他们带进小学生的课堂，参观小学生的学习，课间活动等，从而激发他们上学的欲望。回园后教师有目的、有计划地进行指导，引导幼儿自己主动参与环境的创设。以“我心中的小学”为主题，让他们自己动手，动脑，设计出一组生动形象、有趣的小学生生活场境图。

2.《佩戴绿领巾》。教师模仿小学生挂绿领巾的形式，激励幼儿努力争做小学生。还制定了一份绿领巾队员准则，张贴在长走廊处，供家长和幼儿共同阅读。佩戴绿领巾活动，能帮助幼儿建立良好生活、学习常规。

3.《整理小书包比赛》。在观看小学生整理书包的录像中，孩子们真正了解到原来小书包里的东西不是随意放的，而是有一定的规律的。

4.《课间十分钟》。在一段时间的实践后，许多孩子都不能自主控制。于是，教师开始了“课间十分钟我可以做什么？怎么做？玩什么？怎么玩?”的探讨，引导幼儿学习小学生在课间十分钟自主安排好需要自己做的事情和自己需要做的事情，尝试自主掌控课间十分钟的活动，培养合理安排时间的能力。

5.《每天一个小任务》。进入大班后，教师改变以前写通知的形式，让孩子当小传令兵，把任务转达给家长听，这样的作业既加强了幼儿的任务意识，又能够培养幼儿准确转述他人意图的能力，入小学后，孩子们就清楚地向家长传达学校信息，并能完成学校老师布置的任务。培养孩子的转述能力和任务意识。

**思考**　谈谈案例中的幼小衔接主题活动设计中值得借鉴的地方。

### （二）问题反思

1. 幼小衔接工作方案的设计意图是什么？指导思想是什么？

2. 幼小衔接工作方案的结构包括哪几个方面?

3. 幼小衔接工作方案的实施阶段有哪几个?保障措施有哪些?

### (三)方案设计

1. 结合教育见习,设计一份幼小衔接工作方案。

2. 以幼小衔接工作方案中的其中一个活动为例,设计一份实施工作流程表。

## 拓展阅读

1. 李晓雯. 近二十年我国幼小衔接研究的回顾与反思[J],基础教育论坛,2013(10):14—16

2. 胡恒波,李慧. 澳大利亚维多利亚州的幼小衔接方案及其启示[J]. 教育导刊(下半月),2016(08):65—68

澳大利亚维多利亚州幼小衔接方案

# 附： 课程知识总表

“幼儿园班级管理”课程陈述性知识和过程性知识一览表

| 学习单元 | 学习情境 | 陈述性知识（概念、原理等） | 过程性知识（怎样做） |
|---|---|---|---|
| 绪言 | 幼儿园班级管理概述 | 1. 幼儿园班级管理的概念<br>2. 幼儿园班级管理的意义<br>3. 幼儿园班级管理的特点<br>4. 幼儿园班级管理的目标<br>5. 幼儿园班级管理的内容<br>6. 幼儿园班级管理的原则<br>7. 幼儿园班级管理的方法 | |
| 一、班级开学工作管理 | 1. 新生入园适应工作管理 | 1. 幼儿入园心理适应理论<br>2. 3 岁幼儿的身心发展特点<br>3. 新生入园适应工作<br>4. 分离焦虑<br>5. 适应障碍<br>6. 家访的准备工作<br>7. 心理暗示<br>8. 亲子依恋<br>9. 社会化 | 1. 建立幼儿基本情况档案（幼儿入园基本情况调查表、幼儿入园登记表、幼儿入园花名册）<br>2. 新生家访（家访活动方案、幼儿园教师家访记录表）<br>3. 召开新生家长会（致家长的一封信、设计家长会流程）<br>4. 迎新亲子活动方案设计 |
| | 2. 班级工作计划管理 | 1. 班级工作计划<br>2. 幼儿园的保育和教育目标<br>3. 班级教学计划及制订依据<br>4. 一日常规工作管理计划及制订原则 | 1. 制订幼儿园班级工作计划<br>2. 制订班级教学月计划<br>3. 制订幼儿园班级管理周计划<br>4. 制订一日生活时间安排表 |
| 二、班级日常工作管理 | 1. 班级一日生活常规管理 | 1. 敏感期<br>2. 晨检检查的物品准备<br>3. 规则意识<br>4. 七步洗手法<br>5. 幼儿喝水量<br>6. 幼儿入厕流程<br>7. 盥洗活动常见问题及解决策略<br>8. 幼儿进餐活动及餐桌礼仪<br>9. 午睡环境<br>10. 幼儿午休必备应急知识<br>11. 离园活动的特点<br>12. 离园沟通 | 1. 来园和晨检活动的幼儿规范养成指导及教师常规工作管理<br>2. 制订幼儿来园情况登记表和接送登记表<br>3. 盥洗活动的幼儿规范养成指导及教师常规工作管理<br>4. 制订喝水情况登记表和如厕情况登记表<br>5. 进餐环节的幼儿规范养成指导及教师常规工作管理<br>6. 制订幼儿进餐情况登记表<br>7. 午睡环节的幼儿规范养成指导及教师常规工作管理<br>8. 制订幼儿午睡情况登记表<br>9. 离园活动的幼儿规范养成指导及教师常规工作管理<br>10. 制订接送委托书 |
| | 2. 班级一日教育活动常规管理 | 1. 幼儿课堂行为表现<br>2. 幼儿注意力<br>3. 区角活动材料的投放<br>4. 幼儿户外体育活动的运动量<br>5. 幼儿户外游戏<br>6. 幼儿早操的运动量 | 1. 集体教学活动环节的幼儿规范养成指导及教师常规工作管理<br>2. 制订幼儿园课堂教学活动评价表<br>3. 区角活动的幼儿规范养成指导及教师常规工作管理<br>4. 制订幼儿区角活动情况登记表<br>5. 户外游戏和体育活动中幼儿规范养成指导及教师常规工作管理<br>6. 制订幼儿户外活动观察记录表<br>7. 早操和课间操环节的幼儿规范养成指导及教师常规工作管理<br>8. 制订幼儿早操和课间操评价表 |

（续表）

<table>
<tr><th>学习单元</th><th>学习情境</th><th>陈述性知识(概念、原理等)</th><th>过程性知识(怎样做)</th></tr>
<tr><td rowspan="2">三、班级安全管理</td><td>1. 班级日常安全管理</td><td>1. 幼儿园安全管理政策法规<br>2. 幼儿的安全保护<br>3. 幼儿常见的安全问题及原因<br>4. 幼儿教育活动常见的安全问题<br>5. 教育活动中教师的自身安全保护<br>6. 幼儿教师常见职业病</td><td>1. 入园晨检环节的安全管理<br>2. 幼儿喝水及入厕环节的安全管理<br>3. 幼儿早午晚餐的安全管理<br>4. 幼儿午点加餐的安全管理<br>5. 幼儿午睡的安全管理<br>6. 幼儿药品的安全管理<br>7. 幼儿离园的安全管理<br>8. 制订班级安全自查表<br>9. 集体教学活动及使用学具的安全管理<br>10. 音乐、舞蹈课的安全管理<br>11. 绘画课的安全管理<br>12. 早操和课间操的安全管理<br>13. 户外游戏和体育活动的安全管理<br>14. 社会实践活动的安全管理<br>15. 制订跟班指导教育活动安全情况记录表</td></tr>
<tr><td>2. 班级突发事件管理</td><td>1. 突发事件管理<br>2. 突发事件的构成要素<br>3. 幼儿园社会性突发事件<br>4. 幼儿园自然性突发事件<br>5. 危机管理<br>6. 幼儿园突发事件应急预案</td><td>1. 社会性突发事件的安全管理<br>2. 制订班级突发事件登记表<br>3. 自然性突发事件的安全管理<br>4. 制订幼儿园突发事件应急预案</td></tr>
<tr><td rowspan="2">四、班级环境管理</td><td>1. 班级物质环境管理</td><td>1. 蒙台梭利和瑞吉欧环境观<br>2. 班级墙面布置的基本原则和内容<br>3. 幼儿园区域规则<br>4. 班级区角环境布置的基本原则和内容</td><td>1. 主题墙面环境的管理<br>2. 区域墙面环境的管理<br>3. 家长园地墙面环境的管理<br>4. 制订班级主题环境设计方案<br>5. 班级区域环境的管理<br>6. 自然角环境的管理<br>7. 过道走廊、吊饰环境的管理<br>8. 盥洗室环境的管理<br>9. 午睡室环境的管理<br>10. 制订班级环境创设评分表</td></tr>
<tr><td>2. 班级心理环境管理</td><td>1. 师幼关系的理论基础<br>2. 建立师幼关系的原则<br>3. 幼儿同伴交往及同伴冲突<br>4. 班级教师的团队精神<br>5. 幼儿园教师专业标准<br>6. 教师冲突及原因<br>7. 教师心理健康问题</td><td>1. 师幼关系的管理<br>2. 制订师幼互动观察记录表<br>3. 幼儿关系的管理<br>4. 制订幼儿行为观察记录表<br>5. 教师关系的管理<br>6. 制订教师月工作考核表</td></tr>
<tr><td rowspan="2">五、班级主题活动管理</td><td>1. 班级主题活动计划管理</td><td>1. 单元教学理论和新皮亚杰理论<br>2. 班级主题活动<br>3. 主题活动类型<br>4. 主题活动选题的基本原则<br>5. 主题活动网络图</td><td>1. 班级主题活动的整体规划<br>2. 制订班级主题活动月计划表<br>3. 主题活动网络图设计<br>4. 制订主题活动网络图</td></tr>
<tr><td>2. 班级主题活动方案管理</td><td>1. 班级主题活动方案<br>2. 主题活动目标的制订<br>3. 主题活动内容的确定<br>4. 主题活动形式的确定<br>5. 主题活动过程的设计<br>6. 主题活动的实施<br>7. 主题活动的评价</td><td>1. 主题活动设计流程的指导<br>2. 设计班级主题活动方案<br>3. 主题活动方案实施的指导<br>4. 制订主题活动评价表</td></tr>
</table>

（续表）

| 学习单元 | 学习情境 | 陈述性知识（概念、原理等） | 过程性知识（怎样做） |
| --- | --- | --- | --- |
| 六、班级人员管理 | 1. 班级幼儿管理 | 1. 需求层次理论、期望理论和心理控制理论<br>2. 幼儿品德教育<br>3. 幼儿自信心<br>4. 幼儿合作行为<br>5. 幼儿的责任心的发展及表现<br>6. 幼儿问题行为<br>7. 幼儿多动行为的表现<br>8. 幼儿攻击性行为的成因<br>9. 幼儿说谎行为的成因及建议 | 1. 幼儿自信心养成的指导<br>2. 幼儿合作行为养成的指导<br>3. 幼儿责任感养成的指导<br>4. 制订幼儿品德和社会性发展评价表<br>5. 幼儿多动行为的指导<br>6. 幼儿攻击性行为的指导<br>7. 幼儿说谎行为的指导<br>8. 犯错幼儿的指导<br>9. 问题儿童个案辅导<br>10. 幼儿个性化评语撰写 |
| | 2. 班级保教人员管理 | 1. 保教人员的角色定位<br>2. 保教人员的工作艺术<br>3. 保教人员的专业成长<br>4. 保教人员的职业生涯规划<br>5. 保教人员的职业倦怠 | 1. 保教人员角色定位的指导<br>2. 保教人员工作艺术的指导<br>3. 保教人员专业成长的自我提升管理<br>4. 制订教师年度考核登记表<br>5. 保教人员职业倦怠的指导<br>6. 保教人员职业生涯规划的管理<br>5. 制订保教人员职业生涯规划 |
| 七、班级家庭社区共育管理 | 1. 班级家庭共育管理 | 1. 社会互动理论和生态学理论<br>2. 家园共育及其影响因素<br>3. 家园共育的基本内容<br>4. 家园共育的基本途径<br>5. 班级家长委员会职责与分工<br>6. 班级家长委员会权利与义务 | 1. 家园共育的指导<br>2. 制订幼儿园家园联系活动记录表<br>3. 班级家长委员会的指导<br>4. 制订家长委员会活动记录表 |
| | 2. 班级社区共育管理 | 1. 社区教育资源的种类<br>2. 社区教育资源利用的常见问题<br>3. 社区教育资源的选择要求<br>4. 社园共育活动的原则<br>5. 社园共育活动的形式 | 1. 社园共育资源利用的指导<br>2. 制订社会资源调查表<br>3. 社园共育活动的指导<br>4. 制订社园共育活动方案 |
| 八、班级幼小衔接工作管理 | 1. 班级幼小衔接工作规划管理 | 1. 幼小断层理论和生态系统理论<br>2. 幼小衔接及幼小衔接工作规划<br>3. 幼小衔接工作目标<br>4. 幼小衔接工作规划的基本原则<br>5. 幼小衔接工作规划的内容<br>6. 幼小衔接工作联动合作机制<br>7. 幼小衔接工作联动制度创新 | 1. 制订幼小衔接主题活动计划表<br>2. 幼小衔接工作联动机制的指导<br>3. 制订幼小衔接活动工作记录表 |
| | 2. 幼小衔接工作方案管理 | 1. 幼小衔接工作方案<br>2. 幼小衔接工作方案设计意图和指导思想<br>3. 幼小衔接工作方案目标、内容、要求和结构<br>4. 幼小衔接工作方案的实施阶段<br>5. 幼小衔接工作方案实施的保障措施 | 1. 制订幼小衔接工作方案<br>2. 幼小衔接工作方案中活动的实施 |

# 参考文献


1. 余珍有. 幼儿园班级的社会学分析[J]. 学前教育研究，1994(03)：3
2. 钟鸣. 幼儿园班级管理策略研究[D]. 中国优秀博硕士学位论文全文数据库(硕士)，2010(05)
3. 张富洪主编. 幼儿园班级管理. 上海：复旦大学出版社，2012 年
4. 刘紫英，叶菲. 日本幼儿园安全教育指导计划的简介及其启示[J]. 乐山师范学院学报，2016(03)：128—132
5. 陈群峰. 新理念下幼儿早操活动的探索与实践[J]. 内蒙古师范大学学报(教育科学版)2005(08)：43—35
6. 郑晓语. 幼儿午睡管理要点浅谈[J]. 教育导刊(下半月)，2013(09)：484
7. 杨晓静. 幼儿午睡问题的调查研究[J]. 幼儿教育(教育科学)，2012(01)：39—41
8. 刘馨，成利新. 幼儿常见的安全问题及家长对其认知的调查[J]. 学前教育研究，2006(09)：16—18
9. 童宪明. 美日加中幼儿园事故法律责任的比较研究[J]. 平安校园，2015(03)：60—61
10. 冯宝安. 幼儿园突发事件管理机制构建研究[D]. 中国优秀博硕士学位论文全文数据库(硕士)，2013(04)
11. 齐健. 幼儿园班级主题墙环境创设的个案研究—以《走进春的畅想》设计为例[J]. 内蒙古教育(理论版)，2015(10)：95
12. 程琳琳，邹晓燕. 幼儿同伴冲突类型及教师解决策略[J]. 教育导刊(下半月)，2017(09)：46—49
13. 毛曙阳. 关于幼儿园班级环境创设的思考与实践[J]. 幼儿教育(教育科学)，2013(01)：38—40
14. 王任梅. 试析幼儿同伴交往中协商策略的使用[J]. 上海教育科研，2006(12)：59—60
15. 王小春. 浅谈主题活动内容的选择与实施[J]. 儿童发展研究，2013(12)：69—72
16. 陈庆贞. 幼儿园防性侵教育活动教案[J]. 平安校园，2016(05)：72—73
17. 张满清. 幼儿园教学活动方案撰写策略[J]. 福建教育学院学报，2012(04)，30—32
18. 钱雪娟. 攻击后的反思——幼儿攻击行为的家庭成因及对策[J]. 学前教育研究，2014(10)：37—38
19. 周颖. 幼儿攻击行为的成因及规避策略[J]. 教育导刊(下半月)，2013(06)：29—32
20. 郑卫东. 幼儿合作行为培养浅谈[J]. 教育导刊(下半月)，2012(06)：78
21. 杨冬玲，孙莹等. 培养幼儿自信心的实践与思考[J]. 教育探索，1999(03)：57—58
22. 张晓晓. 从《幼儿园教师专业标准(试行)》看幼儿教师角色定位[J]. 幼儿教育研究，2016(01)：8—10
23. 吴玉娥. 幼儿教师职业倦怠的成因及矫正策略[J]. 甘肃教育，2017(09)：33
24. 刘国权，郑楠. 幼儿教师职业倦怠及其影响因素分析[J]. 长春师范大学学报，2017(01)：166—169
25. 王淑华. 职业规划助力幼儿教师专业成长[N]. 中国教育报，2013－11－3(002)
26. 王亚玲. 影响家园共育实效的因素及对策[J]. 甘肃教育，2017(03)：23
27. 胡蕾. 自主运作的家长委员会[J]. 幼儿教育，2012(02)：84—85
28. 焦皎. “家园共育”内涵剖析与幼儿教育发展探究[J]. 太原大学教育学院学报，2013(09)：13—17
29. 罗秀娟. 幼儿园课程有效利用社区资源初探[J]. 山东教育，2017(02)：22—24

30. 王芸. 幼儿园利用社区教育资源的现状及其对策研究[D]. 中国优秀博硕士学位论文全文数据库(硕士),2013(06)
31. 陈红梅. 幼儿园与社区互动行为类型及其推进策略[J]. 学前教育研究,2013(05):49—54
32. 李娟,刘滟琨. 幼儿眼中的幼小衔接[J]. 上海教育科研,2015(06):32—35
33. 唐科莉. 幼小衔接:各国面临的挑战及应对策略[J]. 上海教育,2017(10):56—61
34. 刘颖丽. 幼小衔接需要衔接什么[J]. 教育导刊(下半月),2011(04):75
35. 赵宇. 幼小衔接工作内涵与策略_[J]. 大连教育学院学报,2015(12):5—7
36. http://wenku. baidu. com/百度文库
37. http://www. baby-edu. com/中国婴幼儿教育网
38. http://www. fudanpress. com/复旦大学出版社
39. http://www. 9ye. com/九叶网
40. http://www. 06abc. com/浙江学前网
41. http://www. yejs. com. cn/中国幼儿教师网

图书在版编目(CIP)数据

幼儿园班级管理应用教程/张富洪编著. —上海：复旦大学出版社，2018. 8（2024. 11 重印）
高等职业教育学前教育专业系列教材
ISBN 978-7-309-13748-4

Ⅰ. 幼… Ⅱ. 张… Ⅲ. 幼儿园-班级-学校管理-高等职业教育-教材
Ⅳ. G617

中国版本图书馆 CIP 数据核字(2018)第 125180 号

幼儿园班级管理应用教程
张富洪 编著
责任编辑/黄 乐 夏梦雪

复旦大学出版社有限公司出版发行
上海市国权路 579 号 邮编：200433
网址：fupnet@ fudanpress. com http://www. fudanpress. com
门市零售：86-21-65102580 团体订购：86-21-65104505
出版部电话：86-21-65642845
常熟市华顺印刷有限公司

开本 890 毫米×1240 毫米 1/16 印张 13. 5 字数 406 千字
2024 年 11 月第 1 版第 7 次印刷
印数 25 601—28 700

ISBN 978-7-309-13748-4/G · 1861
定价：45. 00 元